Inhalt

Agi Schründer-Lenzen

Schriftspracherwerb und Unterricht

Agi Schründer-Lenzen

Schriftspracherwerb und Unterricht

Bausteine professionellen Handlungswissens

3. Auflage

VS VERLAG FÜR SOZIALWISSENSCHAFTEN

Bibliografische Information der Deutschen Nationalbibliothek
Die Deutsche Nationalbibliothek verzeichnet diese Publikation in der Deutschen Nationalbibliografie; detaillierte bibliografische Daten sind im Internet über <http://dnb.d-nb.de> abrufbar.

1. Auflage 2004
2. Auflage 2007
3. Auflage 2009

Lektorat: Stefanie Laux

VS Verlag für Sozialwissenschaften ist Teil der Fachverlagsgruppe Springer Science+Business Media.
www.vs-verlag.de

Umschlaggestaltung: KünkelLopka Medienentwicklung, Heidelberg
Druck und buchbinderische Verarbeitung: Krips b.v., Meppel
Gedruckt auf säurefreiem und chlorfrei gebleichtem Papier
Printed in the Netherlands

ISBN 978-3-531-16168-6

Vorwort zur 2. Auflage

Mit der Neuauflage dieses Buches wird ein unveränderter Inhalt in einer neuen Reihe als Lehrbuch präsentiert. Damit wird der Text erstmals so akzentuiert, wie er von Anfang an gedacht war: Lehrerfahrung in Vorlesungen und Seminaren zum Schriftspracherwerb fruchtbar zu machen. Gleichzeitig ist mit der Titulierung als Lehrbuch aber auch ein hoher Anspruch an Verständlichkeit, fachwissenschaftlicher Konsensfähigkeit und professioneller Orientierungskraft gesetzt. Alle drei Aspekte sind notwendig mit der Neuorientierung universitärer Lehrerausbildung an Standards und ihrer Umsetzung in modularisierten Studiengängen verbunden. Basiskenntnisse des Schriftspracherwerbs gehören in der Regel zum Pflichtangebot aller Lehramtsstudiengänge selbst dann, wenn man Deutsch nicht als Fach studiert. An dieser Ausgangssituation hat sich das Konzept dieses Buches orientiert und bietet deshalb einen Einstieg für Studierende aller Fächer. Das Buch diente ursprünglich auch der Prüfungsvorbereitung der Studierenden, die eine mündliche Prüfung zum Schriftspracherwerb als Bestandteil der 1. Staatsexamens ablegen mussten. Hieraus erklärt sich der „Bausteincharakter" des vorliegenden Buches, denn jedes Kapitel ermöglicht einen separaten Einstieg und schließt mit einem thematisch fokussierten Literaturverzeichnis ab. Damit sind interessenbezogene Schwerpunktsetzungen möglich, ein eigenständiges Weiterlernen ist vorbereitet aber auch die Entscheidung für eine kondensierte Darbietung der zentralen Aspekte des Schriftspracherwerbs gesetzt. Mit dieser Struktur eignet sich das Buch auch zur Basislektüre der neuen Modulprüfungen.

Reduzierung auf Kernelemente wissenschaftlichen Wissens kann auf unterschiedliche Weisen praktiziert werden, die sich ergänzen: Man kann Unwichtiges weglassen, sich auf Exemplarisches konzentrieren und versuchen, Kernelemente zu bündeln. Diese Verdichtung wissenschaftlichen Wissens stellt sicherlich die schwierigste Aufgabe für einen Lehrbuchtext dar und war immer Ziel dieses Bandes. Verständnisintensives Lernen ist gerade für die Strukturierung und professionelle Begleitung der komplexen Sachverhalte des Schriftspracherwerbs eine große Herausforderung für alle Studierenden. Insofern ein Lesetipp an dieser Stelle, der aus dem Feedback vieler Prüfungskandidaten resultiert: Der Anfänger in Sachen Schriftspracherwerb sollte mit Kapitel 2 beginnen und sich vielleicht auch beim ersten Lesen die Kapitel 1 und 7 zunächst „ersparen" dürfen, dann aber im 2. Durchgang diese Textteile mit einer professionellen Positionsfindung verbinden. In der Tat eignet sich dieses Buch zum mehrmaligen „Durcharbeiten", denn das Thema „Schriftspracherwerb" ist nicht nur für Lernende sondern auch für Lehrende ein Prozess, der sich eigentlich erst im mehrmaligen Durchdenken erschließt.

Ein Buch zum Schriftspracherwerb als „Lehrbuch“ zu titulieren ist aber auch riskant, wenn man den Anspruch ernst nimmt, Lehrbücher sollten fachwissenschaftlich konsensfähiges Wissen transportieren. Gerade für den Schriftspracherwerb gilt, dass es hierzu eine lange, bis heute aktuelle Kontroverse über unterschiedliche Konzeptionen des schulischen Anfangsunterrichts gibt. Der Methodenstreit zwischen analytischen und synthetischen Leselehrgängen, Fibellehrgängen und spracherfahrungsorientierten Ansätzen wird deshalb deutlich herausgearbeitet und forschungsbasiert auf eine fundierte Basis gestellt. Mit diesem Bezug auf eine empirisch gesicherte Einschätzung der fachdidaktischen Kontroversen um den Schriftspracherwerb ist eines klar: das Votum für Methodenvielfalt im Anfangsunterricht. Trotzdem gibt es immer noch grundschulpädagogische Publikationen, die nach mehr als dreißigjährigem Kampf für „offene“ Unterrichtsformen, das empirische Patt von offenem und geschlossenem Unterricht im Schriftspracherwerb nicht wirklich zur Kenntnis nehmen. „Methodenvielfalt“ wird zur konsensfähigen Chiffre, die immer nur dann attestiert wird, wenn das, was im Kern einen entwicklungsorientierten Schriftspracherwerb ausmacht, das selbstgesteuerte Lernen der Kinder, realisiert wird. Ein Votum für die Notwendigkeit der Strukturierung und Prozesssteuerung durch die Lehrperson gerät leicht in den Verdacht für das Schreckensbild aller Grundschulpädagogen, den Frontalunterricht, eintreten zu wollen. Gleichwohl weisen neue empirische Befunde auf die Notwendigkeit, gerade für Risikogruppen des Schriftspracherwerbs hinreichende Unterstützung und Strukturierung durch Lehrperson und Lehrmaterial bereit zu halten. Das gilt in besonderem Maße für die Entwicklung der Rechtschreibkompetenz, während die Lesekompetenz von dem interessengeleiteten, selbstständigen Lernen der Kinder profitiert. Damit wird die vorliegende Konzeption dieses Lehrbuchs, in dem die unterschiedlichen Wege in die Schriftsprache gleichwertig nebeneinander gestellt werden, ganz aktuell bestätigt.

Es gibt aber auch Einschränkungen im Hinblick auf Veränderungsprozesse der Schulanfangsphase, die in diesem Buch noch nicht berücksichtigt werden: Hier ist die in vielen Bundesländern in der Einführung befindliche flexible Schulanfangsphase zu nennen, die verbunden mit einer Veränderung der Einschulungspraxis, auch zu einer Neuorientierung der Unterrichtsorganisation führen muss. Die Zielperspektive einer möglichst vollständigen Individualisierung von Lernprozessen und die jetzt vorhandenen Instrumente einer sehr differenzierten Analyse der Lernausgangslage haben den Blick der Unterrichtsforschung vermehrt auf die Mikroprozesse von Unterricht gelenkt, die Gegenstand aktueller Videostudien sind. Eine Intensivierung der Forschungsaktivitäten gilt auch für die Frage einer best practice in der Unterrichtung von Kindern mit Migrationshintergrund. Gerade für diese Risikogruppe des Schriftspracherwerbs werden aktuell in Modellprojekten neue Konzepte einer Vernetzung von vorschulischer Sprachförderung und Förderung von Literalität und Mehrsprachigkeit in der Schuleingangsphase erprobt, die die Generierung neuer Expertise für die Gestaltung des schriftsprachlichen Anfangsunterrichts erwarten lassen.

Das Thema „Schriftspracherwerb“ wird damit weiterhin eine dynamische Entwicklung nehmen, in die der Leser sich mit diesem Buch hoffentlich mit Interesse und einer gewissen Skepsis gegenüber pädagogischen Idealvorstellungen hineinarbeiten wird .

Agi Schründer-Lenzen, Potsdam im November 2006

Einleitung

Schule und Unterricht in Deutschland haben ein massives Qualitätsproblem. Dies gilt auch für die Grundschule, die wie kaum ein anderer Schultyp in den letzten Jahren Gegenstand unterrichtsmethodischer Veränderungen gewesen ist. Gleichwohl hat man zur Kenntnis nehmen müssen, dass eine der zentralen Aufgaben von Grundschulunterricht, die Vermittlung von Lesen und Schreiben, nicht in hinreichendem Maße gelingt.

Im Rahmen der Schriftspracherwerbsforschung ist heute ein Wissensstand erreicht worden, der es möglich macht, falsche Vermittlungspraktiken zu identifizieren und zumindest in entscheidenden Bereichen auch Prinzipien lernförderlichen Unterrichts zu benennen. Möglich geworden ist dies aufgrund einer Erweiterung der im engeren Sinne grundschulpädagogischen Forschung durch die Einbeziehung sprachwissenschaftlicher, lese- und kognitionspsychologischer Forschungsbefunde und nicht zuletzt unter Bezugnahme auf Ergebnisse empirischer Lehr-/Lernforschung. Insbesondere aus psychologischer Perspektive ist zunehmend vor einer eindimensionalen Richtung von Schulreform gewarnt worden, in der eine pädagogische Vision verfolgt wird, die auf den Lehrer als kompetenten Pädagogen glaubt verzichten zu können und stattdessen „im Menschen eine autonome, zugleich kompetente Lernmaschine vermutet, die dafür sorgt, dass jeder das erwirbt, was er braucht“ (Weinert 1998, S. 114). Gerade Kinder mit auffälligen Schwierigkeiten beim Schriftspracherwerb sind auf eine gezielte Förderung, auf lehrergesteuerten wie auch auf schülerzentrierten Unterricht angewiesen. Die Heterogenität der Lernausgangslagen von Schülerinnen und Schülern lässt eine Monokultur des Lehrens und Lernens unangemessen erscheinen und fordert stattdessen eine Methodenvielfalt, deren Balance zwischen belehrendem Unterricht und autonomen Lernen je situativ und adressatenbezogen auszuloten ist.

Das PISA-Desaster geht zu einem guten Teil auf das extrem schlechte Abschneiden des unteren Leistungsdrittels zurück, in dem Schüler[1] nichtdeut-

1 Um eine bessere Lesbarkeit des Textes zu gewährleisten, wird in der Regel nur von „Schülern“ einerseits und der „Lehrerin“ andererseits gesprochen. Damit soll gleichzeitig bewusst gehalten werden, dass einerseits die männlichen Schüler eher in ihrer Schriftsprachent-

scher Herkunftssprache überrepräsentiert sind. Insbesondere für diese Kinder sind Konzepte offenen Unterrichts ungeeignet, „die auf die Steuerung und Korrektur kindlicher Sprache weitgehend verzichten, (...), weil sie sprachliche Differenzen der Lernausgangslagen deutscher und ausländischer Kinder hinnehmen, sie aber nicht auszugleichen versuchen und auch keine systematischen Anregungen zur Erweiterung der Schriftsprachkompetenz vermitteln" (Gumpler/Apelhauer 1997, S. 36). Das Problem der Schul- und Unterrichtsorganisation für zwei- und mehrsprachig aufwachsende Kinder, Fragen der Sprachdiagnostik und -förderung, der bilingualen Alphabetisierung, der Stellung des muttersprachlichen Unterrichts, der Didaktik der Zweisprachigkeit sind zu komplex, als dass sie im Rahmen dieses Buches mitbehandelt werden könnten. Gleichwohl zielt die hier geleistete systematische Fokussierung eines verständnisintensives Lernens der Schriftsprache auf die Verringerung gerade jener Differenzen, die aufgrund der Heterogenität der Lernausgangslagen gegeben sind.

Vorausgesetzt wird dabei, dass verständnisintensives Lernen angewiesen ist auf formale und informelle Lernsequenzen, auf direkte Instruktion aber auch auf horizontalen Lerntransfer, der durch Formen situierten Lernens, Projektunterricht, Stationenarbeit, Freie Arbeit etc. realisiert wird. Darüber hinaus ist gerade für den Schriftspracherwerb der Aufbau metakognitiver Kompetenzen von entscheidender Bedeutung. Zur professionellen Kompetenz von Lehrerinnen gehört es somit, verschiedene didaktische Modelle von Unterricht adressaten-, gegenstands- und situationsbezogen anwenden zu können. Zielorientierung des vorliegenden Buches ist es, Bausteine für diesen Weg anzubieten, indem die unterschiedlichen Unterrichtskonzepte des Schriftspracherwerbs entfaltet werden.

In der grundschulpädagogischen Diskussion wird dabei hauptsächlich zwischen zwei methodischen Varianten des Anfangsunterrichts unterschieden: einem eher fibelorientierten Lehrgangskonzept und einem „offenen", entwicklungsorientierten Lernwegskonzept. Beide Varianten müssen aber nicht als einander ausschließende Alternativen gedacht werden, weil es auf der Prozessebene des Unterrichts vielfältige Verbindungspunkte gibt. Möglichkeiten und Grenzen derartiger Methodenkombination lassen sich vor dem Hintergrund des gegenwärtigen Forschungsstandes bestimmen. Damit ist der Selektionsfilter angesprochen unter dem die nachfolgende Darstellung des Schriftspracherwerbs im Anfangsunterrichts konzipiert worden ist: Es ging hier nicht darum, pädagogische Idealvorstellungen von Unterricht weiter zu transportieren, sondern jene empirisch abgesicherten Grundlagen von Elementarunterricht herauszuarbeiten, die lernförderliche Bedingungen für alle Kinder gewährleisten.

---

wicklung gefährdet sind als die weiblichen und andererseits die überwiegende Mehrzahl der Anfangsklassen von Lehrerinnen unterrichtet wird.

Im *ersten Kapitel* werden der in der internationalen Leseforschung zugrundegelegte Begriff von Lesekompetenz erklärt und die in der PISA-Studie herausgestellten Bedingungsfaktoren von Lesekompetenz in ihrer Relation zu den Erwerbsprozessen von Schriftsprache herausgearbeitet. Lesekompetenzdefizite werden in ihrer Genese und den Folgen für die individuelle Lerngeschichte verdeutlicht. Fazit dieser Ausführungen ist die Formulierung von Zielorientierungen für Schriftsprachunterricht, die in einem Votum für lernwegsbegleitende Diagnostik, adaptiven Unterricht, in der Vermittlung von Lernstrategiewissen und verständnisintensivem Üben gesehen wird.

Sodann werden im *zweiten Kapitel* zunächst jene Punkte fachdidaktischen Verständnisses von Schriftspracherwerb markiert, die von Grundschuldidaktikern eine weitgehend übereinstimmende Interpretation erfahren. Hierzu gehören insbesondere die Vorstellung einer stufenförmigen Entwicklung des Schriftspracherwerbs, die „phonologische Bewusstheit" als zentrale Vorläuferfähigkeit des schriftsprachlichen Lernprozesses und ein kognitives Modell der mit dem Lese- und Schreibprozess verbundenen Kompetenzentwicklung.

Es gibt grundlegende Strukturmerkmale der deutschen Schriftsprache, die jede Lehrerin kennen muss, um überhaupt die typischen Probleme des Lernanfängers verstehen zu können. Das *dritte Kapitel* bietet die hierfür notwendigen Basiskenntnisse und damit gleichzeitig Orientierungspunkte für eine Beurteilung von Übungsformen und didaktischen Materialien, da an diese der Anspruch einer linguistisch adäquaten Darstellung zu stellen ist.

Im *vierten Kapitel* kommt dieses sprachliche Strukturwissen insoweit zur Anwendung als dass vor diesem Hintergrund unterschiedliche methodische Schwerpunktsetzungen des (Recht)schreibunterrichts eingeschätzt werden können. Konkret geht es um das grundwortschatzorientierte Arbeiten, um den Einsatz von Anlauttabellen und das Freie Schreiben.

Der Leseprozess und seine Schwierigkeiten sind Gegenstand des *fünften Kapitels*. Ausgehend von drei analytisch zu unterscheidenden Phasen des Leseprozesses lassen sich die für jede Ebene notwendigen Wahrnehmungs- und Lernleistungen benennen. Gleichzeitig werden aber auch die aus der LRS- Forschung vorliegenden Befunde so aufbereitet, dass die in den verschiedenen Phasen eines Leseprozesses typischen Schwierigkeiten deutlich werden. Funktion dieses Kapitels ist es, die diagnostischen Fähigkeiten des Lesers anzuregen, wofür auch das abschließende mehrdimensionale Modell des Lesens hilfreich sein sollte.

Eine Synopse aktueller methodisch-didaktischer Konzepte des Schriftspracherwerbs, in der die Differenzen zwischen fibelorientierten Lehrgangskonzepten, entwicklungsorientierten Lernwegskonzepten und der Methode „Lesen durch Schreiben" herausgearbeitet werden, sind Gegenstand des *sechsten Kapitels*.

Kontroversen zwischen unterschiedlichen Methoden der Vermittlung von Lesen und Schreiben haben eine lange Tradition, die zu Beginn des *siebten*

Kapitels skizziert werden. Im Zentrum der Darstellung steht aber ein Überblick über die Forschungsbefunde empirischer Lehr-/Lernforschung zu den Bedingungen lernförderlichen Unterrichts im Schriftspracherwerb. Ausgehend von der Programmatik der Fibelkritik werden jene empirischen Vergleichsstudien referiert, in denen die Effekte unterschiedlicher Methoden des Schriftspracherwerbs miteinander verglichen wurden. Dieses Kapitel bietet damit die empirische Basis für die Forderung, Unterricht von Anfang an durch ein systematisch auf den Gegenstand Schriftsprache bezogenes Instruktionssetting zu strukturieren.

Ein engagierter Umgang mit Heterogenität gehört zwar zu den Grundüberzeugungen grundschulpädagogischer Arbeit, in Bezug auf die Legasthenie-Debatte ist hier aber scheinbar ein gegenläufiger Trend beobachtbar, da in dieser Kontroverse die Verschiedenartigkeit von Kindern unbeachtet bleibt. Im *achten Kapitel* werden deshalb zunächst die historische Genese einer medizinischen Interpretation der „Legasthenie" entwickelt und die Konzepte eines pädagogischen Umgangs mit den „LRS-Kindern" verdeutlicht. Trotz der bis heute andauernden Abgrenzung von Erziehungswissenschaftler gegen das „medizinische Modell" einer LRS lassen sich de facto zahlreiche Annäherungen zwischen beiden Positionen herausarbeiten, die im Interesse der betroffenen Kinder genutzt werden sollten.

Eine Orientierung hierfür bietet das *neunte Kapitel,* in dem Risikofaktoren aufgezeigt werden, die den Beginn einer LRS bedeuten können. Ausgehend von einem interaktiven Konzept von Lernschwierigkeiten wird dabei nicht nur auf zentrale Wahrnehmungsbereiche, sondern auch auf sprachliche Entwicklungsverzögerungen und kognitive Strategiedefizite eingegangen. Für diese Probleme gibt es konkrete Fördervorschläge, in denen teilweise auf Praktiken der Lerntherapie zurückgegriffen wird. Hinweise auf leicht handhabbare Beobachtungs- und Kontrollinstrumente der Lernentwicklung und Prinzipien für die Entwicklung von Förderplänen schließen das Buch ab.

Literatur

Glumpler, E./Apellauer, E.: Ausländische Kinder lernen Deutsch, Berlin 1997.

Weinert, F.E.: Neue Unterrichtskonzepte zwischen gesellschaftlichen Notwendigkeiten, pädagogischen Visionen und psychologischen Möglichkeiten. In: Bayerisches Staatsministerium für Unterricht, Kultus, Wissenschaft und Kunst: Wissen für die Welt von Welt von morgen, München 1998, S. 101-125.

1. PISA und die Folgen für eine Programmatik des Schriftspracherwerbs

Nicht erst seit PISA stehen Lesen und die damit verbundenen Schwierigkeiten im Zentrum wissenschaftlicher Forschung. Die Frage des Schreibens wurde demgegenüber eher vernachlässigt und in unterrichtlicher Hinsicht galten Schreiblehrgänge stets als „Anhängsel" an die Leselehrgänge.

Bis weit in die 1970er Jahre hinein wurden Lesen und Schreiben sowohl unterrichtsmethodisch als auch empirisch-forschungsmethodisch[1] als zwei völlig getrennte Bereiche behandelt, wobei beide Aspekte aus heutiger Perspektive einseitig betrachtet wurden: Schreibenlernen wurde insbesondere auf den schreibmotorischen Aspekt reduziert und Lesen wurde als statisches, visuell gesteuertes Erfassen verstanden (vgl. Gramm 1971, S.2). Es ging um den Erwerb von „Kulturtechniken" und genau in diesem technisch verkürzten Sinne ist das Erlernen von Lesen und Schreiben auch nachfolgend immer wieder missverstanden worden.

Erst seit 1976 hat sich eine Verschmelzung beider Lernaspekte unter dem Begriff des „Schriftspracherwerbs" (Weigl 1976) vollzogen. Wenn also heute nicht mehr von Lesen und Schreiben, sondern von dem Erwerb von Schriftsprache die Rede ist, dann signalisiert dies zunächst, dass die Erwartungen an den Umgang mit Schriftlichkeit so anspruchsvoll geworden sind, dass es eben nicht mehr nur um das Beherrschen der Technika des Lesens und Schreibens geht, sondern um den Erwerb von Literalität.

Mit dem Begriff der Literalität wird nicht nur die ästhetische Dimension der Produktion und Rezeption von Schriftlichkeit betont, sondern auch die soziale Dimension einer Teilhabe an Schriftkultur. Wenn man in diesem Sinne dann auch nicht mehr von Alphabetisierung, sondern von Literalisierung spricht, dann verbindet sich hiermit natürlich auch eine veränderte Interpretation dessen, was Lesen und Schreiben bedeuten. Solange Lesen und Schreiben als Kulturtechniken verstanden wurden, richteten sich die didaktischen Bemühungen auf einen Alphabetisierungsprozess, in dem das Handwerkszeug einer Kulturnorm vermittelt wurde: Schönes und orthographisch

1 Zu einem Überblick über Fragestellungen, Befunde und Perspektiven empirischer Grundschulforschung bis 1990 vgl. Blumenstock u.a. 1992, S. 265ff.

richtiges Schreiben und flüssiges Lesen. Inhalte, Bedeutung und Funktion des Geschriebenen galten nicht als konstitutive Elemente für den Erwerb der Schriftsprache, sondern waren allenfalls späteren Auseinandersetzungen mit Schrift vorbehalten. Die Technika der Schriftsprache erschienen als isolierbare und in einem hierarchischen Nacheinander zu trainierende Fertigkeiten, die die Anpassung an die Kulturnorm gewährleisteten.

Schriftspracherwerb wird demgegenüber heute als Basiskompetenz in einem kontinuierlichen Lernprozess gesehen. Schriftspracherwerb ist Denkentwicklung, die in modernen Gesellschaften für eine befriedigende Lebensführung, sowie für aktive Teilhabe am gesellschaftlichen Leben und kontinuierliches Weiterlernen über die gesamte Lebensspanne notwendig ist. Nur über die Beherrschung der Schriftsprache sind der Ausbau elementaren Weltwissens, anschlussfähige Ausbildung und soziale Handlungskompetenz in einer zukunftsorientierten Gesellschaft gewährleistet.

Schriftspracherwerb bedeutet mehr als die Beherrschung der Techniken des Lesens und Schreibens. Schriftspracherwerb bedeutet Denkentwicklung, die auf den Erwerb umfassender Handlungskompetenz zielt.

Die Ergebnisse der PISA-Studie, die Deutschland in diesem Punkt massives Versagen nachgewiesen hat, sind hinlänglich bekannt. Allerdings könnte man meinen, dass das doch gar nichts mit dem Grundschulunterricht zu tun habe, denn PISA untersuchte die Lesekompetenz von 15jährigen Jugendlichen. Die Ursachen des Scheiterns sind sicherlich komplex, aber nimmt man die Prämisse ernst, das Lesen- und Schreibenlernen sich in einem Entwicklungsprozess vollziehen, dann ist dieses Scheitern nicht vom Himmel gefallen. Es ist Produkt einer über viele Schuljahre hinweg nicht zielerreichend verlaufenden Lernentwicklung. Ein Rückgriff auf PISA kann daher die Zielperspektive und Interventionspunkte verdeutlichen, auf die hin schulischer Leseunterricht auszurichten ist.

Aber was wird in PISA und damit in der internationalen Diskussion eigentlich unter Lesekompetenz verstanden?

PISA versteht Lesekompetenz im Sinne des angelsächsischen Konzepts von „reading literacy“, was mehr bedeutet als eine elementare Alphabetisierung. Lesen heißt hier, geschriebene Texte verstehen, sie nutzen und über sie nachzudenken, um eigene Ziele zu erreichen, das eigene Wissen weiterzuentwickeln und am gesellschaftlichen Leben teilzunehmen. Lesen im Sinne von „reading literacy“ ist als effektive und handlungsorientierte Textverarbeitung zu verstehen, die auf ein tieferes Verständnis von Texten abzielt, für die eine intentionale und strategische Steuerung des Lese- und Lernprozesses notwendig ist. Insbesondere für das Lesen eines längeren Textes ist es notwendig, Kontextwissen aber auch externes Wissen zu aktivieren, es auf Kohärenz mit aktuellen Leseinformationen zu überprüfen und ggf. Korrekturen vorzunehmen.

Lesekompetenz kann damit auch nicht als etwas verstanden werden, dass vornehmlich Aufgabe des Lernbereichs Deutsch sei, denn in allen Fächern wird gelesen, in allen Fächern gibt es jeweils typische Fachsprachen und Textstrukturen und gerade naturwissenschaftliches Verstehen ist an den Aufbau komplexer Begriffsstrukturen und an das Entschlüsseln ihrer Codierung gebunden.

Mit Bezugnahme auf den Kompetenzbegriff kann man auch erwarten, dass die Frage gestellt wird, über wie viel individuelles Potential eine Person verfügen muss, um zumindest unter idealen Bedingungen etwas Bestimmtes zu leisten. Kurz: Wer ist warum besonders gut im Lesen?

Damit umfasst das Konzept der Kompetenz nicht nur die Ebene der aufgabenbezogenen Fertigkeiten, sondern auch der übersituativen, generellen Fähigkeiten einer Person, im Sinne einer relativ überdauernden Handlungsdisposition. Das bedeutet für das Konzept der Lesekompetenz (vgl. Richter/ Christmann 2002), dass dispositionale wie situationsbezogene Dimensionen für den Leseprozess zu benennen sind und zwar: Wissen, Gedächtnis, kognitive Flexibilität, Aufmerksamkeit, Konzentration, Motivation. Gleichzeitig sind für gelingende Leseprozesse die Beziehungen und Wechselwirkungen zwischen den einzelnen Teilfähigkeiten zu beachten. Interindividuelle Unterschiede der Leseleistung sind in einem derartigen Interpretationsmodell nicht unabhängig von den individuellen kognitiven, affektiven und emotionalen Ressourcen einer Person zu interpretieren. Diese eher lesepsychologische Perspektive ist in der PISA-Studie mit einem hierarchischen Modell des Lesens bzw. Textverstehens verbunden worden.

Das von PISA zugrunde gelegte Konstrukt der Lesekompetenz postuliert keine strikte Abfolge von niedrigen zu höheren Verarbeitungsstufen. In Übereinstimmung mit modernen Lesetheorien wird vielmehr davon ausgegangen, dass Teilprozesse des Lesens auf verschiedenen Ebenen parallel bzw. zeitlich überlappend durchlaufen werden. Dennoch wird analytisch von fünf Kompetenzstufen des Lesens ausgegangen:

- *Kompetenzstufe 1*: Der Text wird als Ganzes grob erfasst. (Orientierung an Überschriften und einzelnen zentralen Aussagen)
- *Kompetenzstufe 2*: Der Text wird auch in spezifischen handlungsrelevanten Informationen verstanden. (Analyse von Textabschnitten, Vergleich ggf. unterschiedlicher Aussagen mit dem Ziel, jene Informationen zu erschließen, die die Leseintention jeweils steuern.)
- *Kompetenzstufe 3*: Entwicklung einer Textinterpretation. (Verstehen des gesamten Textes und Entwicklung einer Interpretation, die auch die Intention des Autors mit einbezieht.)
- *Kompetenzstufe 4*: Reflektieren über den Inhalt eines Textes. (Informationen aus dem Text werden mit Informationen außerhalb des Textes in

Verbindung gesetzt. Zentrale Aussagen des Textes werden mit alternativen Positionen konfrontiert und diskursiv durchdacht.)
- *Kompetenzstufe 5*: Reflektieren über die Form eines Textes. (Sprachliche, gattungsspezifische oder allgemein strukturtypische Textmerkmale werden erkannt und in ihrer Wirkung analysiert.)

Lesekompetenz ist damit kein eindimensionales Fähigkeitskonstrukt, sondern basiert auf einem Bündel interagierender Teilfähigkeiten.

Folgende Prädikatoren der Lesekompetenz erwiesen sich empirisch als besonders bedeutsam, da durch sie insgesamt 72% der Leistungsvarianz im Lesekompetenztest aufgeklärt werden konnten (Artelt u.a. 2002, S. 20):

- kognitive Grundfähigkeiten
- Lesegeschwindigkeit
- Lernstrategiewissen
- Interesse am Lesen und
- Selbstkonzept Lesen

Stärksten Einfluss (r=.55) auf die Entwicklung der Lesekompetenz haben die *kognitiven Grundfähigkeiten*.[2] Ein Ergebnis das nicht überrascht und entmutigend wirken könnte. Gerade für den Bereich des Schriftspracherwerbs liegen aber auch empirische Befunde vor, die einen pädagogischen Optimismus stützen können. Bereits 1985 haben Tiedemann u.a. bei 5-6 jährigen Kindern Frühindikatoren schriftsprachlicher Lernschwierigkeiten identifiziert, die *unabhängig* von einer globalen kognitiven Fähigkeit erklärungsmächtig sind. Lauterkennung, Sprechartikulation und Nachschreiben waren jene Basisfähigkeiten, die auch unabhängig von der allgemeinen Intelligenz die Schulleistungen am Ende des ersten und zweiten (Tiedemann/Faber 1989, 1990) Schuljahres signifikant beeinflussten. Während in diesen Studien aber auch noch die familialen Einflussfaktoren schulischer Lernschwierigkeiten kontrolliert wurden, hat sich die Forschung zunehmend auf die Analyse der unmittelbaren, „proximalen" Lernvoraussetzungen für den Schriftspracherwerb konzentriert. Hierbei wurde die Fähigkeit, Gliederungselemente der gesprochenen Sprache z.B. Silben zu erkennen und vor allem die Laute in einem Wort identifizieren zu können, als die entscheidende Voraussetzung des Schriftspracherwerbs nachgewiesen. Diese Fähigkeit wird als *„phonologische Bewusstheit"* bezeichnet, da die Wahrnehmung sprachlich-phonologischer Sequenzen der gesprochenen Sprache nicht nur als auditive Leistung verstanden wird, sondern als eine *Reflexionsfähigkeit im Hinblick auf Sprache* und zwar auf Sprachstrukturen, d.h.

---

2 Schon Krapp wies 1973 Intelligenz als die erklärungsmächtigste Determinante für Schulleistung aus, wobei die Korrelation mit der Schulleistung am Ende der 1. Klasse mit r =.59 angegeben wurden.

Kinder, die Lesen und Schreiben lernen, müssen in der Lage sein, die Aufmerksamkeit vom Inhaltsaspekt der Sprache auf den Formaspekt zu lenken.

Nach Lundberg (vgl. 1994) gehören dazu Abstraktionsfähigkeit, die Fähigkeit zur Selbstbeobachtung und eine überlegte, explizite Kontrolle. Kinder müssen also in der Lage sein, sich auf den lautlichen Aspekt der Sprache zu konzentrieren, z.B. bemerken können, ob zwei Wörter sich reimen oder nicht, sie müssen zu einer rhythmisch-melodischen Differenzierung eines Wortes in der Lage sein, um Sprechsilben produzieren zu können, und schließlich wird auch noch eine richtige Antwort auf die Frage erwartet, „was hörst du am Anfang bei ‚Ananas'?" Alles das kann man als „Einsicht in die Lautstruktur der gesprochenen Sprache" bezeichnen.

Phonologische Bewusstheit wird aber nicht nur als wichtigste Lernvoraussetzung für den Schriftspracherwerb angesehen (vgl. Schneider 1996), sondern diesem Konstrukt kommt im Hinblick auf die Schulleistung entscheidende prognostische Kraft zu. Hier ist insbesondere auf das Bielefelder Screening zur Früherkennung von Lese-Rechtschreibschwierigkeiten hinzuweisen (vgl. Jansen u.a. 1999). Die Ergebnisse der Bielefelder Längsschnittstudien belegen, dass der „Faktor Intelligenz" allein keine gute Vorhersage der Lese-Rechtschreibentwicklung erlaubt. Der Prädiktor „Intelligenz" erwies sich als zu unspezifisch und nur folgende *spezifischen* Indikatoren konnten die Lese-Rechtschreibleistung am Ende des 2. Schuljahres voraussagen:

- phonologische Bewusstheit
- Aufmerksamkeit und
- Gedächtnis

Kompetenter Schriftspracherwerb ist also von sehr speziellen kognitiven Grundfähigkeiten abhängig, der „phonologischer Bewusstheit", Aufmerksamkeit und wiederum sprachbezogenen Gedächtnisleistungen. Alle diese drei Komponenten sind aber gezielt trainierbar. Einschränkend wäre nur zu vermerken, dass es nach jetzigem Forschungsstand Hinweise darauf gibt, dass Trainingsmaßnahmen zur „phonologische Bewusstheit" wohl nicht beliebig lange Sinn machen. Die „sensible Phase" für die Durchführung derartiger Trainingsverfahren liegt ganz zu Beginn eines ersten Schuljahres bzw. noch davor, im Vorschulalter (vgl. Roth 1999).

Dass in einer Studie über die Lesekompetenz von 15jährigen Schülern auch die *Lesegeschwindigkeit* als entscheidender Prädiktor auftaucht, mag zunächst erstaunen, denn es wurde wohl kein Versuch unternommen, die Lesegenauigkeit zu überprüfen. Dies deshalb, weil bekannt ist, dass normale Leser den schwachen Lesern vor allem im Hinblick auf das Lesetempo, nicht aber hinsichtlich der Lesegenauigkeit überlegen sind. Auch schwache Grundschüler sind zumeist in der Lage, recht genau zu lesen. Sie brauchen hierfür nur sehr lange, weil sie jedes Wort Buchstabe für Buchstabe, Laut für Laut erlesen müssen. Nur mühsam gelingt es ihnen, Worte als Ganzes direkt zu erkennen, da ihnen der Zugriff auf entsprechende Gedächtniseinträge fehlt. Natürlich wird so auch die Sinnerfassung des Wortkontextes erschwert, weil es einfach zu lange dauert, bis Sinnerwartungen generiert werden können. Bis man alle Wörter eines Satzes erlesen hat, sind die ersten Wörter schon wieder in Vergessenheit geraten, so dass man sich auch nicht mehr erinnern kann, worum es eigentlich geht. Die Erinnerung an die Bedeutung einzelner Worte muss zu lange aufrecht erhalten werden, bis sie sich zu einem Sinnganzen schließen lässt. Der langsame Leser stellt also ungleich höhere Anforderungen an seine Gedächtnisleistung als der schnelle Leser dies tut. Gleiches gilt für die Aufmerksamkeit, die über einen langen Zeitraum latent aufrecht erhalten werden muss und auch gegen potentielle Störmomente abgeschirmt werden muss.

Leseschwache Kinder sind auch bei Wörtern hoher Vorkommenshäufigkeit vielfach nicht in der Lage, diese automatisch und schnell abzurufen, so dass das fehlende Leseverständnis letztlich nicht auf Defiziten in der Lesegenauigkeit oder der Sinnkonstruktion beruht, sondern sich auf das geringere Lesetempo zurückführen lässt. Dieses ursprüngliche Defizit wissen ältere Schüler allerdings teilweise geschickt zu kaschieren, indem sie vom Sprechtempo zwar schnell, aber auf der semantisch-syntaktischen Ebene eben falsch und/oder unverstanden lesen. Wenn aber die Lesegeschwindigkeit eine so entscheidende Komponente von Lesekompetenz ist, dann kann man hieraus nur das Votum für ein Mehr an Lesen ableiten.

Lesen lernt man nur durch Lesen.

Der dritte von Pisa herausgestellte Prädiktor von Lesekompetenz, das *Lernstrategiewissen*, mag vielleicht auf den ersten Blick eine Fähigkeit sein, die noch nicht von Kindern einer ersten und zweiten Klasse erwartet werden darf. Gerade deshalb müssen Lernstrategien von Anfang an Gegenstand von Unterricht sein. Es wird ein besonderes Augenmerk auf jene Lernstrategien zu richten sein, die Kindern ihre Aneignung von Schrift in systematischer Weise ermöglichen. Lesekompetenz setzt das Lernen des Lernens voraus. PISA geht dabei von einem Modell selbstregulierten Lernens aus und setzt sich damit von allen statischen Vorstellungen des Wissenserwerbs ab. Ausgehend von einem dynamischen Modell lebenslangen Lernens macht die Speicherung trägen Wissens keinen Sinn und selbst der Rekurs auf Schlüsselqualifikationen erscheint zunehmend problematisch. Denn diese Vorstellung impliziert, dass ein bestimmter Typ von Qualifikation beliebig transferierbar, also ohne Umlern- und Adaptationsprozesse auf neue Situationen anwendbar sei. Dagegen ist der theoretische Ausgangspunkt der PISA-Studie zum selbstregulierten Lernen das Drei-Schichten-Modell selbstregulierten Lernens von Boekaerts (1997), das kurz zu erläutern ist:

Selbstregulation beim Lernen bedeutet, in der Lage zu sein, Wissen, Fertigkeiten und Einstellungen zu entwickeln, die zukünftiges Lernen fördern und erleichtern und die mit den jeweils nötigen Anpassungsleistungen auf andere Lernsituationen übertragen werden können. Selbstreguliertes Lernen ist ein zielorientierter Prozess des aktiven und konstruktiven Wissenserwerbs, der auf dem reflektierten und gesteuerten Zusammenspiel kognitiver und motivational-emotionaler Ressourcen einer Person beruht. Selbstreguliert lernen zu können, bedeutet eine komplexe Handlungskompetenz zur Verfügung zu haben.

Ausgangspunkt selbstregulierten Lernens ist das *bereichsspezifische Vorwissen*, also das gesamte Begriffs- und Prozedurwissen. Begriffs- oder Faktenwissen, wird auch als „know what" und das prozedurale Wissen als das „know how" beschrieben. Diese Differenz lässt sich an einem einfachen Beispiel aus dem Rechtschreibunterricht verdeutlichen: Ein Schüler kennt beispielweise das Problem der Auslautverhärtung am Wortende (know what). Insofern beginnt er nachzudenken, wie das Wort „lieb" wohl am Ende geschrieben wird. Aber dieser Schüler verfügt auch über bereichsspezifisches Prozedurwissen und insofern wird er das Wort „lieb" verlängern (*lieben*) und die b-Lautung für sich hörbar machen (know how).

Neben diesem Vorwissen gibt es kognitive und metakognitive Strategien, die bereichsspezifisch oder allgemein sein können und die vom Lernenden auch nicht unbedingt bewusst angewendet werden müssen. Es handelt sich oft um automatisierte Handlungsabfolgen, die unter bestimmten Bedingungen immer wieder eingesetzt werden, um Lern- und Leistungsziele optimal zu erreichen. Idealerweise steht ein breites Repertoire an Strategien zur Verfügung, aus dem Lernende situationsangemessen auswählen können.

Zu den kognitiven Lernstrategien gehören dabei:

- Memorierstrategien (z.B. ich lerne ein Gedicht auswendig, indem ich mir einen Vers immer wieder halblaut vorspreche)
- Tiefenverarbeitung oder Elaborationsstrategien (z.B. ich lerne Vokabeln, indem ich die neu zu lernende Vokabel in einen Satz einfüge und diesen gleich mitlerne)
- Transformation (z.B. ich lerne eine Rechtschreibregel, indem ich nach Wörtern suche, die ähnliche Schreibweisen zeigen)

Zu den metakognitiven Strategien gehören:

- Planung und Zielrepräsentation, d.h. Lernen erfolgt nicht spontan und ungesteuert, sondern ist auch im Verlauf klar zielorientiert.

- Überwachung oder Monitoring des eigenen Lernprozesses, d.h. Fremdkontrolle wird durch Selbstkontrolle und selbstbezogenes Feedback ersetzt.
- Korrekturstrategien, d.h. Selbstkorrektur reduziert sich nicht auf die Feststellung von richtig oder falsch, sondern Fehlereinsicht ist mit einer Korrekturform verbunden, die selbst wieder förderlich ist für den weiteren Lernprozess.

Selbstreguliertes Lernen ist auf einer zweiten Regulationsebene angewiesen auf eine *motivationale Selbstregulation.* Hierzu zählt Boekaerts die selbstbezogenen Kognitionen, also was eine Person denkt über ihre eigene Begabung z.B. „ich kann schon lesen", über ihre Erwartung aufgrund eigener Initiativen erfolgreich sein zu können, beispielsweise „ich übe schreiben, damit ich es besser kann". Hierzu gehören aber auch persönliche Interessen wie „ich lese gern", Prüfungsangst „im Diktat mache ich immer so viele Fehler" und subjektive Theorien der Begabung „rechnen kann ich besser als schreiben".

Motivationale Selbstregulierung ist aber nicht nur von diesen eher generellen Überlegungen abhängig, sondern auch von konkreten und variablen *situativen Motivierungsmomenten* wie Aufmerksamkeit, Anstrengung und Ausdauer.

Und ein letzter Aspekt ist wichtig: Man muss auch jeweils wollen, was man kann und eigentlich auch tun möchte. Gemeint ist die *volitionale Handlungssteuerung,* mit der so viel wie Durchsetzungskraft gemeint ist, denn selbst wenn man motiviert ist, etwas zu tun, muss diese Motivation gegen ggf. konkurrierende Einflüsse abgeschirmt werden und den im Handlungsvollzug auftretenden Erfolg bzw. Misserfolg muss man jeweils so verbuchen, dass man weitermachen will.

Die Merkmale *motivationaler Selbstregulation* lassen sich damit auflisten:

1. Motivationale Grundorientierung
   - selbstbezogene Kognitionen (Selbstwirksamkeitserwartung)
   - motivationale Präferenzen (Interesse)
   - Prüfungsangst
   - Subjektive Theorien der Begabung
2. Situativer Motivationszustand
   - Aufmerksamkeit
   - Anstrengung
   - Ausdauer
3. Volitionale Merkmale der Handlungssteuerung
   - Willenssteuerung
   - Umgang mit Erfolg und Misserfolg

Leseleistungen und damit die Qualität des Leseverständnisses ist also der PISA-Studie folgend, durch Merkmale selbstregulierten Lernens erklärbar.

Nun ist es in der gegenwärtigen pädagogisch-psychologischen Diskussion nicht unumstritten, inwieweit selbstreguliertes Lernen bereits ein Merkmal des Anfangsunterrichts sein kann, denn dieses Lernverhalten wird teilweise als etwas gesehen, das selbst Gegenstand von Unterricht sein muss, mithin selbst erst gelernt werden muss. Man kann dieses Dilemma aber pragmatisch lösen. Eine von Grundschulpädagogen heute generell geteilte Vorstellung ist die des Kindes als eines aktiven Lerners. Selbstreguliertes Lernen ist zumindest als Zielperspektive konsensfähig. Insofern macht die Bezugnahme auf das Konzept „selbstregulierten Lernens" der PISA-Studie auch Sinn. Es öffnet den Blick für Komponenten des Lernprozesses, die auch den Prozess des Schriftspracherwerbs rahmen.

Allerdings weiß man heute aufgrund der Ergebnisse empirisch-psychologischer Forschung, dass Lernstrategiewissen nicht abstrakt vermittelt werden kann, sondern immer nur bezogen auf einen bestimmten Gegenstandsbereich. Insofern sind Unterrichtsarrangements daraufhin zu kontrollieren, ob es gelingt, *sprachnahes* Lernstrategiewissen für den Erwerb der Schriftsprache zu vermitteln.

Die vierte und fünfte Komponente der Lesekompetenz, die in der PISA-Studie herausgestellt wurden, *Interesse am Lesen* und das *Selbstkonzept Lesen* sind nach diesen Ausführungen eigentlich schon benannt. Ihnen kommen zwar im Vergleich zum Lernstrategiewissen geringere Effektwerte (r=.07) zu, aber dennoch ist die motivationale Orientierung der Schüler bedeutsam für die Varianzaufklärung der Lesekompetenz.

Wichtig ist hier vor allem ein zentraler Befund von PISA, nämlich die Geschlechtsspezifik der Leistungsunterschiede: In allen[3] an der PISA-Studie teilnehmenden Ländern berichten die Mädchen über ein signifikant höheres Interesse am Lesen als die Jungen. Die durchgängig besseren Leseleistungen der Mädchen übertreffen bei weitem die Leistungsvorteile der Jungen im Rechnen (vgl. Abbildung 1 aus Stanat/Kunter 2002, S. 38).

---

3 Nur in Korea war die Geschlechterdifferenzen auf der Variable „Interesse am Lesen" nicht signifikant vgl. Stanat/Kunter 2002, S. 40.

Abbildung 1: Leistungsunterschiede zwischen Jungen und Mädchen im Gesamttest Lesen und in Mathematik (Differenz der mittleren Testwerte)

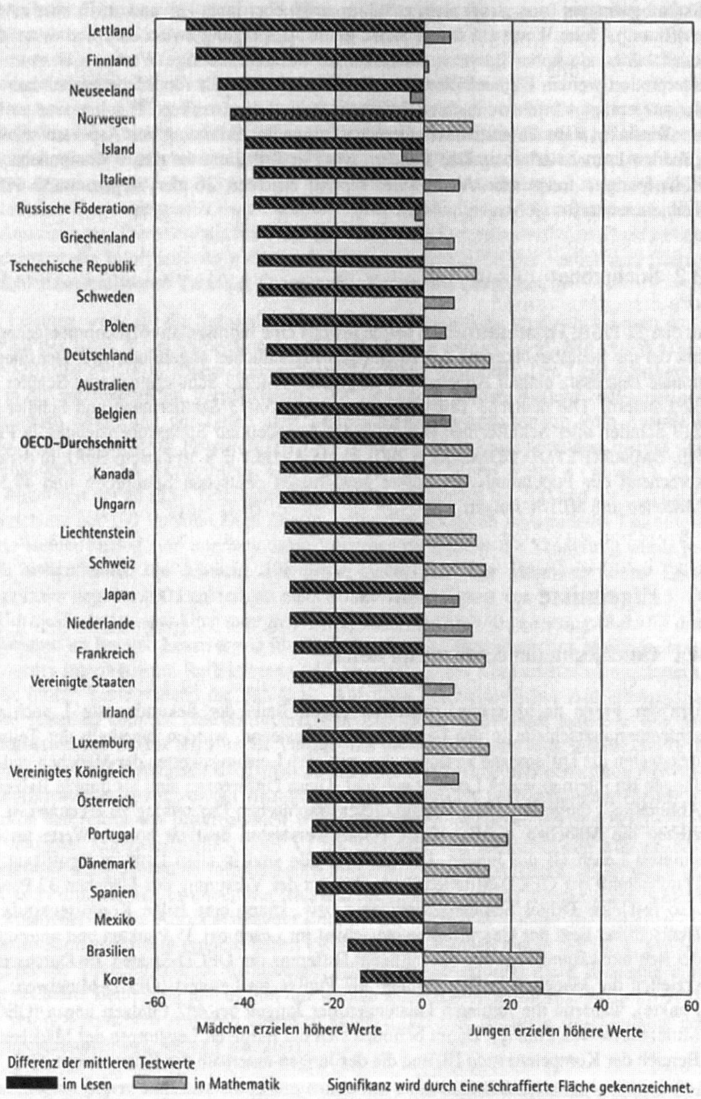

Betrachtet man die Leistungen im Lesen differenzierter (vgl. hierzu Stanat/ Kunter 2002, S.37ff.), so zeigt sich, dass der Geschlechterunterschied erheblich reduziert wird, wenn man das Interesse der Jungen und Mädchen berücksichtigt: Vergleicht man nämlich Mädchen und Jungen, die ein ähnliches Interesse am Lesen aufweisen, so reduziert sich der Leistungsunterschied deutlich. Diese Reduktion ist auch textsortenspezifisch: Besonders jene Texte, die eher sachbezogen sind, können von Jungen mit einer den Mädchen vergleichbaren Interessenlage, auch auf einer den Mädchen entsprechenden Kompetenzstufe gelesen werden. Insbesondere bei Aufgaben zum Reflektieren und Bewerten von Texten (Index der 4. und 5. Kompetenzstufe) ist dagegen bei Kontrolle des Interesses immer noch ein deutlicher Leistungsvorteil der Mädchen zu verzeichnen. Bei kontinuierlichen Texten bleibt der Vorsprung der Mädchen zwar erhalten, bei nicht-kontinuierlichen Texten kommen Jungen mit einem hohen Leseinteresse aber sogar zu besseren Ergebnissen als die Mädchen.

Diese Ergebnisse bestätigen die insgesamt wichtige Bedeutung, die motivationalen Merkmalen für Leistungen im Lesen zukommen, macht aber zusätzlich auf zwei weitere Aspekte aufmerksam: erstens die Bedeutung des Geschlechts und damit kovariierend die Bedeutung der Textsorten. Beide Aspekte sind auch im Kontext der Grundschulforschung herausgestellt worden und zwar auch für den Bereich Schreiben. Denn auch Rechtschreibleistungen und die Auftretenswahrscheinlichkeit von LRS haben einen deutlichen Geschlechtsbezug: Jungen sind die Problemgruppe des Schriftspracherwerbs, sie sind die Risikokinder im Hinblick auf die Herausbildung einer LRS. Ihnen sollte daher von Anfang an die besondere Aufmerksamkeit der Lehrerin gelten und sie sollte immer wieder ihre persönlichen Textpräferenzen im Hinblick darauf kontrollieren, ob sie damit eigentlich auch den Interessen von Jungen gerecht werden kann.

Auch der letztgenannte Prädiktor der Lesekompetenz, das *Selbstkonzept Lesen*, ist eine Variable, deren Bedeutung im Kontext der Schwierigkeiten des Schriftspracherwerbs seit langem bekannt ist. PISA hat unter diesem Aspekt die Jugendlichen daraufhin befragt, ob sie sich den Anforderungen des Deutschunterrichts gewachsen fühlen. Hier geht es also darum, wie die Jugendlichen ihre fachbezogene Lerngeschichte selbst interpretieren und wie sie das Anspruchsniveau des Unterrichts einschätzen. Die fachbezogene Lerngeschichte beginnt aber mit den Erfahrungen des ersten Schultages und wenn man den heutigen Diskussionsstand in der LRS-Forschung zugrundelegt, dann gibt es nicht die eine Ursache, die zu schwerwiegenden Problemen des Schriftspracherwerbs führt. Vielmehr findet Lernen immer in einem subjektiven Interpretationsrahmen statt, in einem Wirkungsgefüge, das jeden Lernprozess strukturiert und damit auch zur Basis für die Interpretation der nachfolgenden Lernprozesse wird.

Betz und Breuninger (vgl.1996) haben dieses Wirkungsgefüge von Lernen differenziert beschrieben und insbesondere die sich auftürmenden Spiralen des Scheiterns an der Lernstörung LRS exemplifiziert. Die letztlich das fachspezifische Selbstkonzept zerstörenden Mechanismen vollziehen sich in 4 Stadien:

Am *Anfang* steht ein oft nur geringer Leistungsrückstand. Hierbei ist es ganz unerheblich, wodurch er entstanden ist: das Kind kann krank gewesen sein, vielleicht sitzt es aber auch nur in einer leistungsstarken Klasse und empfindet sich daher als leistungsschwächer als die anderen, obwohl es in einer anderen Klasse vielleicht ein durchschnittlicher Schüler wäre. Die objektiven Gründe des Defiziterlebens sind nicht maßgeblich, sondern der subjektive Eindruck des Leistungsstands oder anders formuliert, der Eindruck, den Lehrer, Mitschüler und Eltern als Lernumwelt rückspiegeln.

Das *2. Stadium* der von Betz und Breuninger beschriebenen strukturellen Lernstörung beginnt mit den unterschiedlichen Erklärungen, die der betroffene Schüler für sein Scheitern heranzieht. Er könnte beispielsweise behaupten, „ich will gar nicht lesen lernen," oder „ich brauche das nicht" oder „es interessiert mich nicht". Vielleicht werden auch die Erklärungen der Lehrerin oder Eltern übernommen, die meinen, der Schüler sei unkonzentriert oder faul. Was immer es sei, diese Erklärungen stabilisieren zunehmend das entsprechende Verhalten.

Im *3. Stadium* zeigt dann dieses Verhalten massive Wirkung. Es kommt zu Minderleistungen, die als Folgeerscheinung der durch das Vermeidungsverhalten entstandenen Lernlücken auftreten. Stressbedingte Leistungsblokkierungen nehmen zu.

Je länger nun die Misserfolgserlebnisse andauern und das Scheitern von Anstrengungen und eben leider auch das Ausbleiben von Fördereffekten erlebt werden, um so mehr wird sich die Einsicht festigen, dass jegliche Mühe vergebens ist, da sich doch keine Erfolge einstellen werden. Das Kind erwartet von Lese- und Schreibaufgaben nichts anderes mehr, als ein erneutes Scheitern. Sollte wirklich mal etwas besser gelingen als erwartet- und das ist entscheidend für das *4. Stadium* –, dann werden die Erfolge nicht mehr dem eigenen Lernen oder den eigenen Anstrengungen zugeschrieben, sondern dem Zufall. Auch die Umgebung hat sich so sehr an die schlechten Leistungen gewöhnt, dass Erfolge vielleicht dem Abschreiben zugeschrieben werden. Der Schüler hat also ein misserfolgsorientiertes Selbstkonzept aufgebaut, den Anforderungen im Fach Deutsch fühlt er sich natürlich nicht mehr gewachsen.

Der in PISA erhobene Prädiktor „Selbstkonzept Lesen" hat also eine lange und möglicherweise negative Lerngeschichte. Was kann man aber tun, um diesen Teufelskreis aufzubrechen oder besser noch, ihn gar nicht erst entstehen zu lassen? Die Antwort heißt:

Das Bewusstsein des eigenen Könnens stärken und gelingende Lernprozesse sichern.

Aber was heißt das konkret? Die Lehrerin muss ihren Blick auf das Kind und seinen Lernprozess ändern. Mechthild Dehn (1996) hat dies in 3 einfachen Fragen formuliert:

1. Was kann das Kind schon?
2. Was muss es noch lernen?
3. Was kann es als Nächstes lernen?

Mit der ersten Frage wird das Können des Kindes in den Mittelpunkt gestellt, nicht seine Defizite oder Fehler. Nicht die Fehler des Lernergebnisses müssen quittiert werden, sondern das, was richtig war. Nur aus dem Erleben des Erfolgs ist ein positives Selbstwertgefühl aufbaubar, nur durch den Erfolg von Anstrengungen lässt sich Selbstwirksamkeitserwartung entwickeln. Dies ist keineswegs so zu verstehen, dass die Lehrerin fortan alle Kinder nur noch durch die rosarote Brille betrachten sollte und alles, was ihr angeboten wird, rückhaltlos bewundern sollte. Die Frage „Was kann das Kind schon?" ist ein Votum für eine professionelle Analyse der Lernausgangslage des jeweiligen Kindes. Nur wenn man wirklich weiß, an welcher Stelle des Schriftspracherwerbs das konkrete Kind steht, lässt sich seine Leistung auch sachgerecht und entwicklungsbezogen beurteilen.

Hierfür gibt es heute auch entsprechende „Testverfahren", wobei grundsätzlich 2 Sorten von Analysesystemen unterschieden werden müssen: Zunächst gibt es die „informellen" Verfahren, das heißt mehr oder weniger systematische Beobachtungshinweise, wie Lücken bzw. Entwicklungsrückstände eines Kindes bemerkt werden können.[4] Diese praxisnahen Interpretations- und Systematisierungshilfen für Lernbeobachtungen sind von „standardisierten" Testverfahren zu unterscheiden, die wissenschaftlich abgesicherten Normen entsprechen. Es handelt sich um Verfahren, durch die das Testergebnis einer Klasse bzw. eines Schülers mit dem Leistungsstand einer sogenannten Eichstichprobe (repräsentativer Querschnitt der Leistung in der Bundesrepublik Deutschland) verglichen werden kann, so dass eine Lehrerin eine objektive Korrektur für ihr Urteil erhalten kann. Denn: die Leistung eines Schülers, die ihr vielleicht als durchschnittlich erscheint, ist, verglichen mit diesem repräsentativen Durchschnitt, vielleicht gar nicht durchschnittlich, sondern bereits deutlich unterdurchschnittlich. Ohne dieses Wissen würde ein Risikokind des Schriftspracherwerbs gar nicht als solches erkannt werden können.

Die zweite Frage „Was muss es noch lernen?" ist ein Appell an eine klare Leistungsforderung. Ein hoher Anspruch von Unterricht, allerdings ohne Sanktionen, also in einer angstfreien und erfolgszuversichtlichen Lernatmosphäre ist Voraussetzung effektiven Lernens auch für leistungsschwache Schüler. Um es noch einmal zu pointieren: Auch der leistungsschwache Schüler muss in einem differenzierten Unterricht für sich jene Aufgaben bearbeiten, die ihn herausfordern.

Das Maß dieser Herausforderung wird mit der dritten Frage angesprochen „Was kann das Kind als Nächstes lernen?" Lernen ist immer dann effektiv, wenn das Lernangebot in der „Zone der nächsten Entwicklung" (Wygotzki

---

4 Vgl. hierzu Kapitel 9

1964) liegt. Dieser Aspekt weist zunächst auf die Eingangsfrage zurück, denn man muss den Lernstand genau kennen, um die Zone der nächsten Entwicklung überhaupt ausmachen zu können. Die Lehrerin braucht aber noch mehr an Wissen: Nur differenzierte Kenntnisse über die Struktur der Schriftsprache, über die Systematik fachbezogener Lernprozesse und die Persönlichkeit des Kindes werden es ihr möglich machen, jene Lernprozesse zu initiieren, die für das Erreichen der nächsten Entwicklungsstufe notwendig sind. Ich möchte dies nicht nur als ein Votum für sprachwissenschaftliche, fachdidaktische und pädagogisch-psychologische Lehrexpertise werten, sondern auch als einen Aufruf zu mehr Realitätsbezug. Ein Beispiel zur Erläuterung:

Auf dem Elternabend einer Gesamtschule beklagte sich die Lehrerin über die katastrophalen Rechtschreibleistungen der Schüler. Auf die Elternfrage, ob sie denn nicht mit den Jugendlichen noch einmal die Regeln der Groß- und Kleinschreibung durchnehmen könne, entgegnete sie, dass das nun wirklich nicht ginge, das sei Stoff der Grundschule. Da sie sich also für nicht zuständig hält, kumulieren die Defizite und die Spirale negativer Lernstruktur dreht sich weiter. Lerner müssen da „abgeholt" werden, wo sie stehen und wenn sie in einer sechsten Klasse der Grundschule auf dem Rechtschreibniveau eines Zweitklässlers stehen, dann muss man an dieser Stelle ansetzen. Nur so können Lernangebote bereitgestellt werden, die für den Lerner erfolgreich sind und zum Aufbau eines positiven, fachbezogenen Selbstkonzeptes beitragen können.

Zusammenfassend lässt sich damit die Zielorientierung von Schriftsprachunterricht umreißen:

Zielorientierung von Schriftsprachunterricht

1. Professionelle Diagnose der Lernausgangslage und lernprozessbegleitende Beobachtung der Schriftsprachentwicklung
2. Reichhaltige Erfahrungen mit Schriftsprache durch den Aufbau einer Lese- und Schreibkultur
3. Hoher Anspruch des Lernangebots bei gleichzeitig maximaler Unterstützung kindlicher Lernprozesse
4. Konsequente Berücksichtigung geschlechtstypischer und soziokulturell bedingter Interessendifferenzen im Hinblick auf die Produktion und Rezeption von Texten
5. Vermittlung schriftsprachbezogener Lernstrategien
6. Verständnisintensives Üben schriftsprachlichen Strukturwissens
7. Sicherung schriftsprachlicher Basiskompetenzen für alle Schüler durch Individualisierung der Lernangebote

1.1 Literatur

Artelt, C. u.a.: Leseleistungen deutscher Schülerinnen und Schüler im internationalen Vergleich (PISA). Ergebnisse und Erklärungsansätze. In: Zeitschrift für Erziehungswissenschaft, 1 (2002), S. 6-27.

Baumert, J. u.a. (Hg.): PISA 2000. Basiskompetenzen von Schülerinnen und Schülern im internationalen Vergleich, Opladen 2001; im Internet unter www.mpib-berlin.mpg.de/pisa

Betz, E./Breuninger, H.: Teufelskreis Lernstörungen, München/Weinheim 1996.

Blumenstock, L. u.a.: Grundschule. In: Ingenkanp, K. u.a. (Hg.).: Empirische Pädagogik 1970-1990, Bd. I, Weinheim 1992, S. 265-324.

Boekaerts, M.: Personality and the psychology of learning. In: European Journal of Personality 10 (1996), S. 377-404.

Boekaerts, M. (1999). Motivated learning: The study of student x situation transactional units. In: European Journal of Psychology of Education 14 (1999), S. 41-55.

Dehn, M.(Hg.): Elementare Schriftkultur, Weinheim/Basel 1996.

Gramm, D.: Entwicklungsgemäßes Schreibenlernen. Teil I: Schreiben in der Vorschule und im 1. Schuljahr, Hannover 1971.

Jansen, H. u.a.: Bielefelder Screening zur Früherkennung von Lese-Rechtschreibschwierigkeiten (BISC), Göttingen 1999.

Kremer-Hayon, L./Tillema, H. H. (1999). Self-regulated learning in context of teacher education. In: Teaching & Teacher Education 15 (1999), S. 507-522.

Lundberg, I. u.a.: Effects of an extensive programme for stimulating phonological awareness in preschool children. In: Reading Research Quartely 23 (1988), S. 263-284.

Richter, S./Brügelmann, H. (Hg.): Mädchen lernen anders lernen Jungen, Bottighofen 1994.

Richter, T./Christmann, U.: Lesekompetenz: Prozessebenen und interindividuelle Unterschiede. In: Groeben, N./Hurrelmann, B. (Hg.): Lesekompetenz, Weinheim/München 2002, S. 25-58.

Stanat, P./Kunter, M.: Geschlechterspezifische Leistungsunterschiede von Fünfzehnjährigen im internationalen Vergleich. In: Zeitschrift für Erziehungswissenschaft 1 (2002), S. 28-48.

Tiedemann, J./Faber, G.: Familiale und kindbezogene Antezedenzien schulischer Lernschwierigkeiten im Grundschulbereich – Eine zweijährige Längsschnittstudie. In: Zeitschrift für Pädagogische Psychologie 3 (1989), S. 97-107.

Tiedemann, J./Faber, G.: Der langfristige Stellenwert mütterlicher Erziehungsmerkmale und kognitiver Kindkompetenzen für die Leistungsentwicklung in der Grundschule: Ergebnisse einer vierjährigen Längsschnittuntersuchung. In: Unterrichtswissenschaft 18 (1990), S. 71-89.

Tiedemann, J. u.a. : Ausgewählte Frühindikatoren schulischer Lernschwierigkeiten – Lernvoraussetzungen des Erstunterrichts. In: Psychologie in Erziehung und Unterricht 32 (1985), S. 93-99.

Weigl, E.: Schriftsprache als besondere Form des Sprachverhaltens. In: Hofer, A. (Hg.): Lesenlernen: Theorie und Unterricht, Düsseldorf 1976, S. 82-98.

Wygotski, L.S.: Denken und Sprechen, Berlin 1964.

2 Eckpunkte des gegenwärtigen Verständnisses von Schriftspracherwerb

2.1 Schriftspracherwerb – ein Begriff und seine Implikationen

Sucht man nach dem zur Zeit gültigen mainstream im Kontext des Schriftspracherwerbs, so lässt sich dieser in der gemeinsamen Verwendung eben dieses Begriffs finden. Versteht man den Begriff „Schriftspracherwerb" richtig, dann hat man eigentlich schon eine ganze Menge von dem verstanden, um was es geht. Also: „Schriftspracherwerb" – was heißt das eigentlich?

Einem grundschulpädagogischen Laien ist dieser Begriff absolut nicht geläufig und man würde ihm vielleicht als erste Erklärung anbieten, dass es hier darum geht, wie man Kindern am Schulanfang lesen und schreiben beibringt. Aber diese Erklärung kann nicht überzeugen, denn warum dann ein so merkwürdiges Begriffsgebilde, in dem weder von Lesen, noch von Schreiben noch von Unterricht die Rede ist?

In einem zweiten Anlauf könnte man vielleicht daraufhin weisen, dass es hier um das geht, was in den ersten zwei Schuljahren im Lernbereich Deutsch passiert oder zumindest passieren sollte.

Sieht man in die Lehrpläne der verschiedenen Bundesländer, so hat diese Antwort zumindest eine gewisse formale Gültigkeit, aber inhaltlich weiß man dadurch noch nicht viel mehr. Außerdem hinkt auch diese Antwort, denn Lesen- und Schreibenlernen findet natürlich nicht nur im Lernbereich Deutsch statt.

Früher, und das heißt ungefähr bis in die 1980er Jahre, wurde nur von „Erstlesen und -schreiben" oder von „Anfangsunterricht im Lesen, Schreiben und Rechtschreiben" gesprochen. Allein der Vergleich der Begrifflichkeit macht auf verschiedene Punkte aufmerksam, die man sich bewusst machen sollte, da sie die Gründe für den Begriffswechsel zeigen:

Von „Erstlesen" zu sprechen suggeriert, Lesen würde erst mit Schuleintritt beginnen. Dies ist schon deshalb falsch, weil es Schulanfänger gibt, die bereits lesen können. Aber die Zurückweisung der Bezeichnung „Erstlesen" bedeutet mehr: Selbst für jene Kinder, die mit Schuleintritt bereits Lesen können, ist diese Fähigkeit nicht einfach vom Himmel gefallen, sondern Ergebnis eines langen Entwicklungsprozesses an dessen Ende die Lesekompetenz steht. Diese scheinbar einfache Feststellung wirft bereits viele Fragen auf, denn wie lässt sich ein derartiger Entwicklungsprozess beschreiben, gibt es typische Abfolgen, typische Schwierigkeiten? Welche notwendigen Voraussetzungen hat ein derartiger Prozess, denn die sogenannte Lese-Rechtschreibschwäche ist ein bekanntes Phänomen. Auf alle diese Fragen gibt es heute verbindliche Antworten, denn Schriftspracherwerb wird allgemein als Entwicklungsprozess verstanden, der sich in Stufen und in einer typisierbaren Abfolge vollzieht.

Mit dieser entwicklungsorientierten Sicht auf den Schriftspracherwerb ist eine zweite grundsätzliche Entscheidung getroffen: Schriftspracherwerb wird als ein Prozess gesehen, der grundsätzlich vergleichbar ist mit dem frühkindlichen Spracherwerb des Kindes. Diese Annahme hat dabei zwei Argumentationsebenen:

1. Die gegenstandsbezogene Ebene: Verbalsprache und Schriftsprache gelten als strukturell vergleichbar,
2. Die aneignungsbezogene Ebene: Kindlicher Spracherwerb und Schriftspracherwerb unterliegen vergleichbaren Lernprozessen.

2.2 Entwicklungsstufen des Schriftspracherwerbs

Als eine der ersten hat Ute Frith (1985) ein dreistufiges Modell vorgeschlagen, in dem folgende Entwicklungsstufen benannt wurden:

1. eine logographische,
2. eine alphabetische und eine
3. orthographische Stufe.

Die *logographische oder logographemische*[1] *Stufe* lässt sich definieren als das Erkennen einiger hochvertrauter und zumeist emotional bedeutsamer Wörter (z.B. Firmenlogos, der eigene Namen) anhand optisch auffälliger visueller Schlüsselreize.

Ganz grob besteht der kindliche Zugriff auf die Schriftsprache in dieser Phase in einer naiv-ganzheitlichen Worterfassung an *optisch wahrnehmbaren Gestaltmerkmalen.* Zum Beispiel werden Schriftzüge wie *ESSO*, *CocaCola* oder ähnliches als Wortgebilde erkannt und richtig „gelesen", aber ohne Buchstabenkenntnis wird eben nur das Logo entschlüsselt. Man kann das Wort nur deshalb lesen, weil man den Schriftzug kennt. Vielleicht konstruiert das Kind auch alterstypische visuelle Gedächtnisstützen und es kann das Wort *Wasser* deshalb lesen, weil die zwei „ss" in der Wortmitte eine Asso-

1 Logographem = arbiträres (künstlich-erfundenes) Schriftzeichen, das einen Begriff symbolisiert

ziation an Wellenbewegungen hervorrufen. Es wird also irgendeine, aber eben nicht buchstabenorientierte Relation zwischen dem ganzheitlichen Schriftzeichen und seiner Bedeutung hergestellt. Die Buchstaben haben nur Signalcharakter als *cues* für die Worterkennung, sie werden nicht in ihrem Lautcharakter entschlüsselt. Diese Strategie ist natürlich sehr fehlerträchtig, denn nicht nur „Wasser" hat in der Wortmitte zwei „ss", sondern auch das Wort „Tasse" und andere. Derartige Differenzen können natürlich bei diesem naiv-ganzheitlichen Lesen nicht wahrgenommen werden. Alle Wörter mit „ss" in der Mitte, werden als „Wasser" gelesen. Die Kinder überlegen meist nicht lange, sondern sagen sofort das Wort, das sie zu erkennen glauben (look-and-say-Strategie). Unbekannte Wörter kann man nach dieser Methode natürlich nicht lesen, sondern allenfalls erraten. Und nach kurzer Zeit mit dieser Lesestrategie, ist auch die Kapazität des visuellen Gedächtnisses erschöpft, so dass diese Strategie letztlich ins Leere führt.

Genauso ist es mit dem Schreiben in dieser Phase. Möglicherweise wird *ESSO* gleichsam abgemalt. Das Kind kennt also noch nicht die Buchstaben, sondern weiß nur, dass die oft gesehene Buchstabenfolge *ESSO* bedeutet und genauso wird das Wort als Ganzes reproduziert, wie ein Bild, das abgemalt wird.

Ein qualitativ neuer Entwicklungsschritt wird mit dem Eintritt in die *alphabetische Stufe* markiert, in der die Einsicht in das phonetisch-phonologische Prinzip der Verschriftung unserer Sprache[2] gewonnen wird. Wörter werden jetzt nicht mehr wie ein Logo wahrgenommen, sondern der entscheidende qualitative Sprung besteht darin, dass das Kind die bis dahin wahrgenommenen Schriftbilder in ihrer besonderen Struktur als Aneinanderreihung einzelner Buchstaben wahrnimmt, denen jeweils verschiedene *lautliche Repräsentationen* entsprechenden. Kinder beginnen daher in der alphabetischen Phase ihre eigene Artikulation daraufhin abzuhören, welche Laute sie hören und schreiben dementsprechend lautorientiert. Zu Beginn werden nicht einmal alle gehörten Laute verschriftet, sondern nur solche, die den Kindern besonders auffallen, z.B.:

MZ für Maus
FT für Pferd
FATA für Vater

Die drei Beispiele weisen auch auf typische Entwicklungsfortschritte innerhalb der alphabetischen Stufe: Während die beiden ersten Verschriftungsbeispiele recht rudimentär wirken, wird in dem letzten Beispiel „FATA" eine phonetisch vollständige und auch korrekte Wiedergabe der typischen Umgangsartikulation geleistet. Die demgegenüber unvollständige Wiedergabe nur einzelner Laute wie in MZ für Maus, oder FT für Pferd wird als „Skelett-

2 vgl. hierzu ausführlicher Kap.3

schreibweise“ bezeichnet, die ein typisches Durchgangsstadium der alphabetischen Phase ist.[3]

Auch das Lesen ist in dieser Phase noch sehr mühsam, denn die Kinder müssen Buchstabe für Buchstabe, Laut für Laut ein Wort erlesen oder auflautieren und zusammenschleifen, „synthetisieren“ wie man auch sagt. Typisch für diese Phase ist das phonetische Rekodieren der einzelnen Buchstaben von links nach rechts, d.h. die Leseanfänger sprechen in einzellautgetreuer Realisierung und haben deshalb auch Probleme, den „Sprung zum Wort“ zu schaffen. Die dominante Lesestrategie ist also analytisch segmental, durch die zwar auch neue unbekannte Wörter – anders als in der logographischen Phase – erlesen werden können, aber eben nur sehr langsam und in dem phasentypischen Probierverhalten, indem die vollständige einzellautgetreue Realisierung immer wieder vorgesprochen wird, aber doch seltsam arbiträr klingt. Genau dieses befremdlich wirkende Aussprechen der einzelnen Wörter, macht es auch für den Leseanfänger so schwer, den Wortsinn zu finden. Verstehen kann man dieses Problem besser, wenn man sich bewusst macht, das die Einheiten der Artikulation beim Sprechen von Wörtern eben nicht einzelne Laute, sondern Silben sind. Innerhalb der Silben werden die Laute beim Sprechen auch nicht unmittelbar aneinandergereiht, sondern es gibt immer kontextbedingte kleine Lautnuancen, koartikulierte Aussprechvarianten, Unterschiede in Tonhöhe und -stärke in der Lautabfolge, also prosodische[4] Phänomene, die die jeweils wortspezifische Lautverschmelzung im Detail bestimmen.

Erst mit Eintritt in die *orthographische Phase* gelingt dieses Erlesen immer besser, weil das Kind sich nicht mehr an einzelnen Buchstaben, sondern an immer wiederkehrenden Buchstabenkombinationen z.B. typischen Wortendungen, Silben, Signalgruppen[5], kurzen häufigen Wörtern und Morphemen[6] orientieren kann. Diese Gliederungssegmente werden gleichsam auf einen Blick erfasst und mit der entsprechenden Lautkombination wiedergegeben. Die alphabetische Strategie fungiert zwar noch im Hintergrund bei neuen und seltenen Wörtern, aber durch die simultane Erfassung größerer Struktureinheiten eines Wortes, wird das Lesen deutlich schneller, flüssiger und zuverlässiger. Erklärbar ist dieses Lernergebnis durch den Ausbau, die

---

3 Manche Autoren von Stufenmodellen gehen daher auch nicht nur von drei Stufen aus, sondern unterscheiden aufgrund derartiger Detailanalyse weitere Teilstufen des Entwicklungsprozesses (vgl. Brinkmann/Brügelmann, Grissemann, Günther, Spitta, Valtin). Um Verwirrungen zu vermeiden, erscheint es aber sinnvoll, sich zunächst die gemeinsame Grundstruktur aller Stufenmodelle deutlich zu machen.

4 prosodisch = Eigenschaft der Merkmale, die Dauer (Quantität) sowie Tonhöhe und Tonstärke (Qualität) bei sprachlichen Lauten, Akzent und Rhythmus bei Lautfolgen festlegen.

5 Signalgruppen sind optisch hervorstechende, häufig vorkommende Buchstabenkombinationen, die keine Silben- oder Morphemstruktur aufweisen, wie „utt“ vgl. Mutter, Futter; oder „ing“ vgl. Finger, Ringer, Zwinger.

6 Morpheme sind die kleinsten bedeutungstragenden Einheiten in der Sprache z.B. Reinheit (rein) vgl. auch 3.1.2

Automatisierung und Integration der Strategien und Verarbeitungsmechanismen der ersten und zweiten Stufe des Entwicklungsmodells im Sinne der Erarbeitung eines *inneren Lexikons*. Mit dem Zugriff auf dieses innere Lexikon können Wörter zunehmend „auf einen Blick erkannt“ und eben auch semantisch entschlüsselt werden. Die der orthographischen Stufe entsprechende Lesestrategie wird deshalb auch als „lexikalische Lesestrategie“ bezeichnet. Durch den Ausbau eines inneren semantischen Lexikons wird das sinnentnehmende Lesen entscheidend vereinfacht.

Die Lesestrategie der orthographischen Stufe integriert damit ganzheitliche und segmentierende Worterkennungsstrategien:

Die lexikalische Lesestrategie ist wie die alphabetische in gewisser Weise analytisch, denn Wörter werden in Silben, Morpheme o.ä. segmentiert, aber auch synthetisch wie die logographemische Strategie, denn unter Zugriff auf das innere Lexikon werden Wörter oder Wortsegmente unmittelbar als Lautkombinationen realisiert. Das laute bzw. halblaute Aussprechen der einzelnen Laute, das für das phonetische Lesen zu Beginn der alphabetischen Stufe notwendig ist, geht jetzt allmählich über in ein „inneres Sprechen“, das für den kompetenten Leser typisch ist.

Im Hinblick auf das Schreibenlernen, stellt die orthographische Phase die entscheidende Schwelle für eine normgerechte Rechtschreibung dar. In dieser Entwicklungsstufe muss die Normschreibweise als Zielorientierung erkannt werden. Die entscheidende Leistung, die das Kind in dieser Phase des Schriftspracherwerbs erbringen muss, ist also die allmähliche Überwindung der „Schreibe-wie-du-hörst“- Strategie durch die Erarbeitung grundlegender orthographischer Regelmäßigkeiten unserer Schriftsprache. Hierzu gehört eben auch die Einsicht in die Morphemstruktur von Wörtern und die Beachtung grammatischer Konventionen, die die Schreibung auf Satzebene strukturiert.

Schriftspracherwerb ist ein Entwicklungsprozess, der sich in Stufen und in einer typisierbaren Abfolge vollzieht. Die einzelnen Sequenzen der Erwerbsstufen werden allgemein bezeichnet als:

- Logographisch
- Alphabetisch
- Orthographisch

2.3 „Phonologische Bewusstheit“ als zentrale Vorläuferfähigkeit des Schriftspracherwerbs

Nach heutigem Forschungsstand sind es Gedächtnis, Aufmerksamkeit und phonologische Bewusstheit, die das Gelingen des Schriftspracherwerbs entscheidend beeinflussen. Allerdings ist bisher den beiden erst genannten Faktoren vergleichsweise wenig Aufmerksamkeit geschenkt worden, obgleich durch entsprechende unterrichtsmethodische Entscheidungen wie verständnisintensives Üben und Techniken der Selbstorganisation, die Herausbildung sprachbezogener Gedächtnisleistungen und die Konzentration der Aufmerksamkeit zu beeinflussen wären. Demgegenüber steht die Förderung der phonologischen Bewusstheit im Zentrum des wissenschaftlichen Interesses (vgl. Schneider 2000).

Es besteht nun zwar Konsens über die Bedeutung der phonologischen Bewusstheit, nicht jedoch darüber, was im Detail unter diesem Konstrukt verstanden wird. Teilweise wird hier zwischen einer phonologischen Bewusstheit im weiteren und im engeren Sinn unterschieden. Phonologische Bewusstheit im weiteren Sinne wird dabei in der Fähigkeit gesehen, Reime zu erkennen, Silben zu segmentieren und zusammenzusetzen. Phonologische Bewusstheit im engeren Sinne ist demgegenüber die Fähigkeit, nicht nur Anfangs- und Endlaute in einem gesprochenen Wort identifizieren zu können, sondern das gesamte Wort auf seine lautlichen Bestandteile hin abhören zu können.

Phonologische Bewusstheit ist nicht nur die wichtigste Lernvoraussetzung für den Schriftspracherwerb, sie hat Prognosekraft im Hinblick auf die Entwicklung des Schriftspracherwerbsprozesses. Kinder mit einer bereits im Vorschulalter gut entwickelten phonologischen Bewusstheit gelingt es dementsprechend relativ leicht und zügig, sich die Schriftsprache anzueignen, wohingegen Kinder mit einer gering entwickelten phonologischen Bewusstheit als potentielle „Risikokinder“ des Schriftspracherwerbs gelten. Allerdings wird diese empirisch fundierte Argumentationslinie unter Grundschulpädagogen nicht immer mit gleicher Stringenz vertreten, da darauf verwiesen wird, dass phonologische Bewusstheit auch *Ergebnis* von schriftsprachlichem Unterricht ist. Diese Leistung von Anfangsunterricht soll hier nicht in Abrede gestellt werden, gleichwohl erscheint die Akzentuierung der Prognosekraft phonologischer Bewusstheit im Sinne der Prävention von Lese-Rechtschreibschwierigkeiten zielführend:

> Schriftspracherwerb hat keine Stunde Null, sondern ist von zahlreichen Vorläuferfähigkeiten abhängig. Zentrale Bedeutung kommt metakognitiven Prozessen zu, die sich in der Prognosekraft *phonologischer Bewusstheit* nachweisen ließen.

2.4 Fehler – eine entwicklungsspezifische Notwendigkeit

Mit dem Votum für ein entwicklungsorientiertes Verständnis des Schriftspracherwerbs sind natürlich alle Etikettierung zurückzuweisen, die das Lesen und Schreiben als *erstes* Lesen und Schreiben bezeichnen. Wie aber steht es um die *Qualität* dieses Entwicklungsprozesses? Welche interindividuellen Unterschiede gibt es, wie unterscheiden sich also gute von schlechten Lernern und lassen sich auch diese Differenzen typisieren, wie es der Begriff des „Legasthenikers" suggeriert? Diese Fragen deuten bereits auf zwei Problemkreise, die im Kontext fachdidaktischer Forschung lange Zeit kontrovers diskutiert worden sind: Es ist einmal die Frage nach der Struktur des Erwerbsprozesses von Schriftsprache und hier galt die Hypothese, dass das Lernen der „Legastheniker" anders sei als das der anderen Kinder. Man glaubte, spezifische funktionale Defizite in der sensorischen und kognitiven Organisation führten zu typischen Fehlern, an denen man diese Kinder erkennen könnte. Man weiß heute, dass das nicht so ist, denn alle Kinder machen im Verlauf ihrer Lese- und Schreibentwicklung Fehler und zwar nicht prinzipiell andere als lese-rechtschreibschwache Kinder auch. Der allerdings folgenschwere Unterschied ist graduell und temporär, d.h. lese-rechtschreibschwache Kinder machen schlicht mehr Fehler und hohe Fehlerquoten persistieren. Wie groß die Unterschiede der Rechtschreibleistung zwischen Kindern sind und wie lang der Weg zur Richtigschreibung im Einzelfall ist, lässt sich der nachfolgenden Tabelle entnehmen (vgl. May 2000, S. 25):

	Leistungsgruppen				
Klasse	I	II	III	IV	V
Kl. 1: Mitte	Fa--rat	Fa--rat	Fa--r-t *Fa--rat*	f---r-t	– – – f---
Kl. 1: Ende	Fa--rat *Fa--rad*	Fa--rat	Fa--rat	Fa--rat	f-----t *f---r-t*
Kl. 2: Mitte	Fa--rad	Fa--rat *Fa—rad*	Fa--rat	Fa—rat	Fa—r-t *Fa—rat*
Kl.2: Ende	Fah-rad *Fahrrad*	Fa—rad *Fah-rad*	Fa--rat *Fa-rad*	Fa—rat	Fa—rat
Kl.3: Mitte	**Fahrrad**	Fah-rad	Fa—rad	Fa—rat *Fa—rad*	Fa--rat

Klasse	I	II	III	IV	V
Kl.3: Ende	+	Fah-rad *Fahrrad*	Fah-rad	Fa--rad *Fah-rad*	Fa—rat *Fa--rad*
Kl.4:Mitte	+	**Fahrrad**	**Fahrrad**	Fah-rad	Fa--rad
Kl.4: Ende	+	+	+	Fah-rad	Fa—rad
Kl.5: Ende	+	+	+	Fah-rad **Fahrrad**	Fa--rad *Fah-rad*
Kl.7: Ende	+	+	+	Fah-rad *Fahrrad*	Fah-rad
Kl.9: Ende	+	+	+	Fah-rad **Fahrrad**	Fah-rad ***Fahrrad***

Diese Tabelle zeigt eindringlich, wie divergent schon zu Beginn die Leistungen der Kinder sind: Sie reichen vom Nicht-Verschriften-Können bis zur lautlich korrekten Wiedergabe von *Fahrrad.*

Die fünf Leistungsgruppen setzen sich folgendermaßen zusammen:

Gruppe I:	25% leistungsstärkste Schüler
Gruppe II und III:	Jeweils 25% des oberen bzw. unteren Durchschnitts
Gruppen IV und V:	25% schwächste Schreiber; darin enthalten
Gruppe V:	5% schwächste Schreiber

Die verschiedenen Verschriftungsformen zeigen auch, wie heterogen und teilweise instabil die Leistungsentwicklung der Kinder ist: Während Kinder der ersten Leistungsgruppe bereits am Ende des 2. Schuljahres beginnen, das Wort „Fahrrad" richtig zu schreiben, gelingt dies den Kindern des Leistungsgruppe V erst zum Ende der 9. Klasse.[7] Typisch für die schwachen Rechtschreiber ist auch das lange Nebeneinander von richtigen und falschen Schreibweisen wie es in der Lernentwicklung der IV Gruppe deutlich wird.

Auch hinsichtlich der geschlechtsspezifischen Differenzen der schriftsprachlichen Kompetenzentwicklung gibt es heute empirisch gesicherte Befunde:

Es ist seit längerem bekannt, dass weibliche Personen bei vielen sprachlichen Teilleistungen den männlichen überlegen sind. Neueste Untersuchun-

7 Ob es aufgrund dieser Tatsache Sinn macht, auch bei derartig massiven Lernverzögerungen nur von „Entwicklungsrückständen" zu sprechen, ist ein Problem, dass Gegenstand von Kapitel 8 sein wird.

gen zeigen, dass diese Tendenz sich weiter auszubauen scheint, indem es zu einem Schereneffekt der Leistungsentwicklung zwischen Jungen und Mädchen im Verlauf der Schulzeit kommt (vgl. Lehmann u.a. 2002). Während sich Jungen und Mädchen im ersten Schuljahr noch nicht deutlich in der Lese- und Rechtschreibleistung unterscheiden, zeigen Mädchen spätestens ab der 2. Klasse im Durchschnitt durchgängig bessere Leistungen als die Jungen und zwar sowohl im Lesen als auch im Rechtschreiben. Mädchen gehören doppelt so häufig wie Jungen zur Gruppe der Leistungsstärksten, während im schwächsten Leistungsbereich Jungen zwei- bis dreimal so häufig vertreten sind (vgl. May 2002, S. 81). Die Lernentwicklung der Mädchen verläuft zudem in der Regel stetig, wohingegen Jungen ein erhöhtes Risiko für Lernbrüche aufweisen.

Wollte man diese Phänomene unter Bezug auf eine entwicklungsorientierte Interpretation des Schriftspracherwerbs erklären, so käme man wohl zu der Feststellung, dass Mädchen offensichtlich über bessere Strategien der Aneignung von Schriftsprache verfügen. Was bedeutet es aber eigentlich, z.B. von „Rechtschreibstrategien" zu sprechen?

Früher wurde dieser Begriff in der Rechtschreibdidaktik überhaupt nicht verwendet, denn man ging davon aus, dass Wortschreibungen „eingeübt" wurden. Die genetische Betrachtung des Rechtschreiblernens und natürlich auch des Lesenlernens hat zur Folge, dass nicht mehr die Einübung des Richtigen zentral ist, sondern die Analyse von Rechtschreibfehlern. Fehler gelten nicht mehr als Ausdruck des Scheiterns, sondern als Zeichen phasentypischer Zugriffsweisen auf Schrift. So kann man denn auch von einer „alphabetischen" oder „orthographischen" Strategie sprechen, weil damit jener Fehlertypus gemeint ist, der ein bestimmtes Fähigkeitsniveau signalisiert. Fehler werden deshalb auch als „diagnostische Fenster" bezeichnet, denn sie geben Auskunft darüber, auf welcher Stufe des Schriftspracherwerbs sich ein Kind befindet.[8]

Peter May (2000, S.120) hat die Entwicklung des Rechtschreibkönnens in 5 aufeinanderfolgenden Stufen beschrieben und die dabei jeweils dominanten Strategien des kindlichen Zugriffs auf die Schriftsprache formuliert.

8 Ein standardisiertes Verfahren, um Fehler in dieser Weise diagnostizieren zu können, ist die Hamburger Schreibprobe (HSP) von Peter May (Neunormierung 2002)

Entwicklungsstufen des Schriftspracherwerbs und jeweils dominante Rechtschreibstrategien:

Entwicklungsstufen	Kindliche Rechtschreibstrategien
Logographemische Strategie	*„Merke dir die Form und die Anordnung der Zeichen (Buchstaben)"*
Alphabetische Strategie	*„Achte auf die eigene Aussprache und schreibe für jeden Laut einen Buchstaben"*
Orthographische Strategie	*„Merke dir die von der Lautung abweichende Schreibung oder nutze eine dir bekannte Vorschrift (‚Regel') für die Schreibung."*
Morphematische Strategie	*„Gliedere die Wörter in ihre Bausteine, suche nach verwandten Wortstämmen und leite die Schreibung von diesen ab."*
Wortübergreifende Strategie	*„Leite die Schreibung unter Einbeziehung des Satzes bzw. Textes ab, um Groß-, Zusammenschreibung, Kommasetzung, wörtliche Rede u.a. satzabhängige Regelungen zu bestimmen."*

Fehler sind dementsprechend ein Analyseinstrument, das dem Lehrer über den jeweiligen Stand der Theoriebildung des Schülers Auskunft geben kann. Fehler spiegeln jene Alltagstheorien, die sich Kinder über die Struktur und den Aufbau der Schrift gerade machen bzw. machen können. Fehler haben also einen subjektiven Sinn, sie sind aber auch sinnvoll im Sinne von notwendig.

Zentral für diese Überlegung ist die Annahme einer strukturellen Parallelität zwischen frühkindlichem Spracherwerb und dem Schriftspracherwerb. Schriftlichkeit ist Bestandteil der Sprachaneignung des Kindes, denn nicht zufällig bietet der Begriff „Schriftspracherwerb" auch die Assoziation zum Begriff des Spracherwerbs. Lesen- und Schreibenlernen werden als sprachkonstruktive Operationen einer höheren Entwicklungsstufe des Sprechens gesehen. „Sprachkonstruktiv" meint dabei, dass der Lernprozess des Kindes als eine selbstaktive, kreative Tätigkeit verstanden wird. Sprechenlernen ist nicht Nachplappern. Sprechenlernen bedeutet die sukzessive Herausbildung (Generierung) eines inneren Regelsystems. Niemand würde einem Kleinkind sagen: „Sätze werden in der Form 'Subjekt, Prädikat, Objekt' gebildet." Diese Regel wird vom Kind unbewusst im Sprachvollzug erworben, allerdings in einem langen Prozess fehlerhaften Sprechens. Sprechen lernen vollzieht sich durch fehlerhaftes Sprechen und nicht dadurch, dass jemand sagt, das hast du falsch gesagt, es muss so und so heißen. Sprechen beginnt mit unvollständigen Artikulationen, fehlerhaften semantischen Generalisierung, denn vielleicht werden alle Spielsachen eine Zeitlang als Auto bezeichnet, weil es genau dieses Objekt ist, das dem Jungen wichtig ist. Diese Übergeneralisierung lässt sich auch in der Rechtschreibentwicklung nachweisen: Haben

Kinder erst einmal verstanden, dass das Endungsmorphem von „Vater“ auch in „Mutter“ oder „Futter“ vorkommt, dann schreiben sie plötzlich auch „SOFER“ statt „SOFA“, weil sie richtig verstanden haben, dass ihre Artikulation des /a/ am Wortende mit „er“ verschriftet wird. Insofern signalisiert die falsche Wortschreibung bei „SOFER“, dass das Kind seine Artikulation bewusst wahrnimmt, zur Orientierung seiner Verschriftung einsetzt und entwicklungsentsprechend auf alle vergleichbaren Fälle anwendet („übergeneralisiert“). Hier wäre also für den Lehrer der Zeitpunkt, die Abweichung als Rätsel oder Merkwort ins Spiel zu springen.

Sprechen ist natürlich auch grammatisch fehlerhaft und die sprachlichen Ordnungssysteme der Reihenfolge und Flexion von Wörtern werden erst allmählich erfasst. Trotzdem kommt niemand auf den Gedanken, Kindern das Sprechen zu verbieten und zwar so lange bis sie es richtig, also fehlerfrei können.

Genau diese Argumentation steckt auch in der neuen Wahrnehmung insbesondere der Rechtschreibfehler, die Kinder machen. Rechtschreibfehler gelten als entwicklungsnotwendig und das eigenaktive Üben einer phasentypischen Zugriffsweise auf Schrift als unhintergehbar.

Für die Anfangsphase des Schriftspracherwerbs ist dies die Anwendung der lautorientierten, alphabetischen Strategie. Nur durch vielfältige Erfahrungen mit den Zugriffsweisen dieses Stadiums lassen sich Basisfähigkeiten des Verschriftens trainieren, weiter ausbauen und auch so weitgehend automatisieren, dass mental wieder Freiräume entstehen, durch die neue und andere Zugriffsweisen auf Schrift ausprobiert werden können. Erst die kognitive Entlastung, die automatisierte Handlungsvollzüge bieten, schafft die Ruhe und Ausgeglichenheit, die der Organismus braucht, um die konstruktive Kraft für den nächsten Entwicklungsschritt aufzubringen. Kinder brauchen also „Zeit für die Schrift“ (Dehn 1988). Schreiben lernt man in diesem Sinne nur in einer Atmosphäre der Toleranz fehlerhaften Schreibens und der Würdigung der kommunikativen Funktion des Geschriebenen.

Während über die Beachtung der kommunikativen Funktion von Schrift Konsens herrscht, ist die „Toleranz fehlerhaften Schreibens“ differenzierter zu interpretieren. Die Auffassungen darüber, wie lange diese Toleranz dauern sollte, wie weitgehend sie ausgelegt wird, sind nämlich durchaus unterschiedlich und auch das Setting der Toleranz wird unterschiedlich interpretiert. Konkret geht es um folgende Fragen:

- Sind Skelettschreibweisen akzeptabel oder nur vollständig lautgetreue Verschriftungen?
- Ab wann werden Rechtschreibfehler korrigiert?
- In welcher Form erfolgt eine Konfrontation mit der Normschreibung?

Man kann sich all diesen Problemen auch entziehen, indem man von (Fibel)wörtern ausgeht, die einfach und lautgetreu sind.

Freies Schreiben von Anfang an oder ein eher strukturierter Schriftspracherwerb sind die beiden Pole der kontroversen Positionen, für die eine empirisch fundierte Klärung aussteht. Um Missverständnissen vorzubeugen, die hier benannten Positionen lassen sich nicht einfach auf eine Kontroverse zwischen offenen Unterrichtsverfahren und fibelorientierten Lehrgängen zurückführen. Die Differenzen sind subtiler, denn für einen strukturierten Schriftspracherwerb lässt sich auch in Verbindung mit „offenen" Unterrichtsformen plädieren (vgl. 6.2).

Schriftspracherwerb ist ein Entwicklungsprozess, der dem primären Spracherwerb vergleichbar ist im Hinblick auf eine Reihe kognitiver, sprachlicher und interaktiver Aspekte. Typisch für beide Erwerbsprozesse sind *Fehler, die als entwicklungspsychologische Notwendigkeit* angesehen werden. Fehler haben als *„diagnostische Fenster"* eine besondere Bedeutung für die professionelle Einschätzung und Förderung der Lernentwicklung.

2.5 Schriftspracherwerb als Denkentwicklung

Mit der These einer strukturellen Parallelität zwischen frühkindlichem Spracherwerb und Schriftspracherwerb verbinden sich zentrale Orientierungsgrundlagen für die Gestaltung des sprachlichen Anfangsunterrichts:

Wenn der Erwerb der Schriftsprache als ein Prozess gedacht wird, der dem Sprechenlernen des Kindes vergleichbar ist, dann ergibt sich hieraus die Absage an ein starres Lehrgangskonzept für das Erlernen von Lesen und Schreiben, denn kein Kind der Welt hat in einem Lehrgang Sprechen gelernt. „Natürliche" Lernprozesse sind vielmehr dadurch gekennzeichnet, dass sie aufgrund der aktiven Auseinandersetzung des Lernenden mit einem entsprechenden Angebot im Vollzug erworben werden (learning by doing). Unterrichtskonzeptionen zum Schriftspracherwerb werden daher als handlungsorientierter und erfahrungsbezogener Sprachunterricht deklariert.

Diese didaktische Grundorientierung lässt sich gleichsam als Minimalkonsens in der aktuellen grundschuldidaktischen Diskussion ausmachen, indem auf die veränderten Formen und Bedingungen der Sprach- und Schriftaneignung der Kinder heute rekurriert wird. Veränderte Familienstrukturen, reduzierte Spielerfahrungen und multimediale Umwelt haben zu einer Einschränkung elementarer Sozial- und Handlungserfahrungen geführt, die für alle Lernbereiche der Grundschule eine neue Verzahnung von Schulleben und Unterricht notwendig macht. Es ist zum stufenspezifischen Bildungsauftrag der Grundschule geworden, Primärerfahrungen innerhalb und außerhalb der Schule zu ermöglichen und dann im Unterricht zu systematisieren.

Fragt man nun allerdings nach dem Grad der Systematisierung, dann zeigen sich die aktuellen Differenzen. Während also das Votum für Handlungsorientierung und Erfahrungsbezug des Unterrichts verbalen Konsens ermöglicht, geht es dann in der Debatte der unterrichtlichen Realisierungsformen darum, mit wie viel Steuerung durch den Lehrer, Vorstrukturierung des Materials und Systematisierung der Erfahrungsmöglichkeiten dies denn eigentlich zu erreichen sei.

Für den Lernbereich Deutsch ist es nun allerdings kennzeichnend, dass diese Austarierung des Pendels zwischen Offenheit und Geschlossenheit der Unterrichtsorganisation nicht mehr als eine Frage nach der besten Lehrmethode diskutiert wird, sondern im Rückgriff auf die Lernorganisation des Kindes zu beantworten versucht wird. Folglich richten sich die Überlegungen darauf, wie das Kind seinen Lernprozess organisiert, welche Struktur die Sache unter seinem lernenden Zugriff erhält. Dieser grundsätzliche Perspektivenwechsel von den Lehrformen des Lehrers zu der Lernorganisation des Kindes lässt sich auch als logische Konsequenz aus dem oben skizzierten Begriffsverständnis von Schriftspracherwerb bestimmen. Wenn Schriftspracherwerb als Fortsetzung der Sprachaneignung des Kindes gedacht wird, dann ist damit der Blick auf die lernende Selbstorganisation des Kindes gerichtet.

Allerdings wird man an dieser Stelle einwenden müssen, dass im Gegensatz zu der primären Sprachaneignung das Erlernen von Lesen und Schreiben immer in einer systematisch organisierten Form stattgefunden hat. Zwar zeigen die Lesefertigkeiten von Frühlesern eindrucksvoll, dass es Kindern bei reichhaltigem Angebot für Auseinandersetzungen mit Bildern und Schrift gelingen kann, sich das Lesen schon vor der Schule selbst beizubringen, aber zumindest die orthographische Norm der Schrift ist so komplex, dass alle Kinder hierfür Zeit und Lernsituationen brauchen, die über akzidentelles Lernen hinausgehen. Unterrichtliches Handeln kann sich also auch im Kontext des Schriftspracherwerbs nicht ausschließlich an den Wahrnehmungs- und Denkweisen der Kinder ausrichten und diese nur fortsetzen, weil dadurch kein zielgerichteter Aufbau des Lernens erreicht würde. Unterricht sollte so organisiert sein, dass Erfahrungs- und Handlungsmöglichkeiten angeboten werden, die die je individuelle Konstruktion einer systematischen Informationsverarbeitung möglich machen. Mit anderen Worten:

> Schriftspracherwerb im Kontext des Anfangsunterrichts knüpft an die Eigenaktivität der kindlichen Sprachaneignung an und schafft Sprach- und Schreibanlässe, die es dem Kind ermöglichen, Einsichten in die Systematik der Schrift zu gewinnen.

Diese Formulierung hat jedoch ihre Tücken: Sie genügt zwar der eingangs gestellten Forderung, konsensfähige Aussagen über den Schriftspracherwerb zu formulieren, aber sie verdeckt kontroverse Forschungsbefunde. Aus der Perspektive pädagogischer Psychologie wird zwar die Notwendigkeit aktiven und konstruktiven Lernens nicht bestritten, aber die Effektivität lehrergeleiteter, direkter Instruktion wird immer wieder empirisch unter Beweis gestellt:

> „In einer großen Zahl empirischer Studien wurde besonders im Elementarunterricht demonstriert, dass direkte Instruktion im Vergleich zu anderen Lehrmethoden bei größeren Lerngruppen (Schulklassen) zu höheren Durchschnittsleistungen, zu stärkeren Leistungszuwächsen und zu besseren individuellen Lernergebnissen auch der schwächeren Schüler führt" (Weinert 1996, S. 30).

Die positiven Effekte dieses Instruktionskonzeptes gelten insbesondere bei Lernenden mit schwachen Leistungen (vgl. auch Klauer/Lauth 1997), die von einer sachlich korrekten, schrittweisen Darbietung des Lernstoffes, von kontrollierten Übungen mit korrigierenden Rückmeldungen und Wiederholungen besonders profitieren wie Walberg und Wang (1987) nach Analyse von 2500 Studien feststellen. Dies bestätigt auch eine aktuelle Metaanalyse von Forness u.a. (2002) zur Effektstärke unterschiedlicher sonderpädagogischer Fördermöglichkeiten.

Aber lassen wir zunächst noch die grundschulpädagogische Brille auf und sehen noch einmal auf das Eingangsbeispiel: den zwar lesenden aber natürlich noch nicht orthographisch korrekt schreibenden Schulanfänger. Dieser letzte Zusatz weist bereits auf das Problem, denn offensichtlich werden die beiden Teilaspekte des Schriftspracherwerbs, eben einmal das Lesen und einmal das Schreiben, in natürlichen Lernsituationen in unterschiedlichem Maße erworben. Lesen scheint offensichtlich leichter als Schreiben zu sein. Historisch gesehen spiegelt sich diese Überzeugung in jenen Unterrichtskonzepten, die die Schüler eben lange nur lesen ließen, das eigentliche Schreiben aber auf später verschoben, indem zu Anfang nur die Schreibmotorik in Form von Schwungübungen geübt wurde. Lerntheoretisch folgte man also ganz konsequent dem Prinzip vom Einfachen zum Schweren. Und natürlich wurde der Leselernprozess nicht dem Zufall überlassen, systematische Hilfen galten als selbstverständliche Notwenigkeit.

Mit dem Unterrichtskonzept von Jürgen Reichen ist diese Selbstverständlichkeit bereits Anfang der 70er Jahre radikal in Frage gestellt worden. Lesen braucht nach seiner „Philosophie" keinen Lehrgang, die Schüler lernen es quasi „von selbst", indem sie anhand einer Anlauttabelle[9] ihre Artikulation verschriften. Lesen wird also nicht geübt, sondern Reichen vertraut darauf, dass die Kinder sich auf diesem Weg das Lesen selbst beibringen. Abgesehen von Herrn Reichen herrscht aber fachwissenschaftlicher Konsens, dass Lese- und Schreiblernprozess untrennbar zusammengehören, sich wechselseitig stützen, wofür es auch empirische Belege gibt.[10] Es handelt sich um den Auf-

---

9 zum Schreibenlernen mit einer Anlauttabelle vgl. 4.2

10 Trainingsstudien von Ehri/Wilce 1987 zeigten wechselseitige Beeinflussungen von Lese- und Schreiberwerb: Das Training der alphabetischen Rechtschreibfertigkeit führte auch zu

bau einer zwar äußerst komplexen aber letztlich ganzheitlichen kognitiven, affektiven und motorischen Handlungskompetenz, die eben zwei Aspekte hat: einen eher rezeptiven (das Lesen) und einen eher produktiven (das Schreiben). Insofern lässt sich, bewusst gegen Herrn Reichen formuliert, zusammenfassen:

> Schriftspracherwerb vollzieht sich in einem komplexen Erwerbsprozess, indem sich produktive (schreiben) und rezeptive (lesen) Aneignungsformen wechselseitig stützen.

Weniger Übereinstimmung herrscht aber in der generellen Frage wie viel oder wie wenig an Unterricht im Sinne lehrgangsmäßiger Unterweisung für den Erwerb des Lesens und Schreibens eigentlich nötig ist. Hier hat es in den 1990er Jahren teilweise heftige Kontroversen um die Frage gegeben, welches Unterrichtskonzept eigentlich das Beste sei, um Kindern lesen und schreiben beizubringen: ein fibelorientierter Lehrgang oder ein eher „offenes" Unterrichtskonzept wie es der Spracherfahrungsansatz oder auch der Werkstattunterricht von Jürgen Reichen vorsieht?

Diese Kontroverse hat aber zunehmend an Brisanz verloren, da eine andere Einflussvariable des Lernerfolgs zunehmend fokussiert wird: die Lehrerin. Wichtig sind ihre Handlungskompetenz im Hinblick auf die Initiierung und Organisation von Lernprozessen, ihre Fähigkeit, Schwierigkeiten wahrzunehmen, strukturell angemessen zu interpretieren, passgenaue Hilfen für den nächsten Lernschritt anzubieten und ihren Erfolg fortlaufend zu kontrollieren. Mit anderen Worten: Nicht die Entscheidung für eine bestimmte Theorieschule des Schriftspracherwerbs ist entscheidend, sondern die Fähigkeit, möglichst umfassende fachdidaktische und pädagogisch-psychologische Kenntnisse, situativ angemessen und der je individuellen Lernausgangslage entsprechend, umzusetzen.

> Der Schriftspracherwerb von Kindern ist angewiesen auf eine Lehrerin, die lernförderlich wirksam werden kann.

2.6 Schriftspracherwerb als verbundener Sprachunterricht

Mit der Verwendung des Begriffs Schriftspracherwerb wird nun nicht nur ein Perspektivenwechsel in der Diskussion der Unterrichtsorganisation markiert,

signifikanten Fortschritten beim Lesen und beim phonologischen Segmentieren. Die Studie von Stanovich/West 1989 zeigte, dass durch häufiges Lesen von Wörtern insbesondere die Schreibung unregelmäßiger Aspekte von Wörtern verbessert werden kann.

sondern auch eine Neuinterpretation des Lernbereichs. Während in amtlichen Verlautbarung häufig noch vom Lernbereich „Deutsch" die Rede ist, wird in den neueren Konzepten zur Gestaltung der Primarstufe von einem Lernbereich „Sprache" ausgegangen. Mit dieser Neubenennung soll dem Faktum Rechnung getragen werden, dass Schule heute weniger als je zuvor an einer gemeinsamen Sprache der Kinder ansetzen kann. Lesen und Schreiben lernen in einer multikulturellen Gesellschaft kann nicht das Deutsche zum vorrangigen Bezugspunkt machen, sondern muss berücksichtigen, dass Schriftspracherwerb auch den Erwerb einer Zweit- oder Drittsprache bedeuten kann. Für den ehemaligen „Deutschunterricht" ist damit eine ganz andere Situation entstanden, denn die gemeinsame Sprache steht nicht mehr am Anfang, sondern sie ist allenfalls Ergebnis eines Lernprozesses.

Schriftspracherwerb im Kontext von „Sprachunterricht" zu verstehen, signalisiert, dass es heute um mehr geht als um die Aneignung der deutschen Schriftsprache: Schriftspracherwerb muss in einer multilingualen Gesellschaft als Auseinandersetzung mit mehreren Sprachen gedacht und ggf. auch in zwei Sprachen zugleich realisiert werden.[11] Diese Neubestimmung und Erweiterung des ehemaligen „Deutschunterrichts" ist sicherlich zunächst als Bereicherung der Kinder in der Auseinandersetzung mit ihrer Muttersprache und der Umgebungssprache zu sehen, aber natürlich auch als eine sehr schwierige Aufgabe für die Lehrerin. Im Rahmen dieser Einführung können die sich hieraus ergebenen Konsequenzen für die Gestaltung des Schriftspracherwerbs im Anfangsunterricht nicht dargestellt werden; dennoch soll diese Kontextbedingung heutigen Schriftspracherwerbs bewusst gehalten werden, indem hier der Terminus „Sprachunterricht" verwendet wird.

Wenn eingangs unter bezug auf die strukturelle Parallelität der primären Sprachaneignung des Kindes und dem schulischen Schriftspracherwerb auf die Spezifik „natürlicher" Lernprozesse hingewiesen wurde, dann lässt sich jetzt die Frage stellen, was das eigentlich für die Wahrnehmung des Lerngegenstandes bedeutet. „Natürliche" Lernprozesse sind nicht nur durch die Eigenaktivität des Lernenden gekennzeichnet, sondern auch durch die Unmittelbarkeit der alltäglichen Wahrnehmung. Der selbstgesteuerte Lernprozess des Kindes verläuft ganzheitlich, ihm fehlt das wohlgeordnete Nacheinander eines systematischen Lehrgangs (vom Leichten zum Schweren), ihm fehlt die sachlogische Analyse, die die Differenzierung und Elementarisierung von Teilaspekten des Ganzen ermöglicht. Die kindliche Wahrnehmung ist mit der Komplexität der ganzen Sache konfrontiert, wobei wir noch sehr wenig darüber wissen, wie der individuelle Lerner sich dann „seinen" Lerngegenstand organisiert. Wenn eine Unterrichtskonzeption des Schriftspracherwerbs auch an dieser Stelle die Parallelität zur Organisationsstruktur der

11 Empirisch abgesicherte Empfehlungen darüber, welche methodisch-didaktische Form der Unterrichtsorganisation für den Erwerb von Deutsch als Zweitsprache (DaZ) besonders geeignet ist, gibt es noch nicht.

primären Sprachaneignung des Kindes wahren will, dann ergibt sich hieraus die Notwendigkeit, auch die unterschiedlichen Aspekte der Schriftsprache nicht didaktisch elementarisiert anzubieten. Die uns allen geläufige Unterscheidung in Schreib- und Leselehrgang, Rechtschreib- und Aufsatzunterricht, Grammatik und weiterführendes Lesen bis zum Literaturunterricht erscheinen fragwürdig im Hinblick auf die postulierte Ganzheitlichkeit der kindlichen Sprachaneignung. Schriftspracherwerbsprozesse sind unter diesen Voraussetzungen nur denkbar in einer Unterrichtskonzeption, in der sich die unterschiedlichen Bereiche des Anfangsunterrichts zu einem verbundenen Sprachunterricht integrieren. Eine so verstandene Unterrichtskonzeption nimmt ihren Ausgangspunkt an dem je individuellen Sprachentwicklungsstand des Kindes, kennt keinen Rechtschreibdrill, keine isolierten Grammtikübungen, Schreiben und Lesen sind nicht isolierbare Teiloperationen, sondern stehen in einem konkreten Handlungszusammenhang; Texte verfassen bedeutet nicht den Idealtypus einer Aufsatzgattung möglichst gut zu treffen, sondern ausgehend von spezifischen Schreibanlässen, adressatenbezogen zu schreiben. Verbundener Sprachunterricht wird damit auch zur Basis fächerübergreifenden Arbeitens.

Der Ganzheitlichkeit der kindlichen Sprachaneignung entspricht eine Unterrichtskonzeption des Schriftspracherwerbs, die sich als „*Verbundener Sprachunterricht*" bezeichnen lässt.

Von „Verbundenem Sprachunterricht" zu sprechen, bedeutet also, die ursprünglich in separaten Lehrgängen organisierten Teilgebiete des ehemaligen Deutschunterrichts zu integrieren, konkret geht es also um die Verbindung der klassischen Teilbereiche[12]:

- Mündlicher Sprachgebrauch
- Erstlesen
- Erstschreiben
- Texte verfassen
- Rechtschreiben
- Sprachbetrachtung/Grammatik

Übergeordnetes Ziel eines derartigen Sprachunterrichts, der auch als „integrativer Sprachunterricht" bezeichnet wird, ist die sprachliche Handlungsfähigkeit.

Wenn es also um die Entwicklung, Schulung und Entfaltung der Schreibpotentiale von Kindern geht und nicht mehr um die Anpassung kindlicher

12 Diese Einteilung liegt auch noch den z.Z. geltenden Rahmenrichtlinien Deutsch in Berlin (zum download unter: http://www.sensjs.berlin.de) zugrunde, die aber kurz vor einer Neubearbeitung stehen.

Aktivitäten an die Erfüllung vorgegebener Formen und Schreibnormen, dann ergeben sich immer wieder vielfältige Verbindungen zwischen Schreiben und mündlichem Sprachgebrauch, zwischen Schreiben und Lesen; es ergeben sich Anknüpfungspunkte zu den ästhetischen Aspekten der Präsentation des Geschriebenen, zur Einbindung der Textproduktion in soziale Situationen (Schreibkonferenzen) und schließlich bieten sich funktionale Zusammenhänge an zu den eher technischen Aspekten der Textproduktion wie Grammatik und Rechtschreiben.

Integration der Teilbereiche des Sprachunterrichts ist nun aber nicht so zu verstehen, dass Unterricht ständig und ausschließlich in einer vernetzten Form organisiert wird. Gerade jene Bereiche des Sprachunterrichts, die durch eine weitgehend systematische Sachstruktur gekennzeichnet sind, wie insbesondere Grammatik und Rechtschreibung, bedürfen auch gezielter Übungsformen, die zwar thematisch und inhaltlich mit jeweils anderen Aspekten der aktuellen Unterrichtssituation verknüpft werden können, die aber notgedrungen mehr Wiederholungen brauchen, wenn wirklich alle Kinder zum Lernerfolg kommen sollen. Diese Übungsschleifen und systematisch geplanten Elemente sind notwendige Voraussetzung eines erfolgreichen Schriftspracherwerbs, so dass auch im Verbundenen Sprachunterricht die Möglichkeiten und Grenzen einer Verknüpfung der verschiedenen Bereiche des Sprachunterrichts immer wieder neu ausgelotet werden müssen.

Mit dieser ersten Annäherung an den Begriff des Schriftspracherwerbs, der Herausstellung seines prozeduralen Charakters und den mit diesem Begriffsverständnis verbundenen Konsequenzen für die Unterrichtskonzeption des Anfangsunterrichts lässt sich aber keinesfalls die Vorstellung verbinden, nun sei ja alles leicht, zumindest für die Lehrerin: Man gebe den Kindern nur genügend Material, Zeit für Entwicklung und freundliche Unterstützung und dann werde alles schon seinen Gang nehmen. Selbst diese Antwort ist nur scheinbar leicht, denn welche Materialien brauchen die Kinder, wie viel Zeit sollten sie haben und was ist eigentlich ein freundliches Feedback – das lächelnde Gesicht, der wohlgemeinte Rat, sich mehr anzustrengen, das Aufmerksammachen auf den Fehler? Auf derartige Fragen gibt es keine allgemeinverbindliche Antwort, sondern nur Bausteine für die Entwicklung eines theoretischen Bewusstseins, vor dessen Horizont derartige Fragen je situativ und im Hinblick auf das konkrete Kind professionell entscheidbar werden.

2.7 Literatur

Brinkmann, E./Brügelmann, H.: Stufen des Schriftspracherwerbs und Ansätze zu seiner Förderung. In: Brügelmann, H./Richter, S. (Hg.): Wie wir recht schreiben lernen, Lengwil 1994, S. 44-52.

Brügelmann, H.: Die Öffnung des Unterrichts muss radikaler gedacht, aber auch klarer strukturiert werden. In: Balhorn,H./Niemann,H. (Hg.): Sprachen werden Schrift, Lengwil 1997, S. 43-60.
Brügelmann, H./Brinkmann, E.: Die Schrift erfinden, Lengwil 2001, S. 179-184.
Bus, A.G./Jzendoorn, M. H.: Phonological awareness and early reading: A meta-analysis of experimental training studies. In: Journal of Educational Psychology, 91, (1999), S. 403-414.
Dehn, M.: Zeit für die Schrift, Bochum 1988.
Dehn, M.: Schlüsselszenen zum Schrifterwerb. Arbeitsbuch zum Lese- und Schreibunterricht in der Grundschule, Weinheim/Basel 1994.
Dehn, M. u.a. (Hg.): Elementare Schriftkultur. Schwierige Lernentwicklung und Unterrichtskonzept, Weinheim 1996.
Dräger, M.: Am Anfang steht der eigene Text, Heinsberg 1995.
Ehri, L.C./Wilce, L.S.: Does learning to spell help beginners learn to read words? In: Reading research Quarterly 22 (1987) S. 47-65.
Forness, S.R. u.a.: What works in special education and related services: using meta analysis to guide practice. In: Teaching Exceptional Children (2002), S.
Frith, U.: Beneath the surface of developmental dyslexia. In: Patterson, K.E. u.a. (Hg.): Surface dyslexia, Hilsdale, N.J. 1985, S. 301-327.
Günther, K.B.: Ein Stufenmodell der Entwicklung kindlicher Lese- und Schreibstrategien. In: Balhorn, H./Brügelmann, H. (Hg.): Rätsel des Schriftspracherwerbs. Neue Sichtweisen der Forschung, Lengwil 1995 (Nachdruck von 1986), S. 98-121.
Hartke, B.: Unterrichtsformen. In: Borchert, J.: Handbuch der Sonderpädagogischen Psychologie, Göttingen/Bern/Toronto/Seattle 2000, S. 364-380.
Klauer, K.J./Lauth, G.W.: Lernbehinderungen und Leistungsschwierigkeiten bei Schülern. In: Weinert, F.E. (Hg.): Psychologie des Unterrichts und der Schule, Göttingen 1997, S. 701-738.
Lehmann, R.H. u.a.: Aspekte der Lernausgangslage und der Lernentwicklung – Klassenstufe 9. Ergebnisse einer Längsschnittuntersuchung in Hamburg. Hamburg 2002.
Marx, H.: Erwerb des Lesens und Rechtschreibens: Literaturüberblick. In: Weinert, F.E./Helmke, A. (Hg.): Entwicklung im Grundschulalter, Weinheim 1997, S. 85-111.
May, P.: Kinder lernen rechtschreiben: Gemeinsamkeiten und Unterschiede guter und schwacher Lerner. In: Brügelmann, H./Balhorn,H. (Hg.): Das Gehirn, sein Alfabet und andere Geschichten, Konstanz 1990, S. 245-255.
May, P.: Jungen und Mädchen schreiben „ihre" Wörter: Zur Rolle der persönlichen Bedeutung beim Lernen. In: Richter, E./Brügelmann, H.(Hg.): Mädchen lernen anders lernen Jungen, Bottinghofen am Bodensee 1994, S. 83-98.
May, P.: HSP. Diagnose orthographischer Kompetenz, Hamburg 2000 (Neunormierung:2002).
Metze, W.: Differenzierung im Erstleseunterricht: Bedingungen für erfolgreiches Lesenlernen, Diagnose und Förderung, Ideen, Aufgaben, Spiele, Lernmittel, Frankfurt a.M. 1995.
Reichen, J.: Hannah hat nur Kino im Kopf. Die REICHEN-Methode *Lesen durch Schreiben* und ihre Hintergründe für LehrerInnen, Studierende und Eltern, Hamburg/Zürich 2001.

Richter, S./Brügelmann, H.: Der Schulanfang ist keine Stunde Null. In: Richter,S./Brügelmann, H. (Hg.): Wie wir recht schreiben lernen, Lengwil 1994, S. 62-77.

Röber-Siekmeyer, Ch./Pfisterer, K.: Silbenorientiertes Arbeiten mit einem leseschwachen Zweitklässler. Begründung und Beschreibung einer nicht buchstabenorientierten Unterrichtsfolge zum Lesenlernen. In: Weingarten, R./Günther, H. (Hg.): Schriftspracherwerb, Baltmannsweiler 1998, S. 36-61.

Scheerer-Neumann, G.: Der Erwerb der basalen Lese- und Schreibfähigkeiten. In: Günther, H./Ludwig, O. (Hg.): Schrift und Schriftlichkeit. Ein interdisziplinäres Handbuch. 2. Halbband, Berlin/New York 1996, S. 1153-1168.

Schneider, W. u.a.: Auswirkungen eines Trainings der sprachlichen Bewusstheit auf den Schriftspracherwerb in der Schule. In: Zeitschrift für pädagogische Psychologie 8 (1994), S. 177-188.

Schneider, W.: Das Konzept der phonologischen Bewusstheit und seine Bedeutung für den Schriftspracherwerb. In: Akademie für Lehrerfortbildung und Personalführung Dillingen: Lese-Rechtschreib-Schwierigkeiten. Diagnose – Förderung – Materialien, Donauwörth 2000, S.81-90.

Schneider, W. u.a.: Lesen- und Schreibenlernen in neuer Sicht: Vier Perspektiven auf den Stand der Forschung. In: Balhorn H./Brügelmann, H. (Hg.): Rätsel des Schrifterwerbs. Neue Sichtweisen der Forschung, Lengwil 1995, S. 14-28.

Stanovich, K.E./West, R.F.: Exposure to print and orthographic processing. In: Reading Research Quarterly 24 (1989), S. 402-433.

Valtin, R.: Das Stufenmodell des Schriftspracherwerbs – ein förderdiagnostisches Hilfsmittel. In: Die Unterstufe 9 (1991), S. 246-250.

Walberg, H.J./Wang, M.C.: Effective educational practices and provisions for individual differences. In: Wang, M.C./Walberg, H.J. (Hg.): Handbook for special education, Oxford 1987, S. 113-128.

Weinert, F.E.: Lerntheorien und Instruktionsmodelle. In: Weinert, F.E. (Hg.): Psychologie des Lernens und der Instruktion, Bd. 2. In: Enzyklopädie der Psychologie, Göttingen/Bern/Toronto/Seattle 1996, S. 1-118.

3. Struktur und Merkmale der deutschen Schriftsprache

3.1 Linguistische Grundlagen der Orthographie

Die deutsche Schrift basiert auf einem phonologischen System, d.h. die verschiedenen Schriftzeichen beziehen sich auf Aspekte der Lautform von Wörtern. Allerdings entsprechen die Buchstaben nicht in einer 1:1-Zuordnung den Lauten der gesprochenen Sprache. Insofern bezeichnet man das Deutsche auch nur als eine „laut*orientierte*" Alphabetschrift. Die Relation zwischen Buchstaben und Lauten ist weitaus komplexer, als einem routinierten Benutzer der Schriftsprache zumeist bewusst ist. Eine Korrespondenz zwischen gesprochener und geschriebener Sprache, besteht nicht auf der Ebene der Laute und Buchstaben, sondern auf der Ebene der Phoneme und Grapheme. Der Begriff „Phonem" ist folglich mit „Laut" nur unzulänglich übersetzt.

> *Phoneme* sind kleinste bedeutungsdifferenzierende Segmente der Lautsprache.

Dieser Hinweis auf den Bedeutungsaspekt ist deshalb wichtig, weil es regional oder mundsprachlich bedingte Lautrealisierungen gibt, die gerade diese Bedeutungsdifferenz nicht hervorrufen. Diese artikulatorischen Differenzen sind für die schriftsprachliche Umsetzung irrelevant. Anders verhält es sich mit dem Bündel distinkter Merkmale, durch die sich Phoneme unterscheiden lassen, denn sie können z.B. stimmhaft oder stimmlos, lang oder kurz gesprochen werden. Ob aber ein Vokal wie das /a/ lang oder kurz gesprochen wird, hat deutliche Konsequenzen für die Art der schriftsprachlichen Umsetzung, wie man sich deutlich machen kann an Wörtern wie:

M*ann*
M*atsch*
M*ah*l
M*a*gen
W*aa*ge.

Häufig ist es also nicht nur ein Buchstabe, mit dem ein Phonem verschriftet wird, sondern es sind mehrere Buchstaben, die mit einem Phonem korrespondieren. Insofern ist es auch korrekt, zur Bezeichnung dieser Bezugsebene eben nicht von Buchstaben, sondern von Graphemen zu sprechen.

> *Grapheme* sind Buchstaben oder Buchstabengruppen, die mit einem Phonem korrespondieren.

Bezogen auf das oben gewählte Beispiel heißt das: das /a/ wird einmal durch den Buchstaben a, aber eben auch durch „ah“ oder „aa“ wiedergegeben. Diese Varianzen der Phonem-Graphem-Korrespondenz sind ein zentrales Problem der Rechtschreibung. Insgesamt gibt es 40 Phoneme, die durch unterschiedliche Buchstaben bzw. Buchstabenkombinationen repräsentiert werden. Merken muss man sich den Begriff der Phonem-Graphem-Korrespondenz (PGK):

> Das Faktum der Lautorientierung der Deutschen Schriftsprache wird als *Phonem-Graphem-Korrespondenz (PGK)* bezeichnet. Ein Laut kann durch verschiedene Buchstaben bzw. Buchstabenkombinationen orthographisch korrekt geschrieben werden.

Sprachstatistische Analysen, haben gezeigt, dass die Häufigkeit, mit der ein bestimmtes Phonem z.B. das lang gesprochene /i:/ durch die verschiedenen möglichen Grapheme verschriftet wird, durchaus unterschiedlich ist. Das lang gesprochene /i:/ wird in der Regel als <ie> wie in „Wiese“ geschrieben und nur in seltenen Fällen als <ih> wie in „ihn“, ebenso selten ist die Schreibweise als einfaches <i> wie in „Igel“ oder „Tiger“, oder auch die Kombination <ieh> , wie in „fliehen“. Diese nur mit geringerer Häufigkeit auftretenden Grapheme, die bereits auf orthographische Besonderheiten hindeuten, werden als „Orthographeme“ bezeichnet, wohingegen die statistisch häufigsten Graphemformen „Basisgrapheme“ heißen.

Die wichtigsten Basis- und Orthographeme des Deutschen sind der folgenden Tabelle (vgl. Thomé 2000, S. 13) zu entnehmen:

Vokale

Phoneme	Basisgrapheme		Orthographeme							
/a:/	<a>	Tal	<ah>	Wahn	<aa>	Saal				
/e:/	<e>	Weg	<eh>	Reh	<ee>	See				
/i:/	<ie>	Wiese	<ih>	Ihr	<i>	Igel				
/o:/	<o>	Ofen	<oh>	Sohn	<oo>	Zoo				
/u:/	<u>	Kuchen	<uh>	Uhr						
/ɛ:/	<ä>	Käse	<äh>	nähen						
/∅:/	<ö>	Öl	<öh>	verwöhnen						

/y:/	<ü>	Über	<üh>	müh-sam						
/a/	<a>	alt								
/∂/	<e>	Farbe								
/i/	<i>	mit	<ie>	vierzig						
7o/	<o>	offen								
7u/	<u>	unter								
/ε/	<e>	Bellt	<ä>	hält						
/œ/	<ö>	Öffner								
/y/	<ü>	Mütze	<y>	Hydrat						
/ai/	<ei>	Eis	<ai>	Kaiser						
/au/	<au>	Auto								
/7y/	Eu>	Leute	<äu>	läuten						

Konsonanten

Pho-neme	Basisgrapheme		Orthographeme							
/p/	<p>	Post	<b>	Laub	<pp>	Treppe				
/t/	<t>	Teil	<d>	Bild	<tt>	Mitte	<dt>	Stadt	<th>	Theater
/k/	<k>	Kohle	<g>	Berg	<ck>	Zweck	<ch>	Chor	<c>	Clown
/s/	<s>	Eis	<ß>	Gruß	<ss>	Kuss				
/f/	<f>	Fenster	<v>	Vogel	<ff>	Schiff	>ph>	Philo-sophie		
/b/	<b>	Buch	<bb>	Ebbe						
/d/	<d>	Dach	Kladde							
/g/	<g>	Gast	<gg>	Egge						
/x/	<ch>	Bach	<g>	König						
/z/	<s>	Sonne								
/ /	<sch>	Schön	<s>	spielen						
/v/	/w/	Wasser	/v/	Vase						
/r/	<r>	Rad	<rr>	Wirr	<rh>	Rha-barber				
/l/	<l>	Lampe	<ll>	schnell						
/m/	<m<	Mond	<mm>	Kamm						
/n/	<n>	Nase	<nn>	Kanne						
/η/	<ng>	Wange	<n>	Bank						
/h/	<h>	Haus								
/j/	<j>	Jäger								
/pf/	<pf>	Pfanne								
/ks/	<chs>	Dachs	<x>	Hexe						
/ts/	<z>	Zahn	<tz>	Katze						

Diese Unterscheidung hat unmittelbar didaktische Relevanz: Sie ist ein erstes Kriterium für die Beurteilung der sogenannten Anlauttabellen. *Anlauttabellen* sind Hilfsmittel, in denen Buchstaben oder auch Buchstabenkombinationen durch Bilder veranschaulicht werden, die jeweils im ersten Laut mit dem jeweils zugeordneten Graphem korrespondieren sollen. So wird beispielsweise der Buchstabe „A" durch das Bild einer Ananas veranschaulicht. Das Kind soll so lernen, sich auf den lautlichen Aspekt der Schriftsprache zu konzentrieren

Anlauttabellen können durch die Wahl ihrer Bilder eine PGK suggerieren, die nicht den sprachstatistischen Gegebenheiten entsprechen und damit Kinder von Anfang an in die Irre führen. Genau dieses passiert nämlich, wenn Kindern Anlautbilder angeboten werden, die nicht die dominante Verschriftungsform repräsentieren.[1]

Ein leider in vielen Anlauttabellen zu findendes Beispiel:

Der Buchstabe „I" wird durch das Anlautbild eines Igels eingeführt. Das Kind spricht „Igel" also das lange /i:/ und lernt fälschlicherweise: „wenn ich ein langes ‚I' höre, schreibe ich ‚I'". Genau das ist aber falsch, weil im Deutschen das lange I in der Regel als „ie" geschrieben wird. Man muss sich nicht wundern, wenn Kinder nach einem solchen Unterricht auch noch in höheren Klassen die Dehnung des langen /i:/ „vergessen". Sie haben es nicht anders gelernt. Insofern sind Anlautbilder also nicht beliebig, sondern müssen im Hinblick auf die Einhaltung dominanter Beziehungen zwischen Phonem und Graphem kontrolliert werden.

Anlauttabellen werden zwar zumeist als Hilfsmittel für das erste Schreiben angesehen, aber man kann sie auch gegenläufig verwenden, zum Lesen. Fehlt dem Kind beim Erlesen eines Wortes die Aussprache eines Buchstabens oder einer Buchstabenkombination, so kann es in der Anlauttabelle „nachsehen". Ein derartiger Einsatz einer Anlauttabelle ist aber sprachsystematisch gesehen noch komplizierter, denn Grapheme können bis zu 6 Phoneme repräsentieren: So schreibt man z.B.:

Vogel und spricht /f/
Vase und spricht /w/
Ball und spricht /b/
Lieb und spricht /p/

Diese hohe Varianz der GPK macht unmittelbar einsichtig, dass Anlauttabellen für Leselernprozesse allenfalls begrenzt einsetzbar sind:

> „Eine Tabelle, die für das Schreiben konzipiert ist, auch als Hilfsmittel für frühes Lesenlernen verwenden zu wollen, ist genau so, als ob man mit einer Gabel Suppe essen wollte." (Thomé 2000, S. 116)

---

1 Die obige Tabelle kann helfen, die jeweils gewählten Anlautbilder einer Anlauttabelle auf ihre sprachsystematische Richtigkeit zu prüfen.

Die ganz komplizierten Graphem-Phonem-Korrespondenzen, sind dann solche, wie sie bei Fremdwörtern auftreten. Das Graphem „y“ wird gesprochen, in

Myrre wie /ü/
Psyche wie /ü:/
Sibylle wie /i/
Yards wie /j/
Nylon wie /ai/

Als *Graphem-Phonem-Korrespondenz (GPK)* wird die Tatsache bezeichnet, dass ein Buchstabe bzw. eine Buchstabenkombinationen je nach Wortkontext ganz unterschiedlich ausgesprochen wird.

Die Regeln der Zuordnung von P-G und G-P sind im Deutschen äußerst komplex und wohl auch dem Schriftkundigen nicht vollständig bewusst verfügbar. Trotzdem ist es notwendig, sich diese Lautorientierung unserer Schrift deutlich zu machen und zwar aus folgenden Gründen:

- Lese- und Schriftanfänger müssen sich dieses Prinzip erarbeiten.
- Die nicht eindeutigen Beziehungen zwischen Phonemen und Graphemen bzw. zwischen Graphemen und Phonemen bezeichnen eine der zentralen Schwierigkeiten des Schriftspracherwerbs.
- Die Konsequenzen, die aus den nicht eindeutigen Beziehung zwischen Phonemen und Graphemen bzw. Graphemen und Phonemen gezogen werden, sind ein Kernpunkt didaktischer Kontroversen.

Die sich im Anschluss an diese Feststellungen ergebenen fachdidaktischen Kontroversen sind hier nur anzudeuten:

Bei aller Mehrdeutigkeit der Graphem-Phonem-Korrespondenzen gibt es doch auch regelmäßige Beziehungen, wie sie in den sogenannten lautgetreuen Wörtern zum Ausdruck kommen. Wörter wie „Oma“ oder „ruft“ folgen einer einfachen Laut-Buchstaben-Logik und erscheinen daher vielen Didaktikern als geeignete Lernwörter für den Anfang des Schriftspracherwerbs, um zunächst einmal das Prinzip der Lautorientierung unserer Buchstabenschrift auf einem didaktisch vereinfachten Niveau begreifbar zu machen.[2] Genau nach diesem Prinzip verfahren fibelorientierte Lehrgänge, wenn sie auf den ersten Fibelseiten nur lautgetreue Worte anbieten.

Vertreter eines spracherfahrungsbezogenen Anfangsunterrichts halten dem aber entgegen, dass man mit diesem künstlich reduzierten Wortangebot weit unter den sprachlichen Möglichkeiten eines Erstklässlers bleibt. Der Spracherfahrungsansatz plädiert deshalb dafür, an der Sprache der Kinder

2 Dieser Typ unterrichtlichen Vorgehens wird als „Elementarisierung“ bezeichnet.

anzusetzen und sie durch Zurhilfenahme einer Anlauttabelle eigene Texte schreiben zu lassen. Die Kinder können so letztlich auch ihre Fibel selbst produzieren (Eigenfibel).

Auch die Komplexität der Schriftsprache wird zumindest in soweit kontrovers eingeschätzt, als daraus unterschiedliche Konsequenzen für den Lernprozess des Schriftanfängers gezogen werden. Manche akzentuieren gerade die Regelhaftigkeit von Schriftsprache. Andere wiederum halten die Normierung unserer Schrift eigentlich für „überregelt", letztlich willkürlich und weisen auf die gesellschaftliche Selektionsfunktion der Bedeutung rechtschriftlicher Leistungen. So ist für Jürgen Reichen Rechtschreibung im Wesentlichen ein Ärgernis und auch so kompliziert, dass es zumindest im Rahmen des Schriftspracherwerbs keinen Sinn macht, hierauf überhaupt eingehen zu wollen. Dem Unterrichtskonzept von Reichen folgend, schreiben die Kinder von Anfang an und ausschließlich mit seiner Anlauttabelle und zwar alles, was sie wollen. Gelesen werden diese Schreibprodukte aber nicht. Das Kind weiß ja, was es schreiben wollte. Auch der Mitschüler wird das Produkt nicht lesen, weil die phonetische Verschriftung für ihn nicht lesbar ist.

Diese Hinweise machen bereits deutlich, dass mit der Feststellung der Lautorientierung unserer Schrift zahlreiche didaktische Fragen gestellt sind, die auch weit über den Anfangsunterricht hinausgehen. Es geht im Kern um das Problem, wie Rechtschreibunterricht eigentlich zu organisieren ist:

Wie, wie viel, wann und ob überhaupt Regeln im Rechtschreibunterricht vermittelt werden sollen. An dieser Stelle müssen nun die weiteren Prinzipien der Orthographie Berücksichtigung finden.

Die Normierung unserer Schrift unterliegt nicht nur regelmäßigen, kontextsensitiven, mehrdeutigen und unregelmäßigen Regelungen der Phonem-Graphem-Korrespondenz, sondern weiteren Prinzipien, die von Rieme bereits 1974 formuliert worden sind.[3] Folgende Prinzipien lassen sich unterscheiden:

- das phonologische Prinzip
- das morphematische Prinzip
- das grammatische Prinzip
- das semantische Prinzip
- das historische Prinzip
- das graphisch-formale Prinzip

Diese Prinzipien sind Grundlage der orthographischen Regeln. Sie bilden die systematische Struktur, aus der sich die jeweiligen Normierungen des Schreibens erklären lassen.

---

3 Es gibt zwar noch andere Strukturierungsformen der Prinzipien der Deutschen Schrift, aber das hier gewählte bietet aufgrund seiner Differenziertheit eine gute Orientierung für Hilfestellungen bei typischen Rechtschreibproblemen.

3.1.1 Das phonologische Prinzip

Das *phonologische Prinzip* der Rechtschreibung wird durch die Regeln der Phonem-Graphem-Korrespondenz bestimmt. Als erste Regel ist auf die bereits dargestellte Repräsentation von Lautklassen (=Phoneme) durch Buchstaben bzw. Buchstabengruppen (=Grapheme) zu verweisen. Trotz aller Mehrdeutigkeiten der Phonem-Graphem-Korrespondenz wird das Deutsche vielfach lautgetreu verschriftet, wobei die prozentualen Angaben, wie groß dieser Anteil faktisch ist, schwanken. Nach Naumann (1989) werden 73% der Laute durch den häufigsten Buchstaben repräsentiert. Damit stellt der Erwerb eines in diesem Sinne „lautorientierten“ Schreibens eine sichere Basis für den Erwerb der Orthographie dar. Diesem hohen Prozentrang „lautgetreuer“ Worte entsprechend, gibt es eine Fülle von Worten, die schon bei „lautgetreuer“ Verschriftung orthographisch korrekt geschrieben werden können.

Allerdings darf man hierbei nicht übersehen, dass der geübte Schreiber oft glaubt, Worte lautgetreu schreiben zu können, die der Anfänger unter Anwendung der gleichen Strategie anders verschriften würde. Diese Fehlerhaftigkeit des lautorientierten Schreibens ergibt sich nicht nur durch umgangssprachliche oder dialektale Abweichungen von der Standardsprache, sondern auch dadurch, dass dem kompetenten Schreiber gleichsam eine „Rechtschreibsprache“ zur Verfügung steht. In Kenntnis der korrekten Orthographie kann der kompetente Schreiber sich also auch Wörter anders vorsprechen als es dem Lernanfänger möglich ist. An der Verschriftung des <r> kann man sich dies leicht verdeutlichen: Wörter mit schwer hörbaren <r> sind z.B. „Birne“, „Körper“ oder „antworten“. Wenn das <r> nach einem Vokal am Ende der Silbe auftritt, wird es nicht deutlich als <r> gesprochen, sondern verbindet sich mit dem Vokal zu einem „fallenden Diphthong“. Das <r> wird gleichsam verschluckt, gleichwohl ist es im Bewusstsein des kompetenten Schreibers und kann sofort überdeutlich und damit hörbar gesprochen werden. Gleiches gilt für das <r> in einsilbigen Wörtern wie „Arm“, „warm“ o.ä.. Lehrer glauben oft, dass man das <r> doch hören müsse und wundern sich, wenn Kinder das <r> „vergessen“, das sie doch selbst zu hören glauben.

An dieser Stelle muss man sich bewusst machen, dass auch die Fähigkeit „lautorientiert“ Schreiben zu können, einen Lernprozess impliziert, indem es zu einer allmählichen Annäherung von lautorientierter Sprechsprache und orthographisch korrektem Schreiben kommt. Generationen von Schülern sind aufgefordert worden, „deutlich“ zu sprechen, wobei immer wieder unbeachtet blieb, dass man erst wissen muss, was man eigentlich deutlich aussprechen soll. Lautorientiertes Schreiben setzt also ein Üben lautorientierten Sprechens voraus.

Ein Hilfsmittel, um die Sprechsprache bewusster zu machen, ist das rhythmisch-melodisches Sprechen von Wörtern in Silben. So fällt es beispielsweise den Kindern viel leichter das <r> in den einsilbigen Worten hörbar zu machen, wenn sie zunächst Pluralformen bzw. Verlängerungen sprechen z.B. Ar-me, har-te etc. Typisch[4] für das Deutsche sind zweisilbige Wörter, wobei die Betonung auf der ersten Silbe liegt. Im Zentrum jeder Silbe steht ein Vokal oder Diphthong, die auch als „*vokalischer Kern*“ bezeichnet werden. Umrahmt wird dieser Kern von Konsonanten, wobei es verschiedene Kombinationsmöglichkeiten gibt. Dieses sprachliche Strukturprinzip wird als Konsonant-/ Vokalstruktur (KV) bezeichnet und je nach Komplexität der Silbenstruktur wird diese dann dementsprechend gekennzeichnet z.B. als KVK oder KVV. Beispiel für eine KV-Struktur wäre also das Wort „ Ba-na-ne“, wohingegen eine KVK-Struktur bei einem Wort wie „Mut-ter“ vorläge. Derartige Silbenstrukturen sind relativ leicht lesbar, wohingegen insbesondere Konsonantenhäufungen wie sie in Wörtern wie „Bahn-schran-ke“ oder „sprin-gen“ auftreten, für den Leseanfänger schwer sind. Die Zusammenfassung von Phonemen zu Sprecheinheiten, wird als syllabisches Prinzip bezeichnet. Die Kenntnis dieses Prinzips ist für die Silbentrennung notwendig, wenn auch nicht hinreichend. Weitaus größere Bedeutung hat aber die Beachtung des natürlichen Sprechrhythmus in Silben und die Analyse der Silbenstruktur für die Rechtschreibdidaktik. Kinder müssen lernen, dass jede Silbe einen vokalischen Kern hat und dass dies insbesondere auch für die zweite unbetont gesprochene Silbe gilt. Paradebeispiel für das silbische Sprechen ist immer die Mitlautverdoppelung, die hierdurch „hörbar“ gemacht werden soll. „Mut-ter“ lässt sich so in zwei Silben sprechen, dass man die Verdoppelung des t-Lautes hört. Gleichwohl muss man sich auch hier wieder bewusst machen, dass diese „Hörfähigkeit“ ein Lernprozess ist, denn genauso gut könnte man „Mu-ter“ sprechen.

3.1.2 Das morphematische Prinzip

Das *morphematische Prinzip* der Rechtschreibung ist darin zu sehen, dass herkunftsverwandte Wörter auch dann in ihrer Schreibweise sich entsprechen, wenn sie unterschiedlich artikuliert werden. Ein typisches Beispiel ist die Auslautverhärtung und die Schreibung der Umlaute, die eben in Kenntnis des morphematischen Prinzips richtig geschrieben werden können:

Beispiel: Hand – Hände
Das „d“ in „Hand“ wird also deshalb als „d“ und nicht als „t“ geschrieben, weil es „Hände“ heißt.
Das „ä“ in „Hände“ wird deshalb nicht mit „e“ geschrieben, weil das „a“ in „Hand“ steht.

Allerdings kommt auch dieses Prinzip nicht durchgängig zum Tragen, weil Wortverwandtschaften auch vergessen wurden und werden; so steckt bei-

---

4 Man spricht hier von einem „prototypischen“ Zweiteiler, weil natürlich nicht jedes Wort zweiteilig ist, aber durch Flexion in eine zweisilbige Form gebracht werden kann.

spielsweise in dem Wort „Eltern" das Wort „alt" , aber das wird wohl gern übersehen. Außerdem wird die morphematische Gleichschreibung nur dann realisiert, wenn sie nicht gegen die Lautung verstößt, was insbesondere bei der Flexion starker Verben häufiger passiert: z.B. kommen – kamen, erschrecken – erschrak, greifen – griffen. Andererseits bietet die Kenntnis der Morphemstruktur unserer Sprache eine große Rechtschreibhilfe. Die Arbeit mit Wortfamilien ist wichtig, um den Kindern das Gleichschreibungsprinzip der herkunftsverwandten Wörter bewusst zu machen.

Bei der Gliederung von Wörtern sollte aber nicht nur an die bedeutungstragenden Stammmorpheme gedacht werden, sondern auch an die große Zahl grammatischer Morpheme, die ihrerseits mit jeweils typischen Rechtschreibregelungen verbunden sind. Folgende Kombinationen des Stammmorphems lassen sich unterscheiden:

Stamm-Morphem + Flexionsendung:

Schreib-	en	= Konjugations-Morphem
Schreib-	e	
Schreib-	st	
Schreib-	t	
Kind-	es	= Deklinations-Morphem
Kind-	e	
Kind-	er	
Heft-	e	= Plural-Morphem
Tafel-	n	

Stamm-Morphem + Suffix:

Fleiß-	ig	= Adjektivierung-Morphem
Arbeit-	sam	
Ernt-	e	= Substantivierungs-Morphem
Fahr-	t	
Frei-	heit	
Tätig-	keit	
Gärtner-	in	= Feminisierungs-Morphem
Pfarrer-	in	

Präfix + Stamm-Morphem:

Ver-	fall
Ge-	schäft
Be-	stand
Er-	folg

Rechtschreibdidaktiken, die sich vornehmlich an diesem morphematischen Prinzip der Sprache orientieren, arbeiten zur Veranschaulichung von Wortgliederungen mit Begriffen wie:

Vorbau – Stamm – Endungen (Nachbau)

Das morphematische Prinzip ist auch für die Schreibung von Zusammensetzungen von Bedeutung, die sehr fehlerträchtig sind. Hier ist einmal an das sogenannte Fugen-s zu denken, wie es in zusammengesetzten Nomen häufig vorkommt, z.B. Geburtstag, Arbeitszeit etc. Besonders leicht wird auch ein Buchstabe vergessen, wenn das Wortende des ersten Wortes und der Anfang des zweiten Wortes gleich lauten wie in „Handtasche" oder „Fahrrad". Es ist daher anschaulich zu machen, dass das Wort als Ganzes erhalten bleiben muss.

Die Morphemorientierung der deutschen Schriftsprache hat insbesondere für den Leseprozess eine wichtige Funktion, weil so immer wiederkehrende semantische Bausteine optisch schnell identifiziert werden können. Allerdings gilt auch hier, dass derartige Strukturierungshilfen nur für denjenigen sichtbar werden, der den jeweiligen semantischen Bezug auch herstellen kann bzw. den rechtschriftlichen Morphembaustein durch viele Übungen automatisch präsent hat. Orientierung an der Morphemstruktur von Wörtern führt gleichzeitig zu einer anderen Segmentierung von Wörtern als die Orientierung am silbischen Prinzip.

3.1.3 Das grammatische Prinzip

Das *grammatische Prinzip* regelt jenen Bereich, der einer der häufigsten Fehlerursachen ist: die Groß- und Kleinschreibung. Alle Diskussionen um eine Reform der Rechtschreibung haben deshalb auch immer wieder die Frage einer wie auch immer gemäßigten Kleinschreibung aufgeworfen, da nur das Deutsche die Großschreibung einer Wortart vorsieht. Da die Übergänge zwischen den einzelnen Wortarten fließend sind, bleiben trotz einer Vielzahl von Regeln immer Zweifelfälle. Im Rahmen des Grundschulunterrichts gehört die Großschreibung der Nomen und des Satzbeginns zum Basiswissen. Unterrichtliche Grundlage der Identifikation von Nomen ist die sogenannte Artikelprobe, wobei insbesondere auch durch die Einfügung von Adjektiven eine Entscheidungsfindung eingeübt werden kann.

In Anbetracht der häufigen Verstöße gegen die Regelungen der Groß- und Kleinschreibung stellt sich für die Methodik des Anfangsunterrichts noch ein ganz anderes Problem: Sollen Groß- und Kleinbuchstaben (Gemischtantiqua) parallel eingeführt werden oder sollen Kinder zunächst nur unter Verwendung der Großbuchstaben (Großantiqua) schreiben lernen? Valtin (2000,

S. 111ff.), die sich insbesondere für den Schreibbeginn mit Großantiqua ausspricht, weist auf die geringeren schreibmotorischen Anforderungen dieser Buchstabenformen und ihre spontane Verwendung durch die Kinder. Allerdings wird mit dieser Entscheidung die Einsicht in ein zentrales grammatisches Prinzip der Schriftsprache zunächst ausgeklammert.

3.1.4 Das semantische Prinzip

Das *semantische Prinzip* der Rechtschreibung ist darin zu sehen, dass gleichlautende Wörter, die unterschiedliche Bedeutung haben, sogenannte „homophone Wörter", auch unterschiedlich geschrieben werden. Deshalb schreibt man also einmal Lerche mit „e", um diesen Vogel von der „Lärche" unterscheidbar zu machen.

3.1.5 Das historische Prinzip

Das *historische (etymologisches) Prinzip* besagt, dass die Schriftsprache gegenüber der gesprochenen Sprache eine gewisse Trägheit besitzt. Es gibt also zahlreiche Schreibungen, die dem Stand eines früheren Aussprachemodus entsprechen, wie beispielsweise das „Dehnungs-h", das ursprünglich als Reibelaut gesprochen wurde, oder auch das „ie", das früher betont gesprochen wurde, wie in „lieb". Gerade das Dehnungs-h und das silbentrennende h finden allerdings in Rechtschreibübungen oft eine unangemessene Beachtung, denn die Häufigkeitsverteilung dieser rechtschriftlichen Markierung ist gering: So bleibt in 88% der Fälle der Langvokal /a/ ohne besondere Kennzeichnung, zu 86% der Langvokal /e/, zu 97% der Langvokal /u/, zu 88% der Langvokal /o/. Der Langvokal /i:/ wird dagegen zu 78% als <ie> verschriftet (vgl. Naumann 1998, 1999, 2000).

3.1.6 Das graphisch-formale Prinzip

Das *graphisch-formale Prinzip* ist jenes Prinzip, an das man sich so gewöhnt hat, dass zumindest manchen schon deswegen die Rechtschreibreform ein Dorn im Auge ist. Eine Regel dieses Prinzips bestand darin, dass die Verdreifachung eines Buchstabens nicht zugelassen war, was eben jetzt geschieht. Wir dürfen jetzt „Wettturnen", „Flussstrecke" oder „Seeelefant" schreiben, so dass also das morphematische Prinzip mehr Gewicht erhält. Allerdings findet auch dieses Prinzip selbst in der Neuregelung nicht durchgängige Anwendung. „Mittag" schreibt sich immer noch nur mit „tt", obwohl hier die Morphemstämme „Mitte" und „Tag" enthalten sind.

Zusammenfassend lässt sich feststellen:

- Die deutsche Schrift ist eine lautorientierte Alphabetschrift.
- Das Verhältnis von gesprochener und geschriebener Sprache lässt sich durch Phonem-Graphem-Korrespondenzen (PGK) klassifizieren.
- PGK bzw. GPK können regelmäßig aber auch unregelmäßig sein, wobei Wörter häufig nicht vollständig regel- bzw. unregelmäßig sind, sondern nur bezüglich einzelner Segment-Korrespondenzen.
- Manche PGK- oder GPK-Regeln können nur bei Berücksichtigung der morphologischen Wortstruktur bzw. morphologischer Ableitungen korrekt realisiert werden.
- Für eine normadäquate Verschriftung des Deutschen ist die Berücksichtigung komplexer sprachlicher Beziehungssysteme notwendig, wobei zwischen dem phonologischen, morphematischen, grammatischen, semantischen, historischen und dem graphisch-formalen Prinzip unterschieden werden kann.

3.2 Literatur

Augst, G.: Der Buchstabe. In: DUDEN: Grammatik der deutschen Gegenwartssprache, Mannheim etc. 1984, S. 59-87.

Augst, G.: Schriftwortschatz. Untersuchungen und Wortlisten zum orthographischen Lexikon bei Schülern und Erwachsenen, Frankfurt a.M. 1989.

Augst, G./Schaeder, B.: Grundregeln der deutschen Rechtschreibung, Soest (Lehrplaninstitut) 1998.

Augst, G./Dehn, M: Rechtschreibung und Rechtschreibunterricht. Können – Lehren – Lernen, Stuttgart etc. 1998. (bes. Kap. 2 „Die Grundregeln der Deutschen Rechtschreibung“ hier werden nur jene Rechtschreibregeln erläutert, die für den Grundschulunterricht wichtig sind)

Bünting, K.-D. u.a. : Handbuch der deutschen Rechtschreibung. Regeln, Übungen, Tipps, Berlin 2000.

Kohrt, M. : Theoretische Aspekte der deutschen Orthographie, Tübingen 1987.

Lewandowski, Th.: Linguistisches Wörterbuch, Heidelberg, Wiesbaden 1994.

Maas, U.: Grundzüge der deutschen Orthographie, Tübingen 1992.

Naumann, C.L.: Plädoyer für die Arbeit mit Grundwortschätzen. In: Naegele, I.M./Valtin, R.(Hg.): LRS in den Klassen 1-10, Weinheim, Basel 1989, S. 181 – 185.

Naumann, C.L.: Chaosbegrenzung durch Lernwegweiser. Hilfen aus der Orthographiestruktur für das Rechtschreiblernen. In: Büchner, I. (Hg.): Beiträge 1997/1998 der deutschen Gesellschaft für Lesen und Schreiben, Hamburg 1998, S. 78-99.

Naumann, C.L.: Orientierungswortschatz. Die wichtigsten Wörter und Regeln für die Rechtschreibung Klasse 1-6, Weinheim/Basel 1999.

Naumann, C.L.: Orientierungswortschatz – Ermutigung aus Begrenzung und Struktur der Orthographie. In: Valtin, R. (Hg.): Rechtschreiblernen in den Klassen 1-6, Frankfurt a. M. 2000, S. 82-85.
Thomé, G.: Linguistische und psycholinguistische Grundlagen der Orthographie: Die Schrift und das Schreibenlernen. In: Valtin, R. (Hg.): Rechtschreiben lernen in den Klassen 1-6, Frankfurt a.M. 2000, S. 12-16.
Valtin, R.: Schreibenlernen mit der Druckschrift. In: Valtin, R.(Hg.): Rechtschreiben lernen in den Klassen 1-6. Grundlagen und didaktische Hilfen, Frankfurt a.M. 2000, S. 111-115.
Volmert, J. (Hg.): Grundkurs Sprachwissenschaft. Eine Einführung in die Sprachwissenschaft für Lehramtsstudiengänge, München 1995.

Ein Tipp für alle, die ganz kurz für sich selbst einen Überblick über die grundsätzlichen Schwierigkeiten der Rechtschreibung mit Lösungshilfen und Beispielen haben möchten:
Friedrichs, R: Rechtschreibung – kurz gefasst, Stuttgart 2002.
Friedrichs, R.: Zeichensetzung – kurz gefasst, Stuttgart 2002.
Oder über www.udoklinger.de

4. Modelle von Schrift und Schreiben und ihre Konsequenzen für die Anfänge des Schreibenlernens

Dem kompetenten Schreiber sind viele orthographische Regelungen unserer Sprache verfügbar, ohne sie im Schreibprozess bewusst zu machen. Kaum jemand wird noch darüber nachdenken, dass z.B. „die Kinder“ groß geschrieben wird, weil es sich um ein Substantiv handelt. Diese Dinge macht man automatisch richtig. Wir verfügen über ein inneres orthographisches Lexikon, aus dem wir korrekte Schreibweisen unmittelbar richtig abrufen können. Das „Schreibe wie du sprichst“ – Prinzip des Lernanfängers, wäre also nicht nur fehlerträchtig, sondern auch unökonomisch, denn nach diesem Prinzip müssten wir fortwährend Buchstabe an Buchstabe reihen. Das macht aber niemand von uns, wir schreiben ganze Worte in einem Zug.[1] Gerade die häufigen Funktionswörter wie „und“, „ob“, „ihn“, „mir“, „dir“ etc. schreiben wir, ohne nachzudenken. Wir haben ein orthographisches Lexikon im Kopf, wir verfügen über gespeicherte Schreibschemata (Augst/Dehn 1998). Ein Schreibschema ist *nicht* mit einem Wortbild zu verwechseln. Heutige Theorien des Schriftspracherwerbs gehen davon aus, dass das „innere Lexikon“ des kompetenten Schreibers nicht aus visuell gespeicherten Wortbildern besteht, sondern aus mentalen Vernetzungen sprachstrukturellen Wissens.

Insbesondere die Morphemstruktur gehört als abgespeicherter Wissensbestand über die Schreibung bestimmter Wortfamilien zum jeweils individuellen Inventar eines Schreibschemas. Der Schreibweg des kompetenten Schreibers funktioniert unmittelbar, direkt:

Sprachspezifisches Vorwissen (inneres Lexikon) ⇨ Normadäquate Schreibung

Der Schreibanfänger jedoch muss sich dieses innere Lexikon erst erwerben, er sollte zunächst verstehen, dass ein Wort aus einer Aneinanderreihung von Lauten aufgebaut ist, die er für sich durch gedehntes Sprechen hörbar machen kann. Nur so gelangt er zu Hypothesen, welcher Buchstabe dem gehörten Laut wohl entsprechen mag. Der Anfänger hat also einen anderen Zugangs-

1 Damit ist nicht der grapho-motorische Aspekt gemeint, sondern der kognitive.

weg zur Wortschreibung als der kompetente Schreiber: Sein Weg ist indirekt, denn er kann das Wort nicht unmittelbar aufschreiben, er braucht einen Umweg über das Sprechen und Hören.

Sprechen ⇨ Hören ⇨ Schreiben

Damit gibt es im Prinzip zwei Wege, um zu einer richtigen Wortschreibung zu kommen, wobei die Zugriffsweise des Schreibanfängers nicht zu einem korrekten Ergebnis führt.

Abb. 1: Ein Zwei-Wege-Modell des Schreibens

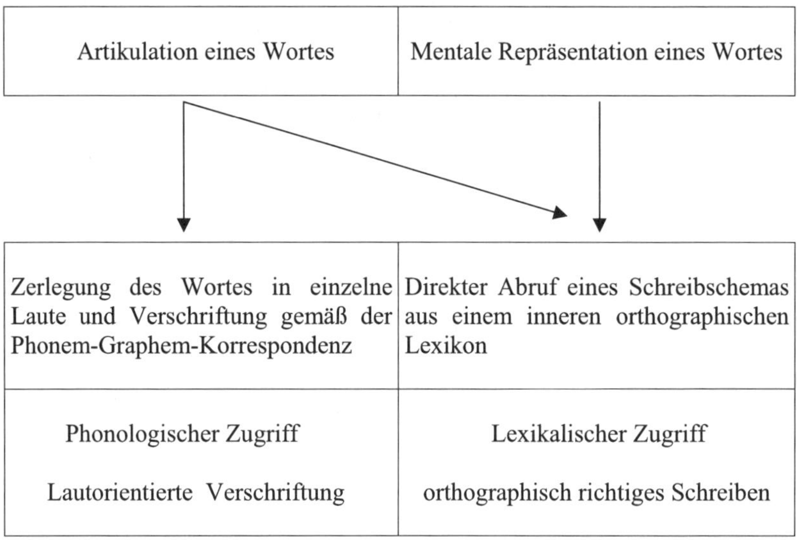

Die Lautorientierung der Schrift ist eben nur ein Prinzip unter anderen und kann daher nicht zur ausschließlichen Lernorientierung werden. Kinder brauchen von Anfang an die *Konfrontation mit allen Strukturprinzipien* der Deutschen Sprache wie sie in orthographisch korrekt geschriebenen Texten präsentiert wird. Lesen und Schreiben sind von Anfang an zu verbinden und auch Zugangswege zur kompetenten Schreibstrategie eines Schriftkundigen sind von Anfang an einzuplanen.

Derartige Zugangswege können eröffnet werden, indem eben nicht nur lautorientiert verschriftet wird, sondern orthographisch korrekte Wortschreibungen auch geübt werden, so dass die Wiederholung eines begrenzten Lernwortschatzes auch zur Entwicklung eines „inneren Lexikons" beiträgt.

Lehrgänge, die *nur einen* Weg des Schreibens absolut setzen, also entweder nur lautgetreu verschriften, wie es in dem Leselehrgang „Lesen durch Schreiben“ von Jürgen Reichen geschieht, oder die ausschließlich auf die lexikalische Speicherstrategie setzen, wie es die Ganzheitsmethode der 1960er Jahre vorsah, sind abzulehnen. Beide Verfahren setzen den Lernanfänger jeweils auf eine falsche Fährte:

Jürgen Reichen suggeriert den Kindern, unsere Schrift funktioniere ausschließlich nach der *falschen Maxime* „Schreibe wie du sprichst“. Da nach diesem Unterrichtskonzept das Lesen auch noch auf später verschoben ist, fehlt den Kindern auch die Auseinandersetzung mit der Schriftnorm, durch die sie zur Generierung eigener Regeln über die Struktur und den Aufbau der Schrift angeregt werden könnten.

Die Ganzheitsmethode provozierte den „Gedächtnisgau“, denn eigentlich müsste man sich, dieses Prinzip zu Ende gedacht, jedes Wort der Schriftsprache visuell einprägen, um es korrekt schreiben zu können. Die Ganzheitsmethodiker Artur und Erwin Kern gingen davon aus, dass die Kinder Wörter und Sätze vor allem optisch vergleichen und sich merken sollten, als ob unsere Schrift eine Bilderschrift wäre.

Vergleicht man beide Extrempositionen, so kann man feststellen, dass einmal der auditive und einmal der visuelle Aspekt der Schriftsprache verabsolutiert wird. Gleichwohl haben beide Aspekte von Schrift bis heute zentrale Bedeutung für die Konzeption des Anfangsunterrichts, wenn auch in entscheidend modifizierter Form wie im Folgenden gezeigt werden soll. Grundsätzlich haben gegenwärtig insbesondere drei Aspekte der Schriftsprache für die Unterrichtspraxis Bedeutung:

1. Die statistische Häufigkeit von Wörtern der Schrift
2. Der Lautcharakter der Schrift
3. Die Regelhaftigkeit der Schriftsprache

Traditionell ist eine Orientierung an der Häufigkeitsverteilung von Wörtern immer schon Basis der Grundschullehrpläne gewesen, die jeweils einen bestimmten *Grundwortschatz* für einzelne Klassen festlegten.

Seit den 1980er Jahren hat sich aber ein Perspektivenwechsel auch innerhalb der Rechtschreibdidaktik ergeben, der sich von den Lehr- zu den Lernprozessen des Kindes vollzog. Die einzelnen Stufen des kindlichen Lernprozesses gerieten in das fachdidaktische Interesse. Der Lautcharakter der Schrift gilt als ein wichtiges Merkmal, dass insbesondere für den Anfang des Schreiblernprozesses Bedeutung hat. Diese Phase wird von den einzelnen Kindern natürlich mit ganz unterschiedlichem Tempo durchlaufen. Insofern wird auch zunehmend zu einer Sequenzierung des Lernens mit der Anlauttabelle übergegangen, d.h. nicht alle Buchstaben des Alphabets stehen am Beginn des Lernprozesses, sondern nur eine Auswahl bzw. eine *„wachsende Anlauttabelle“*, die den Lernfortschritt der Kinder widerspiegelt.

Die Regelhaftigkeit der Schriftsprache gerät durch die kognitive Wende der Rechtschreibkonzepte nicht mehr als Gegenstand des Lehrgangs in den Blick, sondern als etwas, das sich die Kinder selbst erschließen sollen und können. *Freies Schreiben* als Möglichkeit, Schrift und Text erfahrungsorientiert und konstruktiv zu gestalten, steht daher zunehmend im Zentrum des Anfangsunterrichts.

4.1 Sprachstatistische Häufigkeiten und grundwortschatzorientiertes Rechtschreiblernen

Ergebnisse der Sprachfrequenzforschung haben gezeigt, dass die 100 häufigsten Wörter rund 50% eines deutschen Standardtextes ausmachen, bei den 1000 häufigsten Wörtern sind es bereits 80% :

Die 100 häufigsten Wörter der deutschen Sprache (Spitta 2000, S. 77):

Die
Der und
In zu den das
Nicht von sie ist des
Sich mit dem dass er es ein ich
Auf so eine auch als an nach wie im für
Man aber aus durch wenn nur war noch werden
Bei hat wir was wird sein einen welche sind oder um
Haben einer mir über ihm diese einem ihr uns da zum zur
Kann doch vor dieser mich ihn du hatte seine mehr am denn
Nun unter sehr selbst schon hier bis habe ihre dann ihnen seiner alle
Wieder meine Zeit gegen vom ganz einzelnen wo muss ohne eines können sein

Das Üben eines durch Rahmenrichtlinien vorgegebenen Grundwortschatzes galt lange allgemein akzeptiert, aber das zu bewältigende Pensum war durchaus unterschiedlich: So sah der Berliner Lehrplan von 1977 für die erste Klasse nur 20 Wörter vor, die gelernt werden sollten und kam zum Ende der 4. Klasse auf einen Gesamtwortschatz von 576 Wörtern. Demgegenüber erwartete der Bayerische Lehrplan im gleichen Zeitraum fast das doppelte Lernpensum und der Grundwortschatz der DDR sogar das dreifache an Lernergebnis[2].

2 Allerdings muss hierbei berücksichtigt werden, dass der für den Deutschunterricht vorgesehene Stundenumfang in der DDR auch nahezu doppelt so hoch war wie in den westdeutschen Bundesländern.

Zentrale Gründe für die Eingrenzung des in der Grundschule zu übenden Wortbestandes waren, hierdurch Rechtschreibsicherheit zu vermitteln und damit für die Schüler auch Ermutigung erfahrbar zu machen.

Inhaltlich wurde der Begriff „Grundwortschatz“ aber im Verlauf anders verwendet. Die zunächst vornehmlich unter sprachstatistischen Gesichtspunkten festgelegten Wörter gerieten als irrelevant für die Kindersprache in die Kritik. Insofern traten neben die sprachstatistisch ermittelten Häufigkeitswörter ein klassenbezogener Wortschatz, in dem Merkwörter aus Themenbereichen des alltäglichen Unterrichts aufgenommen wurden. Teilweise wurde dies auch mit einem Plädoyer für individuell-klassenbezogene bzw. „persönliche“ Wortschatzsammlungen verbunden. Zusätzlich gab es auch Empfehlungen typische Fehlerwörter aufzunehmen, da statistische Auswertungen von Schülertexten bestimmte, immer wiederkehrende Fehler festgestellt hatten. Ganz unabhängig von diesen inhaltlichen Varianten eines Grundwortschatzes ist mit diesem Begriff jedoch immer eine bestimmte methodische Fokussierung des Rechtschreibunterrichts verbunden gewesen: es ging um wortspezifisches Üben und Wiederholen, gekoppelt an ein eher rezeptives Verständnis des Rechtschreiblernens.

Diese Schwerpunktsetzung hat sich im Zuge der kognitiven Orientierung der Rechtschreibdidaktik aber dahingehend verändert, dass der Grundwortschatz jetzt als Vehikel zur induktiven Regelgewinnung gesehen wird. Ausgehend von den bereits gelernten Wörtern soll nach Verallgemeinerungen gesucht werden, so dass es insgesamt auch zu einem Grundregelschatz kommt. Häufigkeitswörter erhalten die Funktion von *Modellwörtern* für den Grundregelschatz. In Analogie zur Worthäufigkeit sollen diejenigen Regeln von den Kindern erarbeitet werden, die ihrerseits eine hohe Auftretenswahrscheinlichkeit haben. Aufgrund dieser Verknüpfung von Grundwortschatz und Grundregelschatz wird von „Orientierungswortschatz“ gesprochen (Naumann 1999)[3], der letztlich auf dem Durchschauen der Ordnung in Wortverwandtschaft und Regelungen basiert.

4.2 Lautorientierung der Schrift und Schreibenlernen mit der Anlauttabelle

Es besteht heute Konsens darin, dass das Lautprinzip der Schrift, diejenige Einsicht ist, die den Kindern zu Beginn des Lese- und Schreibprozesses ver-

3 In diesem Buch finden sich unter verschiedenen Kriterien aufgestellte Wortlisten, die Auskunft geben über die Häufigkeit des jeweiligen Wortes in der Kinder- und Erwachsenensprache und in der Fehlerstatistik. Darüber hinaus wird das Problemprofil (PGK, Vokalquantität, Morphologie) jedes Begriffs verdeutlicht. Alphabetische Listen von Wortfamilien und von Verben mit rechtschriftlich schweren Nebenstämmen schließen den Band ab.

mittelt werden muss. Anlauttabellen gelten dabei als ein zentrales Arbeitsmittel, um den Kindern die Phonem-Graphem-Korrespondenz deutlich zu machen und sie gleichzeitig zu einer eigenständigen Erarbeitung der Schrift anzuregen. Anlauttabellen sind dabei nicht neu und auch die unterrichtspraktische Vorgehensweise, Wörter auf ihre Anfangslaute hin abzuhören, ist seit langem bekannt. Trotzdem gilt das Buchstabentor von Jürgen Reichen vielen fälschlicherweise als Erfindung dieses Hilfsmittels.

Buchstabentor von Jürgen Reichen

Es stellt sich die Frage, für welche Kinder die Arbeit mit einer Anlauttabelle geeignet ist und welche Qualitätskriterien an das Medium selbst zu stellen sind. Damit man sich vorstellen kann, wie die Arbeit mit einer Anlauttabelle in der Unterrichtspraxis aussieht, ein Beispiel (vgl. Hüttis-Graff 1997, S. 49) vorweg:

November, 1. Klasse, Grundschule: Der Wochentag (Donnerstag) soll an die Tafel geschrieben werden:

Lehrerin (L.): Hör doch mal eben zu! Denis, hör doch mal ganz genau hin: Ddonnerstag, was hörst du am Anfang?
Denis: Ein N:.
L.: Dann wär es ja Mmonnerstag. Ddonnerstag, hör mal zu, Ddenis, Ddonnerstag.
K[4].: So wie Domino.
L.: Richtig, der ist es. So, was kommt danach? Pscht, ihr müsst jetzt ... Anke, Anke! Das kriegt man nur raus, wenn man ganz doll reinhört und sich das überlegt. Donnerstag. Kai.
Kai: O,O wie Opa.
K.: Ofen.
L.: Ist das wie Ofen? O o: ist das?
K.: Ne.
KK[5] : Ordner/O (kurz).
L.: O wie Ordner.
KK.: (Reden lautierend durcheinander) (...)
L.: Wie geht's weiter? Thomas? (Kai meldet sich ab jetzt bei jedem Buchstaben)
K.: N: wie Nuss.
L.: Da nehmen wir den Kleinen, nicht, den Kleinen, Kai, kuck mal Kai, das war'n O nach so'nem dünnen O, was kommt danach?
KK.: O-O wie ordnen.
Kai: O wie Ordner.
L.: Was kommt danach? Donn:erstag, Kai?
Kai: Ein A.
L.: Ne, ich glaub du musst noch mal ein bisschen nachdenken. Donn:, hör mal zu, Donn:er.
KK.: Donn:
K.: R.
L.: Donn:, donn: du musst mal richtig denken und dich dann melden. Das ist nämlich, wenn man immer gleich losbrüllt, dann hat man nicht richtig nachgedacht, Marion!
Marion: Ä wie Ente.
K.: Ä wie Ente.
L.: Ja, pass mal auf. Wir nehmen vorher, da sind zwei N, Zwillinge, die drücken nämlich das O so doll zusammen, wisst ihr ja, nicht?
K.: Weiß ich nicht. (...)

Die Lehrerin in diesem Beispiel kann offensichtlich darauf vertrauen, dass die Schüler das Prinzip der Anlauttabelle bereits verstanden haben, denn es

---

4 K bedeutet Kind
5 KK: bedeutet mehrere Kinder

geht in dem Beispiel nur noch darum, den Wochentag anzuschreiben (möglicherweise bereits ein Ritual). Die Wortwahl ist situationsbezogen, aber das zu schreibende Wort lang und nicht lautgetreu. Die Lehrerin verhält sich damit „Reichen-konform“, denn für ihn bietet die Anlauttabelle die Möglichkeit, von Anfang an „alle Wörter dieser Welt“ schreiben zu können. Die Lehrerin hat sich nun aber mit ihrer Entscheidung, das Auflautieren der Kinder an der Tafel mitzuschreiben in die Situation gebracht, dass selbst bei vollständig richtiger Auflautierung der Kinder zum Schluss ein falsch geschriebenes Wort an der Tafel gestanden hätte. Falschschreibungen, die auch noch durch den Lehrer autorisiert als „richtiges“ Lernergebnis dargestellt werden, sind nicht lernförderlich, so dass in einer derartigen Unterrichtssituation, die Arbeit mit der Anlauttabelle auf lautgetreue Wörter zu beschränken wäre.

Gleichzeitig werden zwei weitere Aspekte deutlich: Der hilflose Versuch der Lehrerin, die Konsonantendoppelung den Kindern „verständlich“ zu machen, greift ins Leere. Zwar kann man bezweifeln, ob diese rechtschriftliche Markierung nach 2-3 Monaten Unterricht überhaupt schon Beachtung finden sollte, aber wenn man schon lautorientiert arbeitet, dann wäre hier auf die Lautqualität des <o> als Erklärung aufmerksam zu machen. An dieser Stelle wird aber auch die begrenzte Reichweite dieses Hilfsmittels deutlich, denn es fokussiert ein einzelheitliches Abhören des Wortes, wohingegen hier ein silbenorientiertes Sprechen, die potentielle Doppelung des <n> lernbar machen könnte.

Aber was soll ein derartiges Wort am Anfang des Schreiblernprozesses überhaupt? Wenn man Kindern das Lautprinzip der Schrift einsichtig machen will, warum wählt man dann ein Wort, dessen Schreibung nur dann gelingen kann, wenn man die Mitlautverdoppelung kennt, die Zusammensetzung der Nomen unter Beachtung des Fugen-s und die Strategie der Wortverlängerung (Tag-Tage) bereits beherrscht?

Aber selbst dann, wenn die Lehrerin alle diese Dinge beachtet hätte und ein geeignetes Modellwort den Schülern als Aufgabe vorgegeben hätte,[6] dann wären die Schwierigkeiten einiger Schüler mit der gestellten Aufgabe nicht wesentlich geringer gewesen. Denis „hört“ bei Donnerstag kein „D“, sondern ein „N“ am Wortanfang. Kai praktiziert vielleicht eine andere Lernstrategie als die situativ geforderte auditive. Er scheint das „o“ schon visuell gelernt zu haben. Vielleicht hat er auch schon gemerkt, dass zumeist unabhängig davon, ob das „o“ lang oder kurz gesprochen wird, schlicht nur „o“ geschrieben wird, aber sein Lernerfolg findet keine Bestätigung. Auch Kai „hört“ im weiteren Verlauf dann falsch, d.h. die Schwierigkeiten werden unter dieser Aufgabenstellung durch die mangelnden Fähigkeiten der Kinder begründet und nicht in der Komplexität der geschriebenen Sprache gesehen. Ob irgend-

6 Denkbar wäre auch eine sinnvolle Auswahl aus Wortangeboten der Kinder gewesen. Diese Frage eher lehrer- oder lernerorientierten Unterrichts ist an dieser Stelle nicht thematisch.

ein Kind an dieser Stelle überhaupt noch weiß, um welches Wort es eigentlich ging, was es bedeutet? Man muss sich hier einmal verdeutlichen, was die Kinder bei dieser Aufgabenstellung eigentlich alles leisten müssen, um sich die Wortschreibung von „Donnerstag“ zu merken:

„D“ wie Domino
„O“ wie Ordner und nicht wie Ofen
„N“ wie Nuss
„E“ wie Ente und nicht wie Esel[7]
„R“ wie „Rad“
„S“ wie „Sonne“
„T“ wie Tisch
„A“ wie „Ameise“ und nicht wie „Affe“
„K“ wie Krokodil[8]

Nun gibt das Beispiel zwar keine Hinweise darauf, warum manche Kinder „falsch“ hören, aber mehre Erklärungen sind möglich:

Einerseits könnte es sein, dass einzelne Kinder noch gar nicht über das Maß an phonologischem Bewusstsein verfügen, um sich überhaupt reflexiv auf die Lautung von Wörtern beziehen zu können, außerdem stellt die gesprochene Sprache einen Sprachfluss dar, der nur dann gliederbar ist, wenn auch ein Verständnis für die Struktur einer Sprache vorhanden ist.

Dieses Verständnis setzt aber eine spezifische Gliederungsfähigkeit voraus, wie man sich an folgendem Beispiel verdeutlichen kann: Wenn man einen Radiosprecher in einer fremden Sprache sprechen hört, kann man nicht einmal die Anzahl von Wörtern in einem gesprochenen Satz „heraushören“, geschweige denn die Lautnuancen in einem Wort. Die Analyse von Lauten ist eben kein primär auditiver, sondern ein kognitiver Akt.

Grund für die Schwierigkeiten eines Kindes kann aber auch eine verwaschene oder ungenaue Sprechsprache sein, vielleicht reicht auch die Aufmerksamkeitsspanne nicht aus, um ein ganzes Wort bis zum Schluss lautierend zu erschließen. Möglicherweise ist auch zwischenzeitlich die Wortstelle vergessen worden, an der der Lautierungsprozess stand, denn lesen können die Kinder die auflautierten Wortteile noch nicht und nach J. Reichen sollten sie es auch nicht einmal versuchen, denn das wäre „Schreibstottern“. In dem zitierten Unterrichtsbeispiel ruft die Lehrerin immer wieder die bereits erarbeiteten Wortteile ins Gedächtnis zurück, aber was wäre, wenn, wie es eigentlich intendiert ist, das Kind allein ein längeres Wort mit Hilfe der Anlauttabelle schreiben soll?

Mit anderen Worten: Es kann viele und auch völlig unterschiedliche Gründe dafür geben, die ein Kind „falsch“ hören lassen und die stereotype

7 Es hätte auch sein können, dass die Schüler hier das „Ä“ der „Ähre“ angeboten hätten.
8 Denn das „G“ wird in diesem Wort wie „K“ gesprochen.

Aufforderung, „doch genauer hinzuhören" bringt keinen Lernfortschritt, sondern kann allenfalls zu der resignativen Feststellung führen, dass das Kind nicht nur nicht lesen und schreiben kann, sondern nicht einmal richtig hört. Natürlich haben nicht alle Kinder diese Probleme, aber selbst Reichen scheint dieses Problem zu kennen, denn er verordnet für diesen Fall „Schreibferien".

Ein Beispiel (vgl. Dyroff 1996, S. 66) soll auf ein weiteres Problem aufmerksam machen:

November, Klasse 1: Drei Kinder nichtdeutscher Herkunftssprache sollen anhand einer deutschen Anlauttabelle das Wort „Ameise" schreiben.

Bedia: „Ameise K hat? Nein." (das türkische Wort für „Ameise" ist karinca) (Die anderen diskutieren auf türkisch.) Bedia: ... mit K? Auch Gülay fängt an, die Tabelle durchzugehen. Gülay: Ameise mit K? ... mit K? Bedia zu mir: Ameise wie K? Ameise wie K? St[9]: Nein, Ameise fängt nicht mit K an. Gülay: Schlange wie K? M-mh, Paket wie K? Gülay: Schlange wie K? M-mh. Paket wie K? M-mh. Ja! Krokodil wie K.Schoko. O? o. Banu: Gülay. Ameise. Ameise. A! Gülay (böse): Du weißt nichts, Bedia!

Dieses Beispiel zeigt, dass gerade für Schüler/-innen nichtdeutscher Herkunftssprache das Erlernen der deutschen Schriftsprache mit einer deutschen Anlauttabelle geradezu absurd ist. Bedia hat das Prinzip der Anlauttabelle zwar verstanden, aber ihre „innere Lautsprache" orientiert sich an der Semantik des Bildes, das in ihrer Primärsprache belegt ist. Die Antwort von Gülay „Paket wie K? m-mh. Ja!" oder auch „Schoko. O? O." zeigt, dass er einzelne, als dominant erfahrene Laute, für die jeweils Gesuchten hält und die schließlich richtige Antwort von Banu: „Ameise. A!" spricht für ein Switching der semantischen Orientierungen der Kinder.

Die formale Anforderung „Auflautieren" führt also zu einer Auflösung der Sprachebenen (Deutsch-Türkisch) aber gleichzeitig auch zu einer Diffundierung semantischer und phonologischer Bezugnahme auf Sprache. Die Kinder geraten in Verwirrung, weil die Aufgabenstruktur das Operieren auf nur einer Sprachebene selbstverständlich voraussetzt.

Anlauttabellen als zentrales (!) Unterrichtsmittel, den Kindern Einsicht in die Struktur der Schriftsprachsprache zu vermitteln, sind daher ungeeignet, weil damit gerade jenen Kindern, die unter ungünstigen Bedingungen der Lernausgangslage in den Schriftspracherwerbsprozess eintreten, ein inadäquates Lernmittel in die Hand gegeben wird. Dieses Fazit lässt sich durch empirische Forschungsbefunde (vgl. Kap. 7) weiter absichern.

---

9 St bedeutet Studentin

Trotz aller Bedenken können aber Anlauttabellen ein geeignetes Mittel sein, um der überwiegenden Mehrheit der Kinder einen selbstständigen und verständnisintensiven Zugang zur Schriftsprache zu ermöglichen, wenn gewisse Voraussetzungen erfüllt werden:

1. Die Gestaltung einer Anlauttabelle sollte übersichtlich,[10] aber auch motivierend[11] sein.
2. Die Konzeption einer Anlauttabelle muss sprachliche Strukturgegebenheiten angemessen berücksichtigen.[12]
3. Anlauttabellen sollten didaktisch flexibel eingesetzt werden, um der Heterogenität der Einganzvoraussetzungen der Kinder und dem Entwicklungsprozess schriftsprachlicher Fähigkeiten zu entsprechen.

Das erstgenannte Kriterium scheinen heute viele Anlauttabellen zu erfüllen. Motivierend gestaltete Anlauttabellen gibt es in vielen Fibeln bereits im Einband, als separate Beilage auf einem Karton oder auch in Form eines Anlautheftes. Die Funktion dieses fibelbegleitenden Materials wird vor allem darin gesehen, den Kindern nach Einführung der ersten Buchstaben eine Erinnerungsstütze zu bieten. Darüber hinaus werden Anlauttabellen aber auch als „Fibelöffner" gesehen, der gerade für leistungsstarke Schüler die Möglichkeit bietet, die weitere Erarbeitung der Buchstaben selbständig zu leisten. Auch das selbständige Verschriften mit einer Anlauttabelle ist in binnendifferenzierenden Phasen des Fibellehrgangs möglich.

Allerdings muss man sich zunächst einmal Klarheit darüber verschaffen, ob das in den Fibeln angebotene Material überhaupt eine Anlauttabelle oder nicht vielmehr eine Illustration von Buchstaben ist. In der *Bausteine Fibel* findet sich z.B. eine derartige *Buchstabentabelle*, in der die Mehrdeutigkeit der Phonem-Graphem-Korrespondenz nicht beachtet wird.

10 Wie wird also beispielsweise das Problem der uneindeutigen Phonem-Graphem-Korrespondenz optisch gelöst? Werden alle Buchstaben gleichwertig nebeneinander gestellt, oder gibt es optisch ansprechende Strukturierungen? Werden Groß- und Kleinbuchstaben parallel abgebildet?

11 Hier wäre zu prüfen, ob die gewählten Begriffe dem Erfahrungshorizont eines Erstklässlers entsprechen und die gewählten Anlautbilder Interessen von Mädchen und Jungen repräsentieren.

12 Ist beispielsweise die vorgenommene Zuordnung von Phonem und Graphem repräsentativ für die quantitative Verwendung in der Schriftsprache? (=dominante Basisgrapheme)

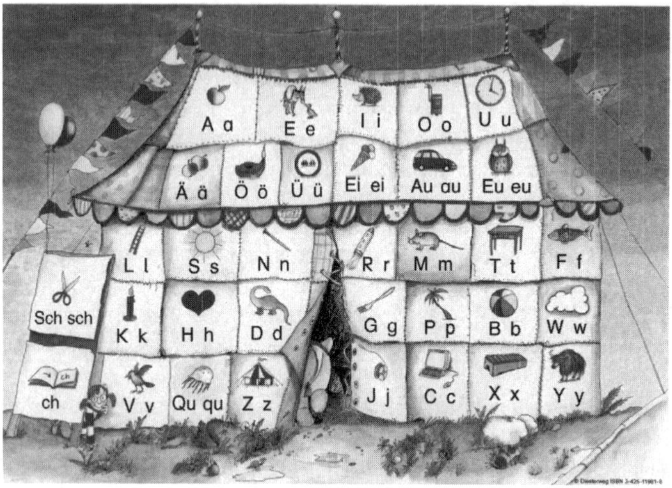

Derartige Buchstabentabellen lassen sich auch in der Imitation der Torversion von Reichen finden – man muss also genau hinsehen:

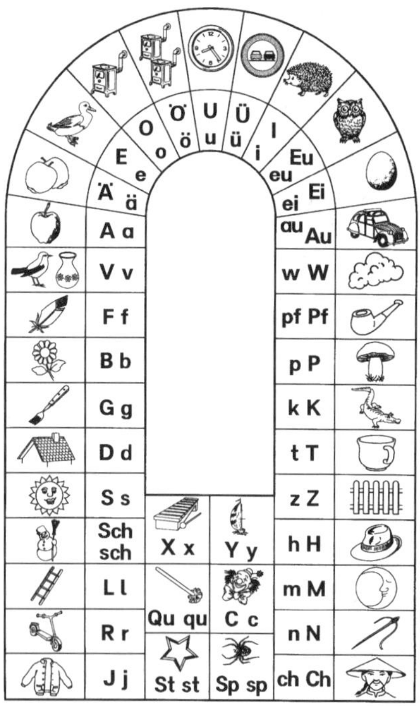

Zur *Tobi-Fibel* gehört demgegenüber eine Anlauttabelle, die schon über das prototypische Buchstabentor von Reichen hinausgeht, weil hier auch Mittel- und Endlaute[13] symbolisiert werden. Den Schülern werden so auch jene Buchstabenkombinationen verfügbar gemacht, die in der deutschen Sprache nicht als Anfangslaute vorkommen. Damit wird die Tabelle aber recht umfangreich und auch durch die Art der graphischen Gestaltung recht unübersichtlich. Zwar finden die Kinder die ihnen aus der Fibel vertrauten Figuren als Dekoration der Buchstabenpakete wieder, aber ein schnelles Wiederfinden einzelner Phonem-Graphem-Zuordnungen scheint nicht die Zielrichtung dieses Fibelbegleitmaterials zu sein.

Vorderseite der Tobi-Anlautbilder:

Rückseite der Tobi-Anlautbilder:

Die Autoren des Tobi-Lehrgangs versuchen vielmehr, den Kindern verschiedene Zugangsmöglichkeiten zur Schrift anzubieten. So gibt es beispielsweise

13 Mit Katze (tz) und Ring (ng) u.ä. werden „Mittel-“ bzw. „Auslautbilder“ geboten.

auch ein ABC-Anlautheft. Jedes Kind hat ein eigenes Heft, in das es zum gerade behandelten Buchstaben Bilder (aus Katalogen, Zeitschriften etc.) von Begriffen klebt, die mit dem entsprechenden Laut beginnen. Zur optischen Unterscheidung der Buchstaben sollen diese in verschiedenen Schrifttypen ebenfalls dazu geklebt werden. Vorgeschlagen wird auch das Anlegen eines Klassenheftes zu jedem einzelnen Buchstaben.

Des Weiteren wird zur Tobi-Fibel eine Anlauttabelle als DIN-A4-Block mit je einem Blatt pro Buchstabe angeboten. Hier ist die Möglichkeit gegeben, die einzelnen Blätter entsprechend der Buchstabeneinführung der Fibel sukzessive im Klassenraum aufzuhängen.

Diese Hinweise zeigen bereits, dass im Rahmen dieses Fibelkonzepts das Arbeiten mit Anlautbildern eine andere Funktion hat, als vornehmlich lautgetreues Verschriften zu ermöglichen. Hier geht es darum, durch vielfältige Bearbeitung der Buchstaben diese nicht nur in ihrer lautlichen Qualität, sondern auch in ihrer graphisch-formalen Erscheinung vielfältig zu variieren und durch unterschiedliche semantische Bezüge gedächtnismäßig zu festigen. Diese Funktion als Gedächtnisstütze insbesondere für schreibmotorische Aspekte ist offensichtlich Anlass für die nachfolgende Tabelle:

Eine „echte“ Anlauttabelle ist demgegenüber in dem *Konfetti-Konzept* zu finden, dass seit 1998 auf dem Markt ist und sich als Weiterentwicklung des Reichen-Konzepts und als unterrichtspraktische Umsetzung des Spracherfahrungsansatzes versteht. Gerade die Kritik an dem Konzept „Lesen durch Schreiben“ ist für die Autoren der Konfetti-Materialien Anlass gewesen, nach Materialien zu suchen, mit denen wirklich alle Kinder ihren eigenen Lernprozess verwirklichen können.

Zentrales Arbeitsmittel ist eine Anlauttabelle, deren Buchstaben auf mehrere Türme verteilt sind. So ist die Buchstabenmenge für die Kinder übersichtlich und auch in einzelne Lernphasen aufteilbar. Jeder Turm hat eine eigene Farbe und ein Symbol, so dass das Wiederfinden und auch die sprachliche Verständigung über die Fundorte leichter möglich sind. Ähnlich klingende Konsonanten (z.B. /d/ und /t/ oder /b/ und /p/) stehen nie zusammen in einem Turm.

Es gibt eine Kurz- und eine Langversion, durch die eine weitere Segmentierung aber auch Individualisierung von Lernprozessen möglich ist.

In der Kurzversion sind nur Zeichen vorhanden, die sich durch das Lautieren eindeutig erfassen lassen. Zusätzlich gibt es hier zwei Leerfelder für Buchstaben, die in der Klasse bereits wichtig sind.

Anlauttabelle DIN A 4
Kurzversion

Als farbiges Schülermaterial und als Kopiervorlage im Anhang (KV 6)

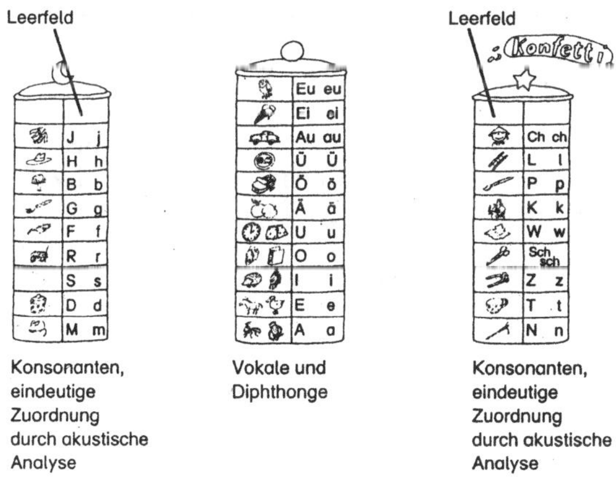

Anlauttabelle DIN A 4
Langversion

Als farbiges Poster und als Kopiervorlage im Anhang (KV 8)

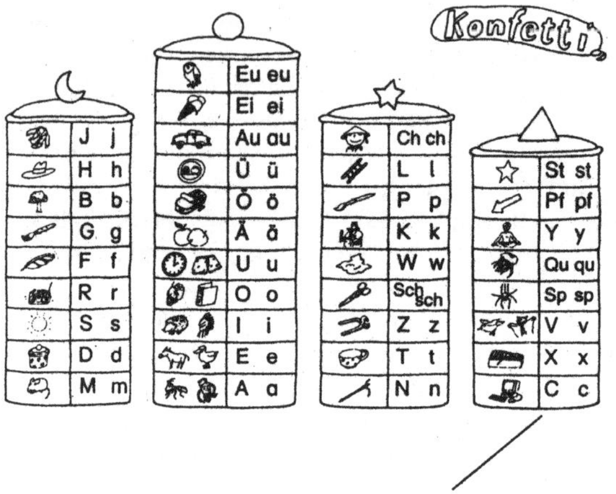

Laute und Lautverbindungen, die sich nicht eindeutig durch akustische Analyse zuordnen lassen.

In der Langversion sind alle Grapheme abgebildet, wobei es einen Extra-Turm für Laute und Lautverbindungen gibt, die sich nicht eindeutig durch akustische Analyse zuordnen lassen. Auch das Problem der uneindeutigen Phonem-Graphem-Korrespondenzen wird beachtet. Wenn nötig, werden mehrere Anlautbilder gezeigt (z.B. Indianer und Igel, Vampir und Vogel), die auch dem Erfahrungshorizont von Schulanfängern entsprechen. Das Konfetti-Lehrerinnenmaterial enthält ausführliche Beschreibungen und Erfahrungsberichte zur Einführung der Anlauttabelle und Übungen zum Lautieren von Wörtern. Hierbei kann man auch auf vorgefertigte Spiele, Bild-, Lautier- und Wortschatzkarten zurückgreifen.

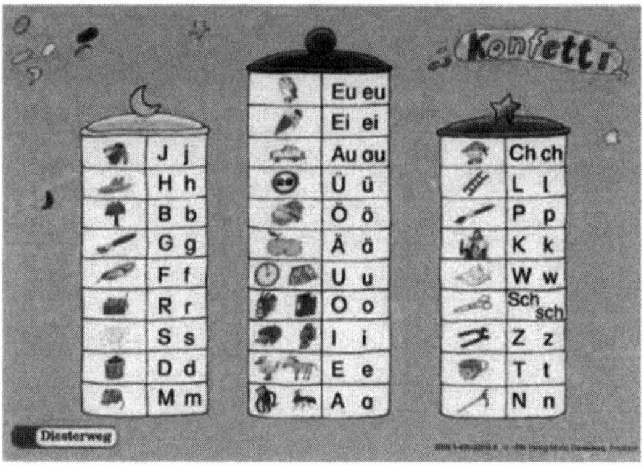

Die Grundidee eines gestuften Anlauttabelle wird gegenwärtig[14] in einem bayerischen Schulversuch evaluiert, wobei hier nicht nur das Medium eine optische Differenzierung erfährt, sondern dementsprechend auch jeweils unterschiedliche Schwerpunkte des Lernprozesses angesteuert werden sollen.

Vordergründig gesehen gibt es in diesem Konzept zwei Anlauttabellen, eine Anfangstabelle und eine Erweiterungstabelle.

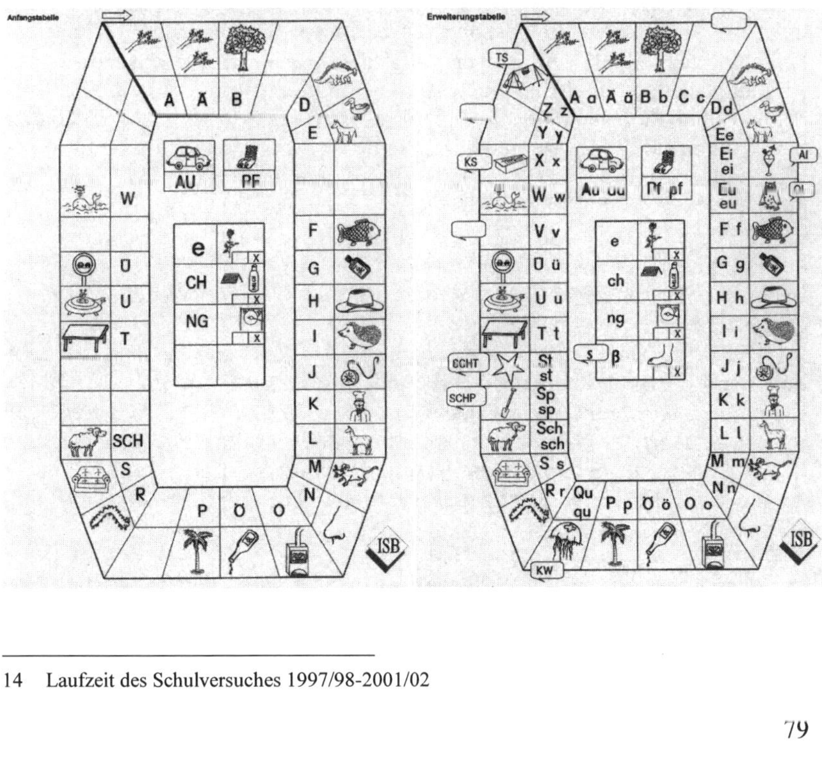

14 Laufzeit des Schulversuches 1997/98-2001/02

Entscheidend für dieses Konzept ist allerdings, dass hier konsequent von einem stufenmäßigen Erwerb der Schriftsprache ausgegangen wird, wobei 3 Stufen unterschieden werden:

1. Die phonetische Verschriftung
2. Die phonologische Verschriftung
3. Die orthographische Verschriftung

Die phonetische Verschriftung wird mit Hilfe der *Anfangstabelle* trainiert. Diese erste Lauttabelle enthält nur Schriftzeichen (Buchstaben), die lauttreu sind. Ziele auf dieser ersten Verschriftungsstufe sind die sichere sprachliche Durchgliederung von Wörtern, die Hinführung zum Prinzip des Lautierens und die Einsicht in eindeutige Graphem-Phonem-Zuordnungen. Auf der Stufe der phonetischen Verschriftung schreiben die Kinder ausschließlich „Mitsprechwörter" in Großbuchstaben. Durch diese Vorentscheidungen wird die Tabelle für die erste Phase des Lernprozesse kurz, einfach und eindeutig am Ziel der Lauteinsicht orientiert gestaltbar.

Erst wenn das Kind das Prinzip lautgetreuen Verschriftens beherrscht[15], erhält es die Erweiterungstabelle, die alle für das Lesen und Schreiben notwendigen Grapheme enthält. Vokale und Konsonanten werden durch ihre Lage in der Erweiterungstabelle unterschieden: Während sich rechts und links im Außenkreis die Konsonanten befinden, sind oben die Vokale und Umlaute abgebildet. Die Erweiterungstabelle enthält sowohl Groß- und Kleinbuchstaben. Im Mittelpunkt dieser Entwicklungsstufe steht die Erarbeitung phonologischer Regelhaftigkeiten.[16] Erst jetzt wird also den Kindern bewusst gemacht, dass es Laute gibt, die man anders schreibt als spricht.

Gleichzeitig setzt bereits der Rechtschreibunterricht ein, der einem Stagnieren auf dem Niveau der lauttreuen Schreibung entgegenwirken will. In dieser Phase wird also auf die unterschiedlichen Sprech- und Schreibweisen der Endungen (-er, -en, -el) eingegangen, auf das vokalisierte <r> etc. Erste Rechtschreibstrategien wie das Verlängern von Wörtern werden im Erwerb der „Nachdenkwörter" eingeübt.

Die dritte Stufe beim Schriftspracherwerb ist die Vermittlung der traditionellen Rechtschreibung der Schriftsprache, die orthographische Norm. Die Erkenntnis, dass orthographischen Schreibweisen keine auditiven Regelhaftigkeiten zu Grunde liegen, führt zur Auseinandersetzung mit grundlegenden Rechtschreibstrategien, die insbesondere durch die Anordnung der Wörter in Ähnlichkeitsklassen[17] unterstützt werden soll. Die implizite Musterbildung

15 Erfahrungswerte des Modellversuchs belegen, dass die meisten Kinder nach Weihnachten alle Buchstaben der ersten Tabelle sicher beherrschen.

16 Phonologische Regelhaftigkeiten sind Laute, die in der Regel von Buchstaben repräsentiert werden, denen sie nicht eindeutig entsprechen z.B. wird „oi" geschrieben „eu"

17 Ähnlichkeitsklassen sind z.B. die Wörter mit „stummen" h; Wörter mit ie, ß, v, tz, ck etc.

steht dabei im Vordergrund und wird durch das gezielte Einüben eines begrenzten Wortschatzes unterstützt. Wörter mit Schreibungen, die einem Grundschulkind nicht unmittelbar plausibel gemacht werden können, werden als „Merkwörter" gezielt trainiert. Ideen dieses Konzepts haben auch Eingang in den neuen bayerischen Grundschullehrplan gefunden (vgl. ISB 2002).

Mit dem Konzept *gestufter Anlauttabellen*, die sich systematisch an dem Lernentwicklungsprozess des Kindes orientieren, ist eine weitreichende Überwindung der Probleme geleistet, die mit dem Reichen-Konzept verbunden waren. Trotzdem wird man auch diese neuen Anlauttabellen daraufhin überprüfen müssen, ob sie den Kindern die Basisgrapheme korrekt anbieten. Dies ist auch bei der bayerischen Anlauttabelle nicht der Fall, denn auch hier findet sich der „Igelfehler".

Anlauttabellen trainieren nicht nur phonetisches Entschlüsseln von Wortschreibungen, sondern suggerieren immer auch eine gegenüber der faktischen Varianz der P-G-Korrespondenz reduzierte Beziehungsvarianz. In der Regel bieten Anlauttabellen max. 2 Varianten der P-G-Korrespondenz an.

Zu prüfen ist auch die lautliche Komplexität der jeweils abgebildeten Wörter, so ist beispielsweise das häufig zu findende Krokodil durch die Konsonantenhäufung am Wortanfang ungünstig für die Lautdiskriminierung. Ein Begriff wie „Kanne" oder „Katze" wäre leichter. Bilder für die Erstellung eigener Anlauttabellen und auch zahlreiche Anlautspiele finden sich unter www.grundschulmaterial-online.de.

4.3 Regularitäten der Schriftsprache und Freies Schreiben

Die lernpsychologische These, Fehler seien zu vermeiden, weil sie sich ansonsten einprägen würden, hat lange Zeit die Didaktik des Rechtschreibunterrichts bestimmt. Für den Anfangsunterricht bedeutete dies, dass zunächst vornehmlich abgeschrieben wurde, um einen orthographisch richtigen Wortschatz aufzubauen, auf dessen Basis die Kinder dann erst allmählich eigene Texte schreiben durften. Es gab also ein klares Nacheinander von (Recht-) schreiblernen und konzeptionellem Schreiben, das zudem die Einübung in traditionelle Textformen wie Erzählung, Bericht oder Beschreibung vorsah.

Die in den 1970/80er Jahren verstärkt einsetzende Schreibentwicklungsforschung zeigte aber aufgrund der Analyse von Spontanschreibungen, dass Kinder auch unabhängig von lehrender Vermittlung ihre Schreibungen weiterentwickeln. Gerade Kinder in schriftnahen Elternhäusern beginnen, eigenständig Mitteilungen zu Papier zu bringen. Natürlich machen sie dabei Fehler, aber sie nähern sich im Verlauf immer mehr der rechtschriftlichen Norm an. Damit wurde das Dogma des Fehlervermeidungsprinzips aufgegeben, da Schreibenlernen als Denkentwicklung interpretiert wurde und wird.

Die weitreichende Regelhaftigkeit der deutschen Orthographie ist Basis einer Didaktik, die das Entdecken und Nachkonstruieren eben dieser Struktur durch das Kind in den Mittelpunkt stellt. Anfangsunterricht zielt auf „die kognitive Klarheit im Hinblick auf den Aufbau und die Struktur der Schriftsprache“ (Valtin 2001, S. 19ff.).

Dieser innovative Aspekt der Schriftaneignung verlangt ein differenziertes Vorgehen im Unterricht, da der Erwerb von Rechtschreibkompetenz über akustische (Lautprinzip) und visuelle (orthographisches Lexikon) Wahrnehmungs- und Gedächtnisleistungen hinausgeht. Rechtschreibaneignung bedeutet einen Verstehensprozess, d.h. das Hauptgewicht des Unterrichts liegt nicht auf den orthographisch korrekten Lernergebnissen, sondern auf den Lernprozessen, die zu diesem Ergebnis hinführen. Schreibprozesse werden zum Gegenstand von Reflexion (Rechtschreibgespräche),[18] denn nur der ist letztlich ein guter Rechtschreiber, der auch korrekte Schreibungen von Wörtern leistet, die er noch nie zuvor geschrieben hat. Bewusstes und auch gemeinsam mit anderen (Schreibkonferenzen) diskutiertes Nachdenken über rechtschriftliche Zweifelsfälle (Fehlersensibilität) führen zu einem vertieften Verständnis von Regularitäten der Orthographie, das Basis für Transferleistungen ist. Der gute Rechtschreiber hat Wortschreibungen eigenaktiv konstruiert, hat bei seinen Fehlern nach Begründungen gesucht, die seinem Sprachwissen jeweils entsprechen und hierdurch zumindest vorläufige Regeln für sein Richtigschreiben abgeleitet. Dies sind nicht die Regeln der Duden-Grammatik, sondern die (Eigen-)regeln der Lernenden. Die Vorläufigkeit derartiger Regeln sollte den Lernenden durchaus bewusst sein, denn viele Rechtschreibfehler werden gerade dadurch nicht vermieden, weil der Schüler kein Gespür für Zweifelsfälle erworben hat. Damit ist nicht gemeint, dass in Bereichen, die eindeutig entscheidbar sind, unnötige Zweifel genährt werden sollen, sondern es geht darum, das regelorientierte Lernen im Rechtschreibprozess anders zu akzentuieren.

Während im traditionellen Rechtschreibunterricht Orthographieregeln wie Merksätze vermittelt wurden, geht es in der heute favorisierten kognitiven Interpretation des Lernprozesses darum, einen sprachanalytischen Habitus im Hinblick auf die Struktur der Schriftsprache zu entwickeln. Kinder sollen Interesse für die „Rätsel der Orthographie“ entwickeln, hypothesentestend Schreiben und somit auch Fehlersensibilität entwickeln können. Nur so sind auch zunehmend eigenständige Überarbeitungen des Geschriebenen möglich, denn nur wenn man auch Hypothesen für Andersschreibungen hat, lässt sich ein Wort im Wörterbuch nachschlagen.

Die Betonung dieses kognitiven Aspekts der Schriftsprachaneignung ist verbunden mit einem radikalen Perspektivenwechsel:

---

18 Rechtschreibgespräche laufen nach dem Muster: „Warum hast du das Wort so geschrieben?“ Man sollte aber nicht nur falsch geschriebene Wörter zum Gegenstand solcher Fragen machen, sondern auch richtig geschriebene.

Während in dem Zwei-Wege-Modell des Schreibens das Schreibprodukt im Mittelpunkt steht, ist es nunmehr der Schreibprozess selbst und die mit ihm verbundene Lernentwicklung. Schreibprozesse werden aber nicht mehr nur als Erwerb schriftsprachlicher Strukturprinzipien gesehen, sondern darüber hinaus als Etappen in einem umfassenden Schreibentwicklungsprozess. Die Grenzen zwischen Rechtschreibdidaktik und konzeptioneller Schriftlichkeit verschwimmen. Wenn also teilweise bis heute Diktat- und Aufsatzschreiben sich einander abwechseln – zumindest in den höheren Klassen – dann spiegelt sich hierin noch die traditionelle Trennung zwischen Rechtschreiben und Produktion von Texten.

Im Konzept des „Freien Schreibens“ ist diese Trennung aufgehoben worden, indem die „Gleichzeitigkeit von spontanem (Aufsatz-)Schreiben und Rechtschreib-Lernen“ (Erichson 1986, S. 4) propagiert wird. Leitbild ist ein quasi natürlicher Orthographieerwerb analog der gesprochenen Sprache.

Kinder sollen offen und unbelastet von Zwängen, Texte zu selbstbestimmten Themen, zu selbstbestimmten Zeiten, auf selbstbestimmte Weise schreiben dürfen.

Ausgangspunkt derartiger Schreibprozessmodelle[19] sind die Motive und Zielsetzungen des kindlichen Textproduzenten, für die der Lehrende vielfältige Schreibanlässe bereithält.

Im nächsten Schritt wird die eigentlich konzeptionelle Arbeit des Schreibprozesses geleistet: Vorwissen wird aktiviert, zusätzliche Informationen beschafft und ein erster mentaler Textentwurf entsteht. Dieser kann dann in unterschiedlichen Formen zu Papier gebracht werden, wobei sich zwischen drei Haupvarianten unterscheiden lässt (Spitta 1998, S. 23):

1. Bei einem linear-logischen Schreibverhalten, wird der mentale Textentwurf unmittelbar bewusst zu Papier gebracht.
2. Im Gegensatz dazu steht eine kreativ-chaotische Produktionsweise, bei der einzelne Teile, vielleicht zunächst auch nur einzelne Gliederungspunkte aufgeschrieben werden.
3. Schließlich gibt es auch noch Mischformen aus beiden Varianten.

Der letzte Schritt des Schreibprozesses besteht in einem Evaluationsprozess, indem die Schreibabsicht mit dem Ergebnis, aber auch andere Aspekte wie Verständlichkeit, Kreativität, Ästhetik des Textes und letztlich auch orthographische Richtigkeit überprüft werden.

Die rechtschriftliche Norm steht also nicht am Anfang, sondern allenfalls am Ende des Produktionsprozesses. Aber selbst das nicht notwendigerweise. Im Kontext eines an den kindlichen Spracherfahrungen orientierten Unterrichts werden schreibmotorische und orthographische Fehler toleriert. Im

19 Zu einem weiteren Schreiblernprozess-Modell vgl. Kochan 1995

Mittelpunkt steht die Förderung des kreativen Schreibentwurfs und zwar vom ersten Schultag an.

Beispiel für Freies Schreiben (Februar Klasse 1) aus Dehn (1996, S. 117)

Die Lehrerin soll sich mit Korrekturen bei diesen Spontanschreibungen solange zurückhalten, bis das Kind selbst merkt, dass es wohl etwas nicht richtig geschrieben hat. Das Kind braucht also zunächst einmal vielfältige Erfahrungen mit Schrift, damit sich ein Rechtschreibproblem für das Kind überhaupt stellt. Gerade die Notwendigkeit, beim konzeptionellen Schreiben vom gedachten Wort zu seiner Schreibung zu finden, macht den Schreibanfängern das Problem der orthographischen Norm erfahrbar, so dass, wie Dehn (1988, S. 137) argumentiert, sie die „Lerngegenstände des Schreiblehrgangs aufmerksamer aufnehmen und handhaben können". Kinder sollen so auch ein persönliches Interesse am Richtigschreiben entwickeln.

Trotz teilweise euphorisch vorgetragener Hoffnungen, die sich mit dem Konzept des „Freien Schreibens" verbinden, hat sich doch zunehmend die Einsicht[20] durchgesetzt, dass *„Rechtschreiben von Anfang an integrierter Teil der Schreibentwicklung ist"* (Bartnitzky 2000, S. 50) und auch der Systematisierung durch angeleitete und wiederholende Übungsphasen bedarf. Damit wird der Tendenz, die insbesondere für das Reichen-Konzept typisch war, entgegengewirkt, der Rechtschreibung erst dann Beachtung zu schenken, wenn genügend Texte geschrieben wurden – also erst nach dem 1. Schuljahr.

Zusammenfassend kann man die Zielperspektive für den Schreibunterricht der Grundschule an folgenden Punkten festmachen:

20 Die Notwendigkeit einer zeitlich frühen Beachtung von Rechtschreibphänomenen lässt sich auch empirisch begründen (vgl. Kap. 7).

1. Berücksichtigung der Heterogenität der Lernausgangslagen durch Schulung phonologischer Bewusstheit als Basiskompetenz des Schriftspracherwerbs
2. Funktionale Einbettung des Rechtschreiblernens in das schriftliche Sprachhandeln
3. Verbindung von Lese- und Schreibkultur von Anfang an
4. Durchgängige konzeptionelle Verzahnung kindorientierter und sprachstrukturorientierter Unterrichtsgestaltung
5. Erwerb von sprachlichem Strukturwissen, rechtschriftlichen Strategien und Arbeitstechniken
6. Kontinuierliche Förderdiagnostik, die eine Passung zwischen Unterrichtspraxis und den vielfältigen Interessen-, Kultur-, Sozial- und Kompetenzlagen der Grundschulkinder gewährleistet.

4.4 Literatur

Balhorn, H.: „jetzt schreib' ich die wörtersprache ...“. In: Brügelmann, H. (Hg.): ABC und Schriftsprache: Rätsel für Kinder, Lehrer und Forscher, Konstanz 1986, S. 112-123.

Bartnitzky, H.: „Die rechte weis aufs kürtzist lesen zu lernen“ oder: Was man aus der Didaktik-Geschichte lernen kann. In: Balhorn, H. u.a. (Hg.): Schatzkiste Sprache 1 – Von den Wegen der Kinder in die Schrift, Frankfurt/M. 1998, S. 14-46.

Berg, M.: Rechtschreiblernen von Anfang an, Frankfurt a. M. 1994.

Brügelmann, H.: Kinder auf dem Weg zur Schrift, Lengwil 1983.

Brügelmann, H.: Die Schrift entdecken, Konstanz 1986.

Brügelmann, H.: Häufigkeitswortschatz ade. Oder – Was macht eine Wortauswahl zum Grundwortschatz? In: Die Grundschulzeitschrift 61 (1993), S. 34-36.

Brügelmann, H./Richter, S. (Hg.): Wie wir recht schreiben lernen, Lengwil 1994.

Bunk, H. D. (Hg.): ABC-Projekte, Frankfurt a.M. 1995.

Conrady, P. u.a.: Grundwortschatz der 3. Generation. In: Grundschule 11 (1987), S. 35-36.

Dehn, M.: Zeit für die Schrift. Lesenlernen und Schreibenkönnen, Bochum 1988.

Dehn, M.: Zur Entwicklung der Textkompetenz im Unterricht. In: Dehn, M. u.a. (Hg.): Elementare Schriftkultur, Weinheim/Basel 1996, S.112-121.

Dyroff, C.: Bedia: „Ameise wie K?“ – Denken – Sprechen- Schreiben in mehrsprachigen Situationen. In: Dehn, M. u.a. (Hg.): Elementare Schriftkultur. Schwierige Lernentwicklung und Unterrichtskonzept, Weinheim/Basel 1996, S. 66-70.

Finke, W.: Rechtschreibunterricht und Grundwortschatz, Frankfurt a.M. usw. 1986.

Grimm, I.: ABC mit allen Sinnen, Lichtenai/Baden 1991.

Herné, K.-L./Naumann, C.L.: Fehleranalyse: Schlüssel zum Verständnis von Rechtschreibfehlern. In: Sprachrohr 1 (1996), S. 11-18.

Hesse, H./Wagner, K.R.: Der Grundwortschatz der Primarstufe. Wortlisten und Anleitungen für den Aufbau eines klassenbezogenen Grundwortschatzes, Dorsten 1985.

Hüttis-Graff, P.: Schriftorientierung im Unterricht. Rechtschreiblernen unter den Bedingungen von Mehrsprachigkeit. In: Die Grundschulzeitschrift 107 (1997), 11, S. 48-53.

ISB-Staatsinstitut für Schulpädagogik und Bildungsforschung: Handreichung zum Rechtschreibunterricht in der Grundschule, Donauwörth 2002.

Kochan, B.: Gedankenwege zum Lernen beim Freien Schreiben. In: Spitta, G. (Hg.): Freies Schreiben – eigene Wege gehen, Lengwil 1998, S. 218-277.

Mann, Ch.: Selbstbestimmtes Rechtschreiblernen. Rechtschreibunterricht als Strategievermittlung, Weinheim/Basel 1991.

Menzel, W.: Rechtschreibunterricht, Praxis und Theorie: Beiheft Praxis Deutsch 69 (1985); Nachdruck 1989.

Menzel, W. (Hg.): Richtig schreiben lernen, Seelze 1998.

Osburg, C.: Gesprochene und geschriebene Sprache, Hohengehren 1997.

Osburg, C.: Anlauttabellen im Unterricht – Methodische Neuheit oder didaktischer Umbruch? In: Osburg, C. (Hg.): Textschreiben – Rechtschreiben – Alphabetisierung, Hohengehren 1998.

Pieler, M.u.a.: Konfetti. Material für Lehrerinnen und Lehrer, Frankfurt a.M. 1998.

Richter , S.: Ökologische (Schriftsprach-)Didaktik. In: Brügelmann, H. u.a. (Hg.): Am Rande der Schrift. Zwischen Sprachenvielfalt und Analphabetismus, Lengwil 1995, S. 363-371.

Richter, S.: Interessenbezogenes Rechtschreiblernen, Braunschweig 1998.

Risel, H.: Bestandsaufnahme: Rechtschreibdidaktik, Bühl 1997.

Röber-Siekmeyer, Ch.: Die Schriftsprache entdecken – Rechtschreiben im offenen Unterricht. Weinheim 1997.

Röber-Siekmeyer, Ch./Tophinke, D. (Hg.): Schrifterwerbskonzepte zwischen Sprachwissenschaft und Pädagogik, Hohengehren 2002.

Schneuwly, B.: Der Nutzen psychologischer Schreibforschung für die Didaktik des Schreibens. In: Feilke, H./Portmann, P.R.: Schreiben im Umbruch. Schreibforschung und schulisches Schreiben, Stuttgart etc. 1996, S. 29-39.

Schweisthal, G.: OIROPA. Eine phonetische Sprachschrift als Förderungskonzept im Schriftspracherwerb zu Beginn der Grundschule. In: Huber, L. u.a.(Hg.): Einblicke in den Schriftspracherwerb, Braunschweig 1998, S. 47-57.

Sikopp, I.: Lernziel Fehlersensibilität. In: Valtin, R.(Hg.): Rechtschreiben lernen in den Klassen 1-6, Frankfurt a.M. 2000, S.74-76.

Spitta, G.: Kinder schreiben eigene Texte: Klasse 1 und 2, Frankfurt a.M. 1996.

Spitta, G.: Welche Lernvorteile bietet die Arbeit mit einem Grundwortschatz? In: Valtin, R. (Hg.): Rechtschreiben lernen in den Klassen 1-6, Frankfurt a.M. 2000a, S. 77-80.

Spitta, G.: Stichwort: Schreibkonferenzen. In: Valtin, R.(Hg.): Rechtschreiben lernen in den Klassen 1-6, Frankfurt a.M. 2000b, S. 95-96.

Thomé, G.: Möglichkeiten und Grenzen der Arbeit mit Anlauttabellen. In: Valtin, R. (Hg.): Rechtschreiben lernen in den Klassen 1-6, Frankfurt a.M. 2000, S. 116-118.

Urbanek, R.: Rechtschreiben lernen und lehren, Bochum 1994.

5. Der Leseprozess und seine Schwierigkeiten

Wie lässt sich der komplexe Prozess des Lesens beschreiben und erklären? Die wissenschaftliche Bearbeitung dieser Frage hat zu dem Ergebnis zahlreicher und zum Teil konkurrierender Lesemodelle geführt.

Ganz grob lassen sich die vorliegenden Modelle danach gruppieren, ob sie sich eher auf textgeleitete oder auf wissensgeleitete Verarbeitungsprozesse konzentrieren. Textgeleitete oder bottum-up-Lesemodelle (z.B. Mackworth 1972) verstehen Lesen als einen Vorgang, der von ganz basalen Verarbeitungsmechanismen abhängig ist, wie dem Wortaufbau, der in dem Zusammensetzen von Phonemen gesehen wird. Auf der anderen Seite weisen die wissensgeleiteten top-down-Lesemodelle (z.B. Goodman 1967) dem kontextspezifischen Vorwissen des Lesers größte Bedeutung zu und zwar selbst für die Entschlüsselung von Wortbedeutungen. Lesen wird so zu einem hypothesentestenden Verfahren, zu einem gedanklichen Probierverhalten, in dem potentielle Wortbedeutungen generiert und kontextbezogen überprüft werden.

Grundsätzlich lässt sich feststellen, dass in den verschiedenen Theorien zur Erklärung des Lesevorgangs immer wieder auf 3 Ebenen Bezug genommen wird:

1. Die Ebene der Buchstaben- und Worterkennung mit basalen analytischen und synthetischen Teilprozessen
2. Die Ebene der syntaktischen und semantischen Analyse von Wortfolgen und schließlich
3. die Textebene in ihrem satzübergreifenden Aufbau einer kohärenten Textstruktur

Unterschiede bestehen allerdings darin, wie das Zusammenspiel dieser Ebenen interpretiert wird. Dem jetzigen Forschungsstand entsprechend konkurrieren dabei zwei Modelltypen: Modulare und interaktiv-konnektionistische Modelle (vgl. Markman/Dietrich 2000). Modulare Theorien (vgl. Fodor 1983, Garfield 1987) postulieren, dass die am Leseprozess beteiligten Teilsysteme autonom sind, grundsätzlich unabhängig voneinander arbeiten und höhere Teilprozesse erst dann einsetzen, wenn die Verarbeitung auf den niedrigeren Ebenen abgeschlossen ist. Interaktionistische Ansätze (vgl. McClelland/Rumelhart 1981, Herrmann 1990) gehen demgegenüber davon aus, dass die Informationsverarbeitung auf den verschiedenen Ebenen auch zeitlich parallel verläuft. Zwischen den basalen und den hierarchiehohen Verarbeitungsprozessen finden dabei Rückmeldungen statt, die schließlich zu einer mentalen Repräsentation des im Text beschriebenen Sachverhaltes führen. Diese interaktionistische Interpretation des Lesevorgangs hat gegenwärtig in der empirischen Forschung stärkeres Gewicht und wird auch in der grundschulpädagogischen Diskussion bevorzugt. Trotzdem kann man hiergegen kritisch einwenden, dass im Rahmen dieses Theoriekonzeptes bisher nicht eindeutig beschrieben ist, wie denn eigentlich die parallele Verarbeitung und auch die nachfolgende Integration der Teilleistungen verläuft. Ungeachtet dieser Leerstellen der Forschung gibt es aber gute Gründe, sich für dieses Erklärungskonzept zu entscheiden, denn es hat unzweifelhaft empirische Evidenz:

Jeder, der einen Leseanfänger bei seinem mühsamen Aneinanderreihen von Buchstaben einmal beobachtet hat, das halblaute Vorsprechen der vermuteten Wortgebilde gehört hat und auch das Leuchten in den Augen gesehen hat, wenn plötzlich das Wort verständlich artikuliert und offensichtlich mit einem Schlag verstanden wird, weiß, dass gelingende Leseprozesse auf das interaktive Zusammenspiel der einzelnen Teilprozesse angewiesen sind.

Für eine Analyse des Leseprozesses macht es aber Sinn, diese Teilprozesse wieder isoliert zu beschreiben, weil nur so jene Dimensionen benannt werden können, die für eine Diagnose des Leseprozesses wichtig sind. Fokussieren wir das Lesen des Leseanfängers, um die Fallstricke wahrnehmen zu können, denen sein Lernprozess ausgesetzt ist.

5.1 Die erste Ebene des Leseprozesses

Die erste Ebene des Lesens, die Identifikation von Buchstaben und Wörtern, ist zunächst ein visueller Vorgang, der aber sofort zu einer internen phonologischen Repräsentation der optisch wahrgenommenen Buchstaben führt. Diese Graphem-Phonem-Zuordnung muss der Leseanfänger im Kurzzeitgedächtnis zwischenspeichern bzw. in seinem gedehnten Sprechen latent bewusst halten, bis er die nächste GP-Zuordnung entschlüsseln und anhängen kann. Dieses Zusammenschleifen wird bis zu einer Wortvorform immer wieder ergänzt oder auch wiederholt, wobei parallel Suchprozesse im inneren Lexikon beginnen, um das Rätsel der Wortbedeutung lösen zu können. Das Gelingen dieses Prozesses ist von verschiedenen Voraussetzungen abhängig:

1. Interesse an der Entschlüsselung der Wortbedeutung
2. Konzentration auf das Schriftbild
3. Buchstabenkenntnis
4. Finden der GP-Zuordnung (Analyse)
5. Zwischenspeicherung der visuellen und phonologischen Information
6. Artikulation von Lauten und Wortsegmenten (Synthese)
7. Abhören der eigenen Artikulation
8. Beachten des Wortganzen (visuell + phonologisch)
9. Wiederholen ggf. modifizieren von Aussprachevarianten (Flexibilität)
10. Suchprozesse im eigenen Wortschatz, die durch den Textkontext beeinflusst sein können, aber auch durch Assoziationen, die durch die situative Artikulation entstehen. (Aktivierung von Vorwissen + semantische Hypothesenbildung + lautsprachliche Assoziationen)
11. Artikulation einer „Wortvorform“
12. Abhören ggf. Korrektur der „Wortvorform“ (Kontrollverhalten)

Die hier aufgelisteten Detailaspekte des Leseprozesses, die in einer ersten Phase auf dem Weg zur Worterkennung durchlaufen werden müssen, kennzeichnen in besonderer Weise das Leseverhalten des Anfängers. Diese zwölf Punkte sind aber nicht nur eine theoretische Beschreibung des Leseprozesses, sondern man hat damit ein erstes Grobraster, um im Schulalltag Leseschwierigkeiten genauer wahrnehmen zu können.

5.2 Typische Schwierigkeiten schwacher Leser in der ersten Phase des Leseprozesses

Man weiß heute, dass sich bereits auf dieser ersten Ebene des Leseprozesses Differenzen der Lernentwicklung zwischen guten und schwachen Lesern zeigen. Natürlich sind die Leseleistungen der schwachen Leser geringer und ihre Lernentwicklung verläuft langsamer, aber darüber hinaus kann man auch qualitative Differenzen zu den Aneignungsstrategien guter Leser ausmachen. Empirische Untersuchungen, in denen man das Lesen schwacher und guter Leser mit gleichem Leseentwicklungsstand[1] verglichen hat, haben gezeigt, dass die Leseentwicklung nicht durch einen linearen, parallelen Anstieg von Fertigkeiten in verschiedenen Teilbereichen des Lesens gekennzeichnet ist. Es lassen

1 Man hat die Leseleistung leseschwacher Kinder mit jener jüngerer, durchschnittlicher Schüler verglichen, die sich auf dem gleichen Leseentwicklungsniveau befanden. In den letzten Jahren hat man diese Querschnittsanalysen zunehmend durch Längsschnittanalysen ersetzt, bei denen das Erlernen des Lesens über einen längeren Zeitraum beobachtet wurde und dann die Fortschritte verglichen hat, die leseschwache und gute Leser erzielten.

sich vielmehr typische Unterschiede in den einzelnen Phasen des Leseprozesses ausmachen. So richten schwache Leser zu Beginn des Lesenlernens ihre Aufmerksamkeit ausschließlich[2] auf einzelne Buchstaben und beachten das Wort als Ganzes nicht (May 1986). Schwache Leser haben vermehrt Probleme in der Aneignung der PG-Zuordnung und auch in den notwendigen Syntheseleistungen. Aber nicht alle Kinder, die zu Beginn Probleme haben, das Lesen zu lernen, werden auch längerfristig zu schwachen Lesern.

Ein praktischer Richtwert ist hier eine 3-Monatsmarke:

Leseanfänger, die innerhalb der ersten 2-3 Monate Leseunterricht, die Lesesynthese verstehen, nehmen in der Regel eine problemlose weitere Leseentwicklung, wohingegen Leseanfänger, die auch am Ende des ersten Schuljahres unbekannte Wörter noch nicht ohne fremde Hilfestellung erlesen können, nachhaltig in ihrer weiteren Leseentwicklung gefährdet sind (vgl. Klicpera/Gasteiger-Klicpera 1995). Diese Schwierigkeiten der phonologischen Rekodierung von Wörtern bestehen aber nicht nur zu Beginn, sondern sie scheinen ein persistierendes Merkmal leseschwacher Kinder und Jugendlicher zu sein.

Jeder Leseanfänger ist aber auf das *laute* Lesen angewiesen, denn nur so kann er seine Artikulation abhören und zu Sinnhypothesen über das erlesene Wort kommen. Lesen gelingt nicht auf Anhieb richtig, sondern braucht ein artikulatorisches und auch gedankliches Probierverhalten, das nicht als Fehler zu unterbinden ist. Insofern ist auch das Vorlesen von bekannten Texten problematisch. Kinder lesen die Texte scheinbar richtig, aber sie haben sie nur auswendig gelernt. Besonders ehrgeizige Mütter muss man hier rechtzeitig ausbremsen, damit die Kinder nicht auswendig gelernte Texte vorlesen. Lesefehler sind geradezu ein Indikator für „echtes" Lesen. Entscheidend ist die Würdigung des Korrekturverhaltens, die Kinder gegenüber ihren eigenen Lesefehlern einnehmen. Vorlesen sollten Kinder nur dann, wenn sie es auch selbst wollen und den Text vorher hinreichend üben konnten.

Empirische Untersuchungen haben gezeigt, dass Unterschiede zwischen guten und schwachen Leeanfängern nicht nur lesetechnisch bedingt sind:

Die von schwachen Leseanfängern produzierten Wortvorformen haben weniger Ähnlichkeit mit dem Zielwort als bei den guten Leseanfängern und auch ihr Korrekturverhalten ist wenig effektiv. Während gute Leseanfänger produktiv mit ihren Lesefehlern umgehen können, indem ihre Modifikationen der Wortvorform zu einer schrittweisen Annäherung an das Zielwort führen, entfernen sich die schwachen Leseanfänger mit ihrem Korrekturverhalten immer weiter von ihrem Ziel. Sie verfahren nicht stringent, im Gegenteil: die Wiederholung von Probeartikulationen führt teilweise zu völlig unsinnigen

2 Diese Feststellung trifft natürlich insbesondere für Kinder zu, deren Leseunterricht die Vermittlung der GP-Korrespondenzen besonders betont (vgl. Klicpera/Klicpera 1996). Andererseits ist aber auch davon auszugehen, dass sich die Leselehrmethode nicht unmittelbar in den Zugriffsweisen der Kinder niederschlägt (vgl. Dehn 1998, S. 47), so dass es legitim erscheint, die Differenzen in den Zugriffsweisen guter und schwacher Leser nicht als Artefakt der jeweiligen Leselehrmethode zu sehen.

Wortbildungen. Die für ein Gelingen des Leseprozesses notwendige Aufmerksamkeitslatenz auf den Kontext scheint ausgeblendet zu werden. Auch Hilfestellungen durch die Lehrerin können nicht konstruktiv aufgegriffen werden, was auf einen Mangel an Flexibilität weist (Dehn 1994, S. 34). Der schwache Leseanfänger verharrt in der einmal gewählten Entschlüsselungspraktik und zieht sozusagen die Notbremse, wenn seine Bemühungen erfolglos bleiben.

Peter May (1986) hat diesen Vorgang eingehend mit Kategorien des Problemlösens analysiert. Dieser Interpretation folgend, entwickelt sich für den schwachen Leseanfänger die Lesesituation zu einer Problemsituation, in der negative Emotionen wie Ärger, Angst oder Depression entstehen, die ihrerseits eine Umschaltung des Verhaltens auf Schnelligkeit bewirken. Begünstigt wird diese Reaktion natürlich auch noch durch ein ungeduldiges Verhalten der Lehrerin oder der Eltern. Unter diesem Druck gibt es dann nur noch drei Reaktionsmuster:

1. *Resignation*: Das Kind beendet die Situation dadurch, dass es gar nichts mehr sagt bzw. darauf wartet, dass ihm das Wort vorgesagt wird.
2. *Ausweichmanöver*: Das Kind entzieht sich dem Problemdruck, indem es anfängt zu raten (Ganzwort-Raten).
3. *Kompensationsstrategien*: Das Kind beginnt, sich auf andere situative Elemente zu beziehen und sich durch Ersatzhandlungen der Anforderungssituation zu entziehen (Clownerien, Erzählen von anderen Dingen etc.).

Der Leseprozess des Leseanfängers wird auf der ersten Ebene der Worterkennung als „Rekodieren“ definiert, d.h. hier müsste die Artikulation des Geschriebenen im Sinne einer Übersetzungsleistung vollzogen werden, wobei dies sogar korrekt möglich ist, ohne ein Verstehen des Ausgesprochenen. Dieses Phänomen eines formal-technisch korrekten Lesens, ohne dass ein Wort verstanden wird, kann nur entdeckt werden, wenn man von Anfang an auf eine Kontrolle der Sinnerfassung achtet.

5.3 Die zweite Ebene des Leseprozesses

Das sinnerfassende Lesen, das auch als „Dekodieren“ bezeichnet wird, setzt ein Wiedererkennen bzw. eine Bedeutungszuweisung der phonologischen Repräsentation eines Wortes voraus. Erleichtert wird diese zweite Ebene des Leseprozesses, wenn der Leser aufgrund seiner Leseerfahrung bereits über Sequenzierungsstrategien der Worterfassung verfügt bzw. ganze Wortmuster abgespeichert hat. Die typischen schriftsprachlichen Gliederungseinheiten wie Silben, Morpheme, Endungen, Signalgruppen werden als Basis für den Identifikationsprozess von Wörtern gesehen, aber eben auch Wörter selbst, die bei zunehmender Leseerfahrung abgespeichert und unmittelbar gewusst werden. Als überholt gilt allerdings die Annahme, dass Wörter als ganzheitliche visuelle Gestalt, sozusagen als „Wortbild", gespeichert würden. Wenn aber Wörter nicht wie in einer photographischen Reproduktion gespeichert werden, wie ist es dann erklärbar, dass der geübte Leser in der Regel auf die Rekodierleistungen der ersten Ebene verzichten kann und gleich den Zugriff auf das Wort und seine Bedeutung nehmen kann? Wörter werden offensichtlich ganz unabhängig von ihrer konkreten optischen bzw. typographischen Form (vgl. Rayner/Pollatsek 1989) erkannt und zwar unmittelbar, ohne die artikulatorischen, phonologischen und hypothesentestenden Operationen der basalen Leseprozessebene. Der geübte Leser verfügt über einen „Sichtwortschatz", ein „inneres Lexikon" , das nicht visuell, sondern *kognitiv gesteuert* ist, aus dem die korrekte Wortbedeutung selbst dann abrufbar ist, wenn die optische Repräsentation fehlerhaft ist. Denn natürlich können wir Texte mit Tippfehlern richtig lesen. Insofern können auch *gute* Leseanfänger Wörter entziffern, deren Buchstabenbestand sie noch nicht vollständig kennen.[3] Das innere Lexikon ermöglicht zugleich den Zugriff auf weitere Informationen wie Aussprache und Funktion des Wortes im Satzkontext (vgl. Morton 1969).

Der Hinweis auf die kognitive Steuerung des inneren Lexikons ist insofern bedeutsam, als dass damit die Sinnlosigkeit mancher Lesesituationen offensichtlich ist: Kinder, die halb auswendig gelernte Sätze „lesen", können hieraus nichts für den Aufbau eines inneren Lexikons lernen. Hierzu muss das Einzelwort auch als solches bewusst wahrgenommen und mit der entsprechenden Bedeutung belegt sein, damit es als visuell-semantisch-phonologischer Code abgespeichert werden kann. Christine Mann (vgl. 2001) hat diesen Vorgang als „Speicherung von übergeordneten Sprech-Schreibmustern" beschrieben. Diese Titulierung ist nicht ganz glücklich gewählt, weil sie den visuellen Aspekt des Lesevorgangs unbeachtet lässt, gleichwohl geben ihre Überlegungen bedenkenswerte Hinweise darauf, was eigentlich aus dieser Strukturbeschreibung der zweiten Ebene des Leseprozesses im Hinblick auf die Organisation von Lernprozessen schwacher Leser folgt. (vgl. 5.4)

Zusammenfassend kann man daher feststellen, dass die Effizienz der Leseprozesse auf der zweiten, dekodierenden Ebene des Leseprozesses vor allem abhängig ist von einem automatisierten Zugriff auf ein inneres Lexikon, indem

- visuelle,
- phonologische,
- semantische,

---

3 Diese Feststellung ist unmittelbar praktisch relevant, weil sich hieraus Konsequenzen für die Wortauswahl ergeben, die man Leseanfängern „zumuten" kann.

- orthographische ,
- sprachstrukturierende Elemente und
- Regularitäten der Buchstabenfolgen als mentale Schemata zur Verfügung stehen.

Dieser unmittelbare Zugriff auf ein inneres Lexikon gilt als der „direkte“ Weg in dem Zwei-Wege-Modell des Worterkennens, der von dem „indirekten“ Weg des Leseanfängers unterschieden wird. Je nach Vertrautheit mit dem zu erlesenden Wort sind aber beide Wege potentiell möglich. Dieses ursprünglich von Colthart entwickelte Modell, ist in folgender Form von Scheerer-Neumann in die grundschulpädagogische Diskussion eingebracht worden:

Modell des Wortleseprozesses von Scherer-Neumann (1977, S.70)

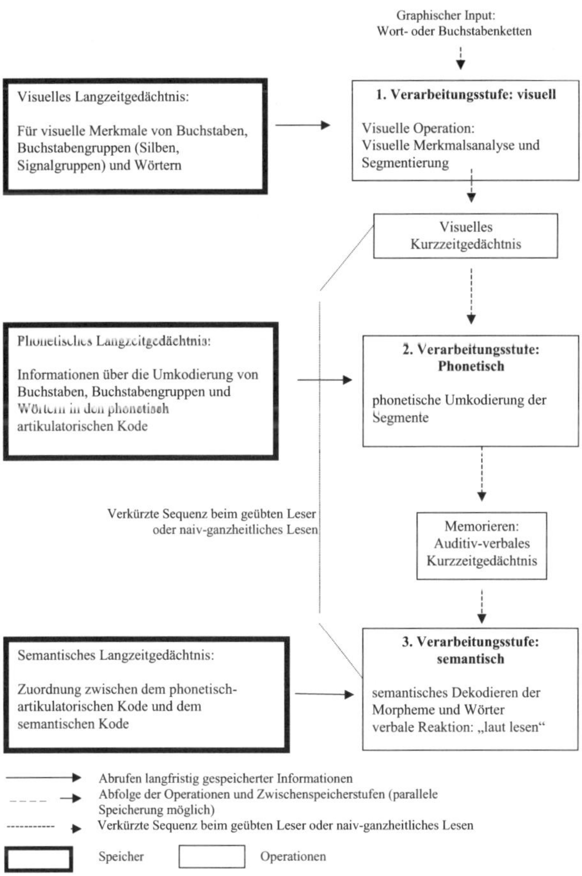

Während der indirekte Weg auf gespeicherte GPK zugreift, ist ein direkter Zugriff auf das innere orthographische Lexikon dadurch möglich, dass es entsprechende visuelle, phonologische und semantische Codeeinträge im Gedächtnis gibt, wobei eigentlich die oben aufgelisteten Komponenten um weitere sprachstrukturierende Elemente (Silben, Morpheme) und Regularitäten der Buchstabenfolge (Signalgruppen etc.) ergänzen werden müssten. Das ursprüngliche Zwei-Wege-Modell von Coulthart nahm einen zeitlich und funktional parallelen Verlauf beider Zugriffsweisen an. Diese Vermutung ist aber heute zugunsten einer Interaktion zwischen beiden Zugriffsweisen revidiert worden (vgl. Scheerer-Neumann 1997, S. 282).

Trotzdem ist aber die hier zugrundegelegte Modellvorstellung des Lesens, in der zwischen einem eher lexikalischen direkten Worterkennen und einem sukzessiven Erlesen unterschieden wird, bis heute für die wissenschaftliche Analyse des Leseprozesses wichtig geblieben. Beachtenswert erscheint insbesondere auch die in diesem Modell dokumentierte Bedeutung der unterschiedlichen Gedächtnisleistungen, die für den Leseprozess wichtig sind, da dies eine Komponente ist, dessen Relevanz in neueren diagnostischen Verfahren immer wieder zum Ausdruck kommt. Hier ist es insbesondere die Leistungsfähigkeit des verbalen Kurzzeitgedächtnisses, die das Schriftsprachlernen zu Beginn besonders beeinflusst.

5.4 Typische Schwierigkeiten schwacher Leser in der zweiten Phase des Leseprozesses

Wenn auf der zweiten Ebene des Leseprozesses der Zugriff auf ein „inneres Lexikon“ entscheidend ist, dann stellt sich damit jetzt die Frage, ob bzw. wie eigentlich schwache Leser auf ein „inneres Lexikon“ zugreifen können.

Der *Aufbau eines Sichtwortschatzes* gelingt schwachen Lesern nur zögernd, was sich darin zeigt, dass auch häufige bzw. kurze Wörter immer wieder mühselig Laut für Laut synthetisiert werden. Schlecht lesende Kinder lassen sich auch durch leichte Veränderungen der Wortgestalt irritieren. Während gut lesende Kinder im Aufbau ihres inneren Lexikons zugleich auf orthographische Regularitäten achten, scheinen leseschwache Kinder sich eher auf irrelevante Oberflächeninformationen zu stützen. Die Strategien der Codierung des semantischen Lexikons sind weniger effizient für die Aneignung der Schriftsprache. Dies zeigt sich dann insbesondere auch in der Dekodierung längerer Wörter, in denen aufgrund fehlender Segmentierungsstrategien Leseprobleme vermehrt auftreten. Auch hier liegt also kein visuelles Wahrnehmungsdefizit zugrunde, sondern ein kognitives Strategiedefizit, indem die Redundanzen, die unsere Sprache aufweist, die immer wiederkehrenden Silben[4], Morpheme, Signalgruppen etc. nicht als Organisationsprinzip der Codierung aufgegriffen werden. Grissemann (1996, S. 33) hat Leseschwächen deshalb als „Redundanzausnützungsschwäche“ bezeichnet, die er auf allen Ebenen des Leseprozesses feststellt.

Trotz dieser fehlenden Sensitivität für Wortbildungsregeln ist die Lesestrategie schwacher Leser vermehrt an der Ausnützung eines direkten Zugriffs auf das „innere Lexikon“ orientiert. Die Leseleistung leseschwacher Kinder ist nämlich dann der Leseleistung guter Leser nicht mehr unterlegen, wenn es sich um häufige Wörter handelt. Schwache Leser sind auf die Vertrautheit mit den zu lesenden Wörtern und damit[5] auf die Einsatzmöglichkeiten ihres inneren Lexikons ungleich mehr angewiesen als gute Leser. Damit stellt sich aber ganz praktisch die Frage, wie schwachen Leseanfängern geholfen werden kann, einen Sichtwortschatz aufzubauen.

Christine Mann stellt aufgrund ihrer Erfahrungen als Legasthenietherapeutin die Forderung auf, nach der Erarbeitung von 7-8 Buchstaben, zunächst mit diesem Buchstabeninventar solange zu üben, bis das Kind die Lesesynthese vollziehen kann. Eine weitere Anhäufung von Buchstabenkenntnissen wäre kontraproduktiv:

Ohne Lesesynthese ist die Speicherung eines visuell-*semantisch*-phonologischen Codes nicht möglich und damit die Basisvoraussetzung für den Aufbau eines „inneren Lexikons“ nicht gegeben. Solange also ein Kind nur einzelne Buchstaben unverbunden nebeneinander sieht und nicht mental verbinden kann, gibt es auch keinen Speichereffekt für ein „inneres Lexikon“. Ein Beispiel: Stellen Sie sich vor, Sie würden das Bild eines Baumes betrachten und müssten sich alle Pinselstriche merken, mit denen dieser Baum gezeichnet wurde. Glücklicher Weise brauchen wir das nicht, um uns erinnern zu können. Das, was wir abspeichern, ist semantisch gesteuert und lautet: Baum. Genau diese semantische Steuerungskapazität fehlt aber einem Kind, das die Lesesynthese noch nicht beherrscht für die Organisation seiner Erfahrung. Es sieht nur die einzelnen Pinselstriche, die Buchstaben und nicht den Baum, das Wort. Insofern macht es auch keinen Sinn, weitere Buchstaben anzubieten, das würde nur das Rauschen im Blätterwald erhöhen. Erst wenn die kognitive Klammer, die Wortbedeutung, parallel abspeicherbar ist, hat das Gedächtnis einen Findecode, der den unmittelbaren Zugriff auf das „innere Lexikon“ gestattet.

---

4 Selbst ältere leseschwache Kinder haben Schwierigkeiten beim Erkennen der Silbenstruktur (vgl. Scheerer-Neumann u.a. 1978). Dementsprechend beginnen viele Trainingsprogramme für leseschwache Kinder mit einer Einführung in die Silbenstruktur der deutschen Schriftsprache wie z.B. Kossow, Dummer/Hackethal oder Scheerer-Neumann.

5 Ein weiterer empirischer Beleg für diese Leistungsdifferenz sind die Untersuchungen der Leseleistung bei Pseudowörtern. Gerade beim Lesen sinnloser Buchstabenfolgen (=Pseudowörter) zeigen leseschwache Kinder besondere Schwierigkeiten. Diese spezifischen Probleme lassen sich dadurch erklären, dass bei diesen Wörtern ein Zugriff auf das innere Lexikon nicht möglich und ein Lesen nur über das phonologische Rekodieren leistbar ist.

5.5 Die dritte Ebene des Leseprozesses

Die dritte Ebene des Leseprozesses, das Verstehen von Sinnzusammenhängen auf Satz und Textebene, ist im Kontext des Schriftspracherwerbs bisher weniger zum Thema gemacht worden. Erstaunlicherweise weisen empirische Befunde daraufhin, dass auch leseschwache Kinder nicht primär Verstehensprobleme auf der Textebene haben. Im Gegenteil: Ausnutzung des Satzkontextes ist häufig eine Ausweichstrategie, die benutzt wird, wenn die Einzelwortdekodierung zu lange dauert. Positiv formuliert kann man aber auch sagen: *Schlecht lesenden Kindern wird durch den Kontext relativ stärker geholfen.* Denn je stärker die Vorhersagbarkeit bestimmter Wortfolgen ist, um so größer ist der Leistungszuwachs der leseschwachen Kinder. Gerade für diese Kinder ist daher ein gut verständlicher und auch subjektiv bedeutsamer Inhalt von Lesetexten von besonderer Bedeutung.

Zum Verstehen der Bedeutung eines Satzes reicht die Identifikation von Wörtern nicht aus. Wortfolgen müssen auf der Grundlage semantischer Relationen aufeinander bezogen werden und zu sogenannten Prädikat-Argument-Strukturen integriert werden (vgl. Richter/Christmann 2002, S. 29). Bei einfachen Sätzen orientiert sich der Leser dabei an der Abfolge der Inhaltswörter im Satz. Nach interaktionistischer Auffassung wird die syntaktische Analyse dabei vom semantischen und pragmatischen Kontext aber auch dem gegenstandsbezogenen Vorwissen bestimmt. Das Leseverständnis ist dementsprechend mit zunehmenden Alter in hohem Maße von leseunspezifischen kognitiven Leistungen abhängig. Da die Textstrukturen in der Erwerbsphase der Schriftsprache aber relativ einfach strukturiert sind und in der Regel unter den oral-sprachlichen Möglichkeiten der Kinder liegen, scheinen Probleme auf dieser Ebene des Leseprozesses noch nicht aufzutreten. Im Gegenteil: Manche Verlesungen erweisen sich sogar als unbedeutend für das Sinnverständnis des Satzes. Obwohl es sicher wichtig ist, das Textverständnis von Kindern zu beachten, so stellt sich doch die Frage, wie eigentlich mit jenen Verlesungen umzugehen ist, die an der Bedeutung der Sätze wenig ändern.

Gute und schwache Leser unterscheiden sich auch in diesem Punkt: Gute Leser merken es, wenn ein Leseergebnis syntaktisch nicht stimmig ist und korrigieren sich selbst, andererseits können syntaktische Hypothesen aber auch Lesefehler provozieren, da am Satzanfang bestimmte Erwartungen produziert werden, die zu typischen Verlesungen führen.

Leseschwache Kinder machen natürlich vermehrt syntaktische und semantische Fehler, aber ob dies eigentlich Fehler des Lesens sind, lässt sich gegenwärtig nicht eindeutig entscheiden. Es gibt gute Gründe dafür, diese „Verlesungen“ als Ausdruck von Entwicklungsrückständen der Verbalsprache zu interpretieren, die auch unabhängig von der Lesesituation bestehen. Wenn das richtig ist, macht es keinen Sinn, leseschwache Kinder anzuleiten, vermehrt auf den Kontext zu achten, um so besser auf die syntaktisch erwartbaren Wörter schließen zu können. Unklar ist ferner, ob Leseschwache auch durch unzureichende verständnisspezifische Teilprozesse beeinträchtigt sind. Einige wenige Studien weisen darauf hin, dass Kinder mit Schwächen beim Leseverständnis auch Geschichten–Schemata seltener nutzen als gute Leser (=Strukturierungsschwäche) (vgl. Fitzgerald 1984, Rahman/Brisanz 1986). Hier wäre vielleicht ein Ansatz, um bei der Förderung des weiterführenden Lesens anzuknüpfen.

Um sich die verschiedenen Teilkomponenten eines gelingenden Leseprozesses auch auf der dritten Ebene, der Ebene des Textverständnisses, insgesamt deutlich zu machen, erscheint es hilfreich, auf den in der Pisa-Studie zugrundegelegten Begriff funktional-kompetenten Lesens zurückzugreifen. Dementsprechend ließen sich 4 zentrale Aspekte unterscheiden, von denen ein handlungsorientierter Umgang mit Texten abhängig ist:

1. Allgemeines Textverständnis unter Bezug auf den Textkontext aber auch externes Vorwissen[6]
2. Textstrukturverständnis (formales und inhaltliches Segmentieren von Texten)
3. Interpretation (formale und inhaltliche Textbeziehungen verstehen)
4. Reflexion/Metaanalyse (über Form, Inhalt, Intention eines Textes nachdenken unter Berücksichtigung übersituativer Rahmenbindungen[7])

5.6 Zusammenfassung und Entwurf eines mehrdimensionalen Lesemodells

Resümiert man die bisher vorliegenden Forschungsbefunde, so wird man feststellen müssen, dass *die zentralen Probleme schwacher Leser in der Wortstrukturerfassung liegen*: beim Erlernen des phonologischen Rekodie-

6 „Externes Wissen" ist das, was man über das Thema eines Textes bereits *vor* dem Lesen des Textes wusste. Dieses Vorwissen beeinflusst ganz unabhängig von dem jeweiligen Text, ganz entscheidend das Textverständnis. So kann z.B. ein Leser, der weiß, wie man eine SMS schreibt, die Bedienungsanleitung seines Handys zu diesem Punkt unmittelbar verstehen und umsetzen, während jemand, der noch nie eine SMS geschrieben hat, die Anleitung zumindest nicht auf Anhieb versteht.

7 „Übersituative Rahmenbedingungen" sind Kenntnisse, die über externes (Fakten)Wissen hinausgehen, z.B. verstehe ich den Inhalt eines Flugblattes „anders", wenn ich weiß, welcher politischen Gruppe ich diesen Text zuordnen kann. Derartige Lesekompetenz ist auch im Grundschulalter bereits verfügbar, wenn Sie etwa an die Rezeption von Märchen denken. Kinder „wissen", dass diese Geschichten nicht „richtig" wahr sind.

rens und beim Aufbau eines inneren Lexikons.[8] In den meisten Fällen ist dabei das phonologische Rekodierdefizit das schwerwiegendere und das eigentlich basale Problem. Die meisten leseschwachen Kinder lernen zwar letztlich einigermaßen lesen, aber es bleibt für sie ein sehr mühevoller Vorgang, der immer ein hohes Maß an Aufmerksamkeit erfordert. Dieses auch in der Alltagspraxis hervorstechende Merkmal der älteren leseschwachen Kinder, lässt sich dadurch erklären, dass ein automatisierter Leseprozess durch ein nur unzureichend ausgebildetes inneres Lexikon nachhaltig verzögert wird.

In der Darstellung der verschiedenen Teilkomponenten des Lesens ist immer wieder auch von Aspekten die Rede gewesen, die den Leseprozess gleichsam situativ rahmen. Gemeint sind damit jene Fähigkeiten bzw. Kenntnisse eines Lerners, die in der konkreten Lesesituation aktiviert und auch latent aufrechterhalten werden müssen. Im einzelnen sind dies:

- Interesse
- Konzentration
- Heuristische Kompetenz
- Gedächtnis
- Kontrollverhalten
- Externes Wissen

Diese nicht unmittelbar lesespezifischen aber lernspezifischen Komponenten des Leselernprozesses gilt es in der Alltagspraxis zu beachten, denn ihre Wirksamkeit zeigt sich auf allen Ebenen und für alle Teilkomponenten des Leseprozesses. Diese allgemeinen Voraussetzungen gelingender Lernprozesse sind aufgrund des fachdidaktischen Forschungsstandes präzisierbar:

Unter dem Prädiktor *„Interesse"* stellt sich insbesondere die Frage geschlechtstypischer und kulturgeprägter Rezeptionsprozesse von Texten.

Unter *„Konzentration"* wäre nicht nur das zu verstehen, was im Alltagsverständnis als Bündelung von Aufmerksamkeit verstanden wird, sondern es ist auch zu beachten, ob das Kind in der Lage ist, seine Aufmerksamkeit auf leserelevante Teilaspekte wie den lautlichen Aspekt eines Wortes einzugrenzen. Fragen wie „Was hörst du am Wortanfang?" sind nur beantwortbar, wenn das Kind an dieser Stelle nicht mit dem Buchstabennamen (visueller Aspekt) oder orientiert an der Wortbedeutung antwortet. Eine derartige Bezugnahme auf einen erfahrungsorientierten Umgang mit Sprache, käme z.B. darin zum Ausdruck, dass das Kind auf eine Frage „Wie fängt denn Zug an?" antwortet: „Mit einer Lokomotive". Diese Beispiele erinnern daran, dass

8 Wohlgemerkt: im *Aufbau* eines inneren Lexikons, *nicht im Zugriff darauf*, d.h. schwache Leser brauchen viel mehr Übung, um ihren Sichtwortschatz aufzubauen, wenn sie ihn aber haben, können sie ihn abrufen.

auch im Kontext des Leseprozesses „phonologischer Bewusstheit" eine Schlüsselstellung zukommt.

Demgegenüber steht zur Zeit die Bedeutung visueller Komponenten für den Erwerb von Lesekompetenz eher im Hintergrund. Da es aber plausibel erscheint, gerade für Kinder mit Schwächen in der phonologischen Verarbeitung und vielleicht auch für Kinder nicht-deutscher Herkunftssprache diesen Aspekt auch im Hinblick auf den Aufbau eines Sichtwortschatzes zu berücksichtigen, macht es Sinn, den Begriff der Konzentration nicht mit „phonologischer Bewusstheit" gleichzusetzen.

Konzentration bedeutet bezogen auf den Leseprozess so etwas wie Strukturierungskompetenz, die sich sowohl auf phonologische aber auch auf visuelle, sprachstrukturelle oder semantische Aspekte beziehen kann. Je nachdem auf welcher Ebene des Leseprozesses sich das Kind befindet, sind spezifische Strukturierungsleistungen nötig. Auf der ersten Ebene des Leseprozesses sind es sicherlich phonologische und visuelle Aspekte, die für ein Gelingen des Erlesens bedeutsam sind. Im Hinblick auf das weiterführende Lesen, in dem es um die Erfassung des Textganzen geht, werden dann aber ganz andere Konzentrationsleistungen wichtig, wie die inhaltliche Gewichtung einzelner Textaussagen, das Entdecken von Geschichten-Schemata etc.

„Heuristische Kompetenz" wurde bereits in den 1980er Jahren von Peter May als eine zentrale Kategorie für das Gelingen der Schriftaneignung bezeichnet. Er hat hierunter die

> „Selbsteinschätzung eines Subjekts hinsichtlich seiner Fähigkeit (verstanden), eine Aufgabe auch dann lösen zu können, wenn sein unmittelbar verfügbares Wissen nicht ausreicht. (‚Ich weiß nicht, ob ich es kann, aber irgendwie werd' ich es schon schaffen!'). Personen mit hoher heuristischer Kompetenz sind also erfolgsorientiert, optimistisch, selbstsicher, flexibel." (May 1986, S. 49)

Heuristische Kompetenz wird einerseits als Voraussetzung, aber auch als Folge der Schriftaneignung gesehen. Insgesamt gesehen geht es eigentlich um das, was in der PISA-Studie als „fachbezogenes Selbstkonzept" untersucht wurde.

Gedächtnisleistungen sind beim Lesen nicht nur als Langzeitgedächtnisleistungen, sondern im Hinblick auf die erste Phase des Leseprozesses auch als Fähigkeiten des Kurzzeitgedächtnisses gefragt.

Kontrollverhalten ist jenes Merkmal des Leseprozesses, das unter der Prämisse selbstregulierten Lernens besondere Beachtung verdient. Während unter dem traditionellen Verständnis von Lernen, Kontrolle und Überwachung des Lernprozesses als eine Aufgabe des Lehrers gesehen wurde, wird unter einem konstruktivistischen Verständnis von Lernen davon ausgegangen, dass der Lerner seinen Lernprozess selbst steuert und überwacht. Allerdings ist die Idee selbstregulierten Lernens bisher vor allem im Bereich der Erwachsenenbildung und der Berufspädagogik thematisiert worden, weil davon ausgegangen wurde, dass die Bindung an ein bestimmtes Entwicklungsalter vorausgesetzt werden muss. Andererseits gibt es aber für den Bereich des Schriftspracherwerbs auch viele praktikable Vorschläge, wie Selbstinstruktions- und Selbstkontrollstrategien bereits von Anfang an eingesetzt werden können. Gerade der Leselernprozess ist auf zahlreiche Kontrollprozesse angewiesen, die der Lernende selbst vollziehen muss. So muss der Lernanfänger sich die einzelnen Phoneme bzw. Lautketten vorsprechen, abhören, modifizieren, also insgesamt auf Zielgenauigkeit prüfen, kontrollieren, um zu einem befriedigenden Ergebnis zu kommen. Die Präzision, Ausdauer aber auch Flexibilität, mit der diese Kontrollprozesse durchgeführt werden, ist entscheidend für das Worterkennen. Gleiches gilt für die Korrektur von Lesefehlern auf Satzebene, wobei sich hier die Kontrolle auf semantisch-syntaktische Kongruenz bezieht.

Externes Vorwissen ist schließlich jener Prädiktor, der in Schulleistungsuntersuchungen immer wieder als entscheidend herausgestellt worden ist. Bezogen auf den Leseprozess ist es aber nicht nur das jeweils thematisch relevante Vorwissen, das ein Lernender in die Lesesituation einbringen kann, sondern auch das sprachbezogene Vorwissen. Für den Beginn des Schriftspracherwerbs fließen hier wieder Aspekte des phonologischen Bewusstseins ein, aber auch insgesamt der Sprachentwicklungsstand eines Kindes. Im weiteren Verlauf werden dann weitere semantisch-syntaktische aber auch Textstrukturkenntnisse wichtig.

Lesen lässt sich zwar, wie bisher üblich, auf drei Prozessebenen beschreiben, es gibt aber gute Gründe, die gerade aufgelisteten Variablen, Interesse, Konzentration, Heuristische Kompetenz, Gedächtnis, Kontrollverhalten und externes Vorwissen, in die Strukturbeschreibung einzubeziehen. Die situative Konstellation des Lesens wird durch diese Variablen nachhaltig beeinflusst, so dass es m.E. Sinn macht, sie separat auszuweisen und diagnostisch zu beachten.

Zusammenfassend ergibt sich damit ein analytisches Raster, unter dem man Leseprozesse von Kindern differenziert wahrnehmen, aber auch die dabei auftretenden Schwierigkeiten lokalisieren kann.

Mehrdimensionales Modell des Lesens

Ebenen des Leseprozesses		Teilkomponenten eines gelingenden Leseprozesses				
Erste Ebene	**Lesetechnik** Analytisch-synthetische Teilprozesse **Rekodieren**= formal-technisch richtiges Lesen	Buchstabenkenntnis	Finden der GP-Zuordnung (Analyse)	Zwischenspeicherung der visuellen und phonologischen Information	Artikulation von Lauten und Wortsegmenten (Synthese)	Abhören der eigenen Artikulation
		Beachtung des Wortganzen (visuell – phonologisch)	Wiederholen ggf. modifizieren von Aussprachevarianten (Flexibilität)	Suchprozesse im eigenen Wortschatz, die durch den Textkontext beeinflusst sein können, aber auch durch Assoziationen, die durch die situative Artikulation entstehen, (Vorwissen + gedankliches Probierverhalten + lautsprachliche Assoziationen)	Artikulation einer „Wortvorform“	Abhören ggf. Korrektur der „Wortvorform“ (Kontrollverhalten)
Zweite Ebene	**Leseverständnis** Semantisch-syntaktische Analyse **Dekodieren** = sinnerfassendes Lesen	„Sprung zum Wort“ = Zugriff auf „inneres Lexikon“ (Sichtwortschatz)				
Dritte Ebene	**Textverständnis** Funktional-kompetentes Lesen	Allgemeines Textverständnis (Kontextausnützung)	Textstrukturverständnis (Beachten formaler und inhaltlicher Sequenzierungen von Texten)	Interpretation (formale und inhaltliche Textbeziehungen verstehen)	Reflexion/Metaanalyse (Nachdenken über Form und Inhalt eines Textes)	

Aktivierung des Lernpotentials	Interesse	Konzentration	Heuristische Kompetenz	Gedächtnis	Kontrollverhalten	Externes Vorwissen

5.6 Literatur

Bosch, B.: Grundlagen des Erstleseunterrichts. Reprint der ersten Auflage von 1937, Frankfurt a.M. 1984.

Brügelmann, H./Balhorn, H.(Hg.): Das Gehirn, sein Alfabet und andere Geschichten, Konstanz 1990.

Brügelmann, H. (Hg.): Kinder auf dem Weg zur Schrift – eine Fibel für Lehrer und Laien, Konstanz 1992.

Coltheart, M.: Lexical access in simple reading tasks. In: Underwood, G.(Hg.): Strategies of information processing, London 1978, S. 151-216.

Dehn, M.: Schlüsselszenen zum Schriftspracherwerb, Weinheim/Basel 1994.

Dehn, M.: Lehrerhilfen bei Leseschwierigkeiten. In: Crämer, C. u.a. (Hg.): Lesekompetenz erwerben und fördern, Braunschweig 1998, S. 45-70.

Dehn, M.u.a.: Lesenlernen – Lesenlehren. In: Handbuch Lesen, im Auftrag der Stiftung Lesen und der Deutschen Literaturkonferenz hrsg. V. Franzmann, B. u.a., München 1999, S. 570-584.

Fitzgerald, J.: The relationships between reading ability and expectations for story structure. In: Discourse Process 7 (1984), S. 21-42.

Fodor, J.A.: The modularity of mind. Cambridge 1983.

Garfield, J.L.: Modularity in knowledge representation and natural-language understanding, Cambridge 1987.

Goodman, K.: Reading: A psycholinguistic guessing game. In: Journal of the Reading Specialist 6 (1967), S. 126-135.

Goodman, K.S.: Die psycholinguistische Natur des Leseprozesses. In: Hofer, A. (Hg.):Lesenlernen. Theorie und Unterricht, Düsseldorf 1976, S. 139-151.

Grissemann, H.: Von der Legasthenie zum gestörten Schriftspracherwerb, Bern 1996.

Gümbel, R.: Erstleseunterricht, Kronberg 1989.

Herrmann, T.: Sprechen und Sprachverstehen. In: Spada, H. (Hg.): Lehrbuch Allgemeine Psychologie, Bern 1990, S. 281-322.

Klicpera, Ch.: Leistungsprofile von Kindern mit spezifischen Lese- und Rechtschreibschwierigkeiten, Heidelberg 1985.

Klicpera, Ch.: Schwierigkeiten beim Erlernen des Lesens und Schreibens. Eine Längsschnittuntersuchung über die Entwicklung der Lese- und Schreibfertigkeiten von der 1. bis zur 8. Schulstufe, Wien 1991.

Klicpera, Ch./Gasteiger-Klicpera, B.: Psychologie der Lese- und Schreibschwierigkeiten. Entwicklung, Ursachen, Förderung, Weinheim 1995.

Mackworth, J.F.: Some models of the reading process: Learners and skilled readers. In: Reading Research Quarterly 7 (1972), S. 701 –733.

Mann, Ch.: LRS –Legasthenie. Prävention und Therapie, Weinheim/Basel 2001.

Markman, A.B./Dietrich, E: In defense of representation. In: Cognitive Psychology 40 (2000), S. 138-171.

Marx, H.: Erwerb des Lesens und des Rechtschreibens. Literaturüberblick. In: Weinert, F.E./Helmke, A. (Hg.): Entwicklung im Grundschulalter, Weinheim 1997, S. 85-111.

May, P.: Schriftaneignung als Problemlösen, Frankfurt 1986.

May, P.: Lesenlernen als Problemlösen. In: Balhorn, H./Brügelmann, H. (Hg.): Welten der Schrift in der Erfahrung der Kinder, Konstanz 1987, S. 92-102.

Mc Clelland, J.L./Rumelhart, D.E.: An interactive activation model of context effects in letter perception: Part I An account of basic findings. In: Psychological Review 88 (1981), S. 375-407.
Morton, J.: Interaction of information in word recognition. Psychological Review 76 (1969), S. 165-178.
Rahman, T./Bisanz, G.L. : Reading ability and use of a story schema in recalling and reconstructing information. In: Journal of Educational Psychology 78 (1986), S. 323-333.
Rayner, K./Pollatsek, A. : The psychology of reading, Engelwood Cliffs, N.J. 1989.
Richter, T./Christmann, U.: Lesekompetenz: Prozessebenen und interindividuelle Unterschiede. In: Groeben, N./Hurrelmann, B. (Hg.): Lesekompetenz, Weinheim/München 2002, S. 25-58.
Scheerer-Neumann, G. u.a.: Die Ausnutzung sprachlicher Redundanz bei leseschwachen Kindern. Nachweis eines spezifischen Defizits. In: Zeitschrift für Pädagogische Psychologie und Entwicklungspsychologie 10 (1978), S. 35-48.
Scheerer-Neumann, G.: Prozessanalyse der Leseschwäche. In: Valtin, R. u.a. (Hg.): Legasthenie in Wissenschaft und Unterricht, Darmstadt 1981, S. 183-209.
Scheerer-Neumann, G.: Wortspezifisch. Ja-Wortbild. Nein: Ein letztes Lesewohl an die Wortbildtheorie. In: Brügelmann, H. (Hg.): ABC und Schriftsprache, Konstanz 1986, S. 171-185.
Scheerer-Neumann, G.: Lesen und Leseschwierigkeiten. In: Weinert, F.E. (Hg.): Psychologie des Unterrichts und der Schule, Göttingen 1997, S. 279-325.
Schneider, W. u.a.: Erwerb des Lesens und Rechtschreibens. Ergebnisse aus dem Scholastik-Projekt. In: Weinert, F.E./Helmke, A. (Hg.): Entwicklung im Grundschulalter, Weinheim 1997, S. 113-129.

6. Synopse aktueller methodisch-didaktischer Konzepte des Schriftspracherwerbs

Trotz eines gewissen Basiskonsens im Rahmen grundschulpädagogischer Theoriebildung gibt es doch Unterschiede im Detail. Diese Differenzen ergeben sich vor allem an der Stelle, an der es um die unterrichtspraktische Umsetzung der theoretischen Grundüberzeugungen geht. De facto hat in den letzten Jahren eine weitreichende Annäherung zwischen eher lehrgangs- und den eher lernwegsbezogenen Unterrichtskonzepten stattgefunden. Moderne, fibelorientierte Lehrgänge sind heute keineswegs mehr die verstaubten, hausbackenen Lehrbücher, die rigide, fragwürdige Leselehrverfahren propagieren[1]. Heutige Fibeln sind häufig professionell gestaltete Kinderbücher, die zum Lesen anregen, vielfältige auch fächerübergreifende Bezüge ermöglichen, auf methoden-integrierten Leselehrverfahren basieren und durch eine Fülle von zusätzlichen Lern- und Lehrmaterialien gekennzeichnet sind.[2]

Andererseits haben die Pioniere „offener" Unterrichtsmethoden wie Hans Brügelmann, Erika Brinkmann oder Heiko Balhorn ihr Plädoyer für „Offenheit" im Verlauf der Zeit immer weiter kontrollierbar gemacht, indem sie konkrete Unterrichtshilfen (vgl. Ideenkiste, Regenbogen-Lesehefte, Spiele, Wortlistentrainingsprogramm etc.[3]) auf den Markt gebracht haben, die dem Lehrer helfen sollen, offene Unterrichtssituationen zu strukturieren. Diese Facette „offenen" Unterrichts wird als *Spracherfahrungsansatz* bezeichnet.

Auf der anderen Seite sehen auch die Vertreter fibelorientierter Lehrgänge heute die Notwendigkeit einer Öffnung von Unterricht und bieten ihrerseits Material an, das explizit für Phasen binnendifferenzierten Unterrichts vorgesehen ist. Selbst der Aufbau der Fibeln ist heute nicht mehr vollständig linear, da nach der Einführung der Buchstaben, auch Lesetexte unterschiedli-

1 Gegen ein derartiges, faktisch unzutreffendes Fibelkonzept polemisiert Reichen in seiner jüngsten Veröffentlichung immer noch vgl. „Hannah hat nur Kino im Kopf" (2001); einen Überblick über die Materialien des Reichen-Konzepts kann man sich verschaffen über: http://www.heinevetter-verlag.de

2 Ein sehr guter Überblick über die Fibeln, Tobi, Jo-Jo und Lollipop, findet sich unter www.wilfriedmetze.de

3 Eine vollständige Auflistung dieser Materialien ist unter http://www.vpmonline.de/index.cfm auffindbar.

cher Schwierigkeitsstufen angeboten werden. Insofern ist es auch angebracht, hier von *„halboffenen" Lehrgängen* zu sprechen, zumal die Fibelautoren selbst, diese Öffnung ihrer Lehrgänge fordern.

Gleichwohl gibt es nach wie vor Differenzen zwischen den verschiedenen Ansätzen, die sich insbesondere im Vergleich zu dem von Jürgen Reichen vertretenen Konzept *„Lesen durch Schreiben"* zeigen. Das Reichen-Konzept wird zwar auch als „offene" Unterrichtsmethode bezeichnet, gleichwohl gibt es zwischen ihm und den Vertretern des Spracherfahrungsansatzes klare Meinungsunterschiede (vgl. Valtin 1996, Scheerer-Neumann 1995, Balhorn 1998). Diese Differenzen zwischen den verschiedenen Ansätzen sollen im Folgenden herausgearbeitet werden.

6.1 Lesen und Schreiben lernen mit einer Fibel und ihren Begleitmaterialien

Die in den letzten Jahren erschienenen Fibellehrgänge sind Materialpakete, deren Leitmedium zwar eine Fibel ist, die aber darüber hinaus in der Regel noch folgende Materialien anbieten:

Lesematerialien
- Fibel 1 ggf. Fibel 2
- Arbeitsheft zum Leselehrgang, Anlautkreise bzw.-schablonen
- Lese-Mal-Blätter, Leseübungskartei
- Lesehefte zum weiterführenden Lesen

Schreibübungshefte
- Druckschriftlehrgang
- Schreibschriftlehrgang (für die verschiedenen Schulschriften)
- ABC Hefte

Informations- und Demonstrationsmaterial für Lehrerinnen
- Lehrerhandbuch
- Kopiervorlagen
- Tafelwortkarten
- Anlautbilder
- Material zum Freien Schreiben
- Lieder-CD, Hörbuch-Kassetten, Computerprogramm
- Handpuppen, Stempel
- Vorlesegeschichten

Charakteristisch für Fibellehrgänge ist dabei, dass alle Materialien in ihrer optischen und inhaltlichen Gestaltung synchron laufen, d.h. insbesondere das die in der Fibel vorgegebene Reihenfolge der Buchstabenanordnung und auch der Wortbestand genau in dieser Anordnung auch in den Begleitmaterialien zu finden ist. Neben dieser *Linerarität* des Lehrgangs ergibt sich damit auch eine klare *Hierarchisierung* des Lehrangebots, da durch das Prinzip, die Schriftsprache Buchstabe für Buchstabe einzuführen, ein Aufbau vom Leichten zum Schweren gegeben ist. Fibellehrgänge verbinden dabei von Anfang an den Lese- und Schreiblernprozess, denn das was in der Fibel gelesen wird, ist immer auch Schreibaufgabe in den Schreiblehrgängen. Dabei basieren heutige Fibeln auf einem methodenintegrierten Leselehrverfahren, indem Buchstaben und Laute immer in einem sinnvollen Wortganzen eingeführt werden. Es handelt sich um eine *analytisch-synthetische Lesemethode*: analytisch, da vom Wortganzen und seiner Bedeutung ausgegangen wird, synthetisch, da Buchstabenfolgen in einzelne Sprachlautfolgen aufgeteilt und zusammengesetzt werden.

Die in den verschiedenen Begleitmaterialien angebotenen Übungen verlangen sowohl optische als auch akustische und schreibmotorische Erarbeitung der Schriftsprache. Trotz der Vielfalt an Übungsangeboten wird damit aber noch keine „Öffnung" von Unterricht vollzogen. Im Gegenteil: Gerade für die erste Phase des Unterrichts sehen Fibellehrgänge eine *gezielte Hilfestellung* für die Erfassung des alphabetischen Prinzips der Schriftsprache als unhintergehbar. Gerade die einfachen Anfangswörter werden systematisch in ihrer Buchstaben-Lautstruktur durchgliedert, abgehört, gelesen und abgeschrieben. Damit soll für alle Kinder ein *gemeinsames Fundament* geschaffen werden, auf dem differenzierende und sukzessive offenere Phase aufbauen können.

Fibelkonzepte, die in diesem Sinne als „halboffene" Lehrgänge zu bezeichnen wären, sind beispielsweise die von Wilfried Metze herausgegebenen Fibeln, Tobi, Jo-Jo und Lollipop. Charakteristisch für diese Fibeln ist das Erzählen fortlaufender Geschichten, die für die Kinder einen gemeinsamen Erlebnisrahmen für den Beginn des Lernprozesses setzen sollen. In der Tobi-Fibel sind es die Erlebnisse einer Koboldfamilie im Wald, in der Jo-Jo-Fibel ist es das Alltagsleben zweier Schulanfänger und in der Lollipop-Fibel die Traumreise von Nino und Lolli, die kindgemäß in die Welt der Buchstaben einführen.

Das für Fibeln typische Problem der Inhaltsleere gerade der ersten Fibeltexte, wird in diesem Konzept durch die graphische Gestaltung der Fibeln gelöst, die nicht nur zum Lesen, sondern auch zum Erzählen und Entdecken einladen. Diese Fibeln sind keinesfalls zum Üben des Lesens gedacht und auch nicht so, dass man einen Buchstaben einführt und dann jeweils die entsprechende Fibelseite liest. Ein solches Vorgehen verbietet sich schon von selbst, denn auf einer Fibeldoppelseite werden in der Regel zwei manchmal sogar noch mehr Buchstaben bzw. Buchstabenkombinationen eingeführt. Man spricht hier von einer hohen „Steilheit" des Lehrgangs.

Das Üben des Lesens ist ausgegliedert in Arbeitshefte, Lese-Mal-Blätter und ergänzende Lesehefte, in denen die Figuren der Fibelwelt teilweise wieder aufgegriffen werden. Die Fibeln selbst sind eher eine Mischung aus Kinder- und Bilderbuch, wobei allerdings ein Vorlesen ausgeschlossen ist. Die Kinder sollen gerade durch die kontinuierliche Weiterführung der jeweiligen Geschichten motiviert werden, selbst weiter lesen zu wollen. Zum Vorlesen gibt es eigene Vorlesegeschichten (Lollipop) bzw. Anregungen in den Lehrerhandbüchern.

Im Rahmen dieser Fibeln wird zunächst nur ein Texttyp präsentiert und eine Differenzierung der Leseanforderungen ist nur durch ergänzende Texte möglich bzw. durch die jeweilige Fibel 2, in der Lesetexte zum weiterführenden Lesen enthalten sind. Diese zweiten Fibeln werden auch als Übergang zum Lesebuch der 2. Klasse gesehen, wobei nur das Lollipop-Konzept auch eigene Lese- und Sprachbücher für die 2 bis 4 Klasse vorsieht.

Fibeln haben damit in erster Linie die Funktion einer Einstiegsmotivation (vgl. Auszug aus Lollipop, S. 26), wobei der eigentliche Lehrgang durch die Begleitmaterialien transportiert wird.

Die jüngst herausgegebenen Fibeln, Lollipop und ABC Reise, bieten dabei deutlich mehr als nur Begleitmaterialien. Diese Fibelkonzepte haben die Idee fächerübergreifenden Arbeitens bereits soweit umgesetzt, dass neben den Schriftsprachmaterialien auch für weitere Lernbereiche[4] entsprechende Lehrwerke erarbeitet wurden. Besonders hervorzuheben ist hier das „Reiselehrwerk" von Volk und Wissen/Kamp Schulbuchverlag für den Anfangsunterricht, in dem es nicht nur eine hervorragend gestaltete Fibel gibt, sondern auch eine *Zahlenreise, Umweltreise, Augenreise, Sprachreise* und *Lesereise.*[5]

Für alle Fibeln ist das Arbeitsheft das zentrale Medium zum Lesenlernen. Hier finden sich zahlreiche Übungen zum Heraushören von Lauten und Reimen (Training phonologischer Bewusstheit), wobei immer nur die Laute analysiert werden müssen, die auch Gegenstand der Fibeltexte sind. Die Verbindung von Laut und Buchstabe wird dabei auch durch sogenannte Minimalpaarvergleiche eingeübt. In dieser Aufgabe aus der Tobi-Fibel wird z.B. gefordert, das jeweils vorgegebene Wort nur durch den Austausch des jeweils markierten Buchstabens zu „verzaubern":

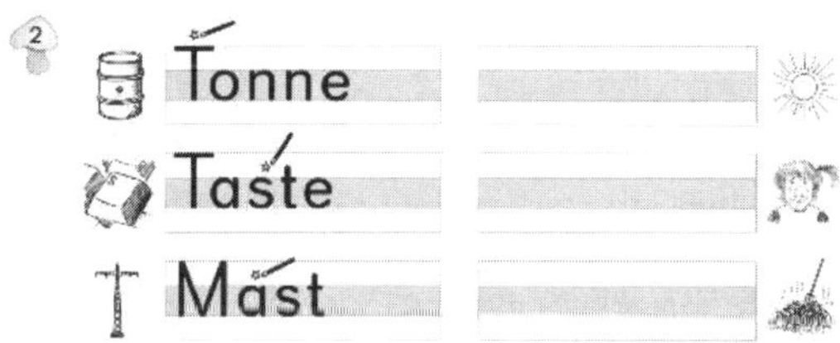

Kennzeichnend für dieses Fibelkonzept sind vielfältige Übungen zum sinnerfassenden Lesen, die mit kleinen Handlungsaufträgen verknüpft, der Lehrerin auch immer eine schnelle Lernerfolgskontrolle ermöglichen:

4 Bei der Lollipop-Fibel für Mathematik

5 Informationen über dieses „Reiseprogramm" unter www.vwv.de verlag volk und wissen

1 Ela sucht die Tobis. Welchen Weg nimmt sie?
Male immer den richtigen Weg aus.

Ela steigt die steilen Stufen hinauf.

Sie nimmt den schmalen Steg.

Sie geht zwischen dem dicken Stamm und dem Strauch durch.

Sie nimmt den langen Weg zum Strand.

Neben diesen Aufgaben mit starker Betonung des Handlungsmoments finden sich in den Arbeitsheften auch eine Fülle unterschiedlicher Textsorten wie Rätsel, Lieder, Briefe, Bastelanleitungen, Sachtexte etc. Eine Reihe von Übungen ist so angelegt, dass sie Möglichkeiten der Binnendifferenzierung eröffnet.

Parallel zu den Lesematerialien gibt es den Druckschriftlehrgang und die Schreiblehrgänge in verbundener Schrift. Hierbei handelt es sich jeweils um Abschreibübungen, die in Fibeln einen großen Raum einnehmen, da dem Einschleifen einer normierten Schreibmotorik große Bedeutung beigemessen wird (Auszug aus dem Lollipop Druckschriftlehrgang, S. 2). In der Regel wird dabei die Einführung der Groß- und Kleinbuchstaben parallel vorgenommen. Da die Übungswörter, in allen Materialien immer die Gleichen sind, ergibt sich mit dem schreibmotorischen Training auch der Aufbau eines begrenzten Grundwortschatzes.

Zusätzlich gibt es eine Fülle differenzierender Übungen zum Wiedererkennen und Nachspuren der Buchstaben in anderen Schrifttypen. Zeichnungen aus der Welt der Fibel bieten Erzähl- und Gesprächsanlässe und sollen die Kinder zum Freien Schreiben kleiner Geschichten auffordern (vgl. Neuausgabe des Tobi-Druckschriftlehrgangs). Als Unterstützung hierfür gibt es immer auch Anlauttabellen, in denen die Kinder die ihnen noch nicht bekannten Buchstaben-Laut-Kombinationen nachschlagen bzw. sich selbst erarbeiten können.[6]

6 Ausführlicher zum Schreiben mit der Anlauttabelle vgl. 5.2

Bildvorlage als Anregung zum Freien Schreiben aus dem Tobi-Druckschriftlehrgang

Allgemein wird heute davon ausgegangen, dass die Druckschrift die eigentliche Erstschrift ist, in der von Anfang an gelesen *und* geschrieben wird

Beispiel für eine Schreib- und Leseübung aus dem Jo-Jo-Druckschriftlehrgang

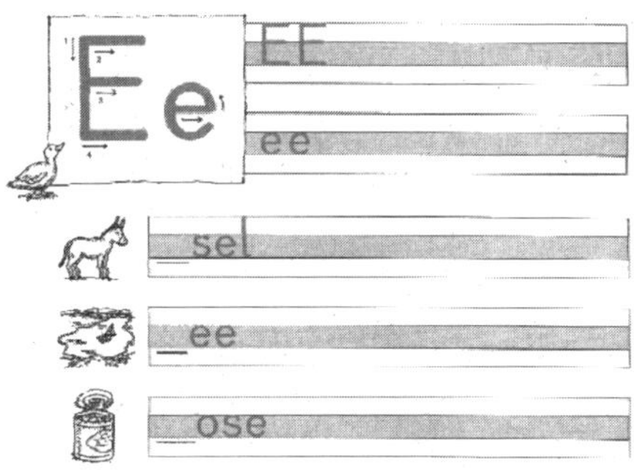

Die Lineaturvorlagen markieren häufig das Mittelband, da die Lesbarkeit einer Schrift vor allem von der Sorgfalt in diesem Bereich abhängt. Teilweise werden deshalb auch Lineaturen angeboten, die nur aus einem Balken bestehen. Wichtig ist die Einhaltung der Bewegungsfolge, auf die in den Vorlagen jeweils hingewiesen wird. Entscheidend für den Schreibbeginn mit der Druckschrift ist auch, dass auf Schwungübungen verzichtet werden kann. Das Schreiben wird im Vollzug des Schreibens sinnvoller Wörter erworben.

Als Folgeschriften sind – mit unterschiedlichen Regelungen in den einzelnen Bundesländern – folgende Schreibschriften zugelassen:

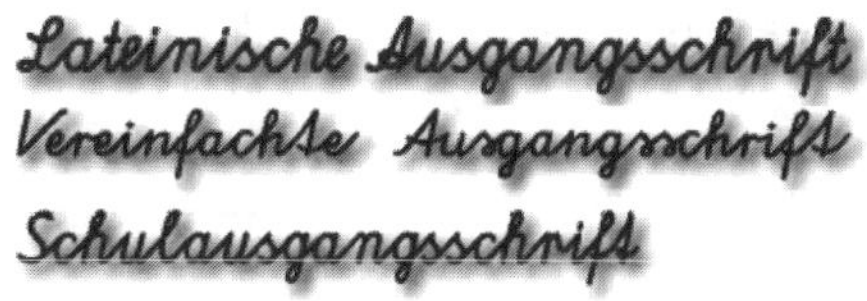

Seit 1953 war die Lateinische Ausgangsschrift (LA) in der Bundesrepublik verbindlich und bis heute ist sie offiziell nicht aufgehoben. Allerdings gab es schon seinerzeit Kritik an dieser Schrift, deren strukturellen Mängel wie häufige Drehrichtungswechsel, geschlossene Rundformen, wenige Unterlängen etc. für die miserablen Schülerhandschriften verantwortlich gemacht wurden.

Mitglieder der Arbeitsgemeinschaft Schreiberziehung im Arbeitskreis Grundschule entwickelten bereits 1973 eine „Vereinfachte Ausgangsschrift" (VA), die sich durch gute Lesbarkeit, prägnante Buchstabenformen, Verzicht auf „schmückendes Beiwerk", strukturierte Bewegungsabläufe, erhöhte Schreibgeläufigkeit, Annäherung an die Druckschrift-Versalien und starke Reduzierung der Deckstriche und Drehrichtungswechsel auszeichnet.

Groß- und Kleinbuchstaben der VA:

Ein Vergleich von LA und VA zeigt, dass die Vereinfachte Ausgangsschrift eine konsequent synthetische Schrift ist, d.h. die Verbindungen zu einem Wort ergeben sich durch das Zusammenrücken der Buchstaben. Während die Lateinische Ausgangsschrift (LA) immer wieder Verbindungslinien zwischen den Buchstaben verlangt, kommt es in der VA vermehrt zu sogenannten Luftsprüngen. Man kann also den Stift immer wieder neu ansetzen, was eine motorische Entlastung bietet. Diese Ähnlichkeit mit dem Druckschriftschreiben wird auch durch die Formähnlichkeit der Großbuchstaben unterstrichen. Anders als bei der LA wird auf Wellenlinien bei den Großbuchstaben verzichtet.

Lateinische Ausgangsschrift

So herrliche Farben
kann keiner bezahlen,
sie über den halben
Himmel zu malen.

Vereinfachte Ausgangsschrift

So herrliche Farben
kann keiner bezahlen,
sie über den halben
Himmel zu malen.

Die Kleinbuchstaben der LA sind dreigliedrig: Anstrich, Grundform, Endstrich. Die VA ist nur noch zweigliedrig, indem auf die Anstriche verzichtet wird. Hierin wird eine weitreichende Vereinfachung gesehen, weil in der LA die Kleinbuchstaben an unterschiedlichen Stellen anfingen bzw. endeten. Je nach Kombination mit anderen Buchstaben waren unterschiedliche Verbindungen herzustellen. Bei der VA dagegen beginnen und enden fast alle Kleinbuchstaben an der Oberkante des Mittelbandes. Alle Buchstaben der VA behalten in unterschiedlichen Verbindungen die gleiche Form. Das Üben schwieriger Buchstabenverbindungen entfällt. Flüssiges Schreiben wird erleichtert, wobei nicht alle Buchstaben eines Wortes in einem einzigen Zug verbunden werden müssen. Auch bei zunehmendem Schreibtempo ist die Vereinfachte Ausgangsschrift durch ihre klare Linienführung weniger störanfällig. Lesbarkeit, Geläufigkeit und Ästhetik sind die Kriterien, nach denen die Schüler ihre persönliche Handschrift aus der Ausgangsschrift entwickeln sollen.

Die Schulausgangsschrift (SAS) ist seit 1968 die Schreibschrift der ehemaligen DDR gewesen und wurde nach der Wende auch für einige alte Bundesländer zugelassen. Diese Schrift ähnelt in den Großbuchstaben wie die VA der Druckschrift, sieht aber in den Verbindungen der Kleinbuchstaben variable Anfangs- und Endpunkte innerhalb der Lineatur vor und gleicht damit der LA. SAS und LA beinhalten damit beide schwierig zu schreibende Deckstriche und zusätzliche Richtungswechsel und stellen damit Linkshänder vor besondere Probleme.

Textbeispiel in Schulausgangsschrift (www.schulschriften.de)

Wie war zu Köln es doch vordem
mit Heinzelmännchen so bequem!
Denn, war man faul, man legte sich
hin auf die Bank und pflegte sich.
Da kamen bei Nacht,
eh' man's gedacht,
die Männlein und schwärmten
und klappten und lärmten
und rupften und zupften
und hüpften und trabten...

In der Auseinandersetzung um eine Reform der LA ging es aber nicht nur um eine Formvereinfachung und damit leichtere Erlernbarkeit der Schrift, sondern immer auch um das Argument, dass mit der VA auch eine Verbesserung der Rechtschreibleistungen einherginge. Hierfür gibt es aber keine empirische Basis (Topsch 1996), im Gegenteil: Es gibt erste Untersuchungen, die zeigen, dass die LA zu signifikant besseren Leistungen führt als die VA (Richter 1997). Dieser Effekt könnte auf die größere Übungsintensität des Schreibens zurückzuführen sein, die sich bei Klassen notwendiger Weise einstellt, wenn sie die LA erlernen sollen.

Ein weiterer Aspekt sollte Beachtung finden: Wie die Bezeichnung der Verbundenen Schriften als „Ausgangsschrift“ signalisiert, waren sie ursprünglich als *Erst*schriften konzipiert. Gerade die „Vereinfachungsargumente“ sind in diesem Kontext sinnvoll, aus heutiger Sicht aber nicht unbedingt zwingend, da es sich um Folgeschriften handelt. Auch das zentrale Strukturargument für die VA, ihre tendenzielle Unverbundenheit, wird aufgrund der Stellung als Zweitschrift brüchig. Die Zielsetzung der VA, eine Struktursynchronizität zwischen Rechtschreibsprache und Schreibfluss zu ermöglichen, macht Sinn für die erste Phase des Schreibens, in der das Kind noch Buchstabe an Buchstabe aufreiht. Mit zunehmender Orientierung an größeren Einheiten wie den Silben, wäre aber auch eine Entsprechung in diesem Bereich denkbar. Die Frage, ob Gliederungen des Schreibflusses auch mit sprachlichen Einheiten interagieren, ist bislang aber kaum erforscht.

Fibellehrgänge belehren nicht nur Schüler, sondern auch die Lehrerin, die in jeweils umfangsreichen Handbüchern auf das Genaueste in das theoretische Konzept und den Umgang mit den verschiedenen Materialien eingeführt wird. Die Vorschläge zur Unterrichtsgestaltung sehen Stundenplanungen für die Einführung jedes Buchstabens vor, wobei eine gewisse Wiederholung von Übungsformen und Arbeitsabläufen im Sinne der Herausbildung von Ritualisierungen favorisiert wird. Teilweise finden sich auch Hinweise auf typische Schwierigkeiten des Schriftspracherwerbs und entsprechende Übungsschwerpunkte, die dann mit dem Fibelmaterial durchgeführt werden können.

Fibelorientierte Lehrgänge bieten insgesamt eine Fülle sorgsam strukturierten Lernhilfen, die eine direkte Hinführung zur Schriftsprache intendieren. Die Effektivität der Unterrichtsorganisation steht damit im Vordergrund. Vorschläge zur Differenzierung und auch zur Freiarbeit werden zwar gegeben, sie werden aber als durch den Lehrer und das empfohlene Materialangebot vorstrukturiert gedacht.

Fibeln und auch ihre Begleitmaterialien sind von durchaus unterschiedlicher Qualität. Folgende Fragen bieten eine Orientierung für eine begründete Auswahl und schärfen den Blick für jeweils notwendige Veränderungen bzw. Ergänzungen:

Inhalt

- Entsprechen die dargestellten Inhalte der Erfahrungswelt aller Kinder – auch der Kinder mit Migrationshintergrund?
- Sind Aspekte angesprochen, die für Kinder interessant, lustig oder informativ sind?
- Werden verschiedene Textsorten vorgestellt: Gedichte, Märchen, Witze, Berichte...?
- Bieten die Fibelfiguren Identifikationsfolien für beide Geschlechter?
- Lassen sich für die Handlungsträger der Fibel, Rollenschemata bzw. stereotype Verhaltensweisen ausmachen? (Geschlechtsrollen, Generationsstereotype, Bild der „Fremden")
- Welche sozialen Erfahrungen werden vorzugsweise behandelt?
- Werden elementare Erfahrungen von Kindern (sich verlaufen, allein sein...) angesprochen?
- Bieten die Inhalte Anknüpfungspunkte für andere Lernbereiche wie Musik, Kunst, Sachkunde?
- Stehen die Themen beziehungslos nebeneinander oder lassen sich wiederkehrende Elemente entdecken (roter Faden)?
- Bieten die Themen Anknüpfungspunkte zum Schulleben (Feste feiern, typische Konfliktsituationen, jahreszeitliche Aspekte....) und sind offen für Erweiterungen oder alternative Problemlösungen?
- Eröffnen die Texte Möglichkeiten des Sprachhandelns wie dialogisieren, spielen usw.?
- Kann die Fibel die Lesemotivation aufrechterhalten oder ergibt sich nach einiger Zeit ein Fibeltrott?

Sprache

- Mit welchem Wortschatz wird gearbeitet? Ist er geeignet als Grundwortschatz?
- Regen die Formulierungen zum Denken an oder ist der Satzbau stereotyp?
- Regen die Texte zum sprachlichen Handeln (diskutieren, weitererzählen, fantasieren ...) an?
- Ist die Sprache verständlich?

Methode

- Welche lesemethodische Zugriffsweise wird gewählt: Kommt die Fibel ohne ganzheitliche Elemente aus? Wird jeder Buchstabe/Laut eines Wortes analysiert? Werden von Anfang an sinnvolle Texte angeboten? Fördern die Übungen analytische und synthetische Zugriffsweisen auf Schrift?
- Wie schnell werden neue Buchstaben/Wörter eingeführt (Steilheitsgrad)?
- Welche Buchstaben werden als Erstes eingeführt? Sind es Buchstaben, die häufig vorkommen und auch leicht zu schreiben sind? Wird es vermieden Buchstaben, die hinsichtlich ihrer lautlichen (o, u, ch, sch) oder optischen (b,d,p,q) Realisierung relativ ähnlich sind, gleichzeitig einzuführen?

- Wann werden die Satzzeichen eingeführt? Welche?
- Welche lesetechnischen Hilfsmittel gibt es: Schriftgröße, Segmentierungs- und Strukturierungshilfen durch optische Zusammenfassung von Silben, Morphemen oder Signalgruppen?
- Gibt es genügend Aufgabenstellungen, um die phonologische Bewusstheit zu entwickeln?
- Werden Lesen, Sprechen und Schreiben miteinander verbunden?
- Welche Möglichkeiten fächerübergreifenden Arbeitens werden eröffnet?
- Wird das methodische Grundkonzept in entsprechenden Lehrwerken für die 2. bis 4. Klasse weitergeführt?
- Wird der Übergang von der Druckschrift zur Schreibschrift in der Fibel berücksichtigt? Wann?
- In welchem Umfang ist selbstständiges Arbeiten mit den Fibelmaterialien für die Kinder möglich? Welche Funktion und Qualität hat die Anlauttabelle? Gibt es genügend Angebote für Binnendifferenzierung, für individuelle Förderung?
- Bietet das Material Anregungen zum Lernen mit allen Sinnen?
- Werden Arbeitstechniken zur Förderung selbständigen Lernens angeboten?
- Welchen Stellenwert haben kooperative Arbeitsformen?
- Welchen Stellenwert hat das Freie Schreiben?
- Wann setzt die Berücksichtigung rechtschriftlicher Normen ein? Wann werden erste Rechtschreibstrategien vermittelt? Ist die Wortauswahl des Grundwortschatzes geeignet, um hieran auch Rechtschreibregeln erkennen zu können?
- Welche Vorschläge zur systematischen Kontrolle der Lernentwicklung werden angeboten?

Graphische Gestaltung
- Ist die graphische Gestaltung motivierend, kindgemäß, instruktiv, übersichtlich und klar gegliedert?
- Haben die Bilder einen Zusammenhang zum Text? Bieten sie Anhaltspunkte für das Textverständnis?
- Bieten die Bilder ihrerseits Anregungen für eine weitere sprachliche Auseinandersetzung mit der Fibel? Schaffen sie neue Schreibanlässe? Bieten sie Elemente zum Entdecken?
- Sind Größe und Anordnung der Schrift angemessen? Wird zwischen ein- und mehrgliedrigen Graphemen unterschieden? Werden Hilfen zur Strukturierung langer Wörter angeboten (Silbenbögen, farbige Hervorhebungen von Wortstämmen etc.)?
- Wird der Text marginalisiert ggf. sogar „umgebogen", d.h. Texte stehen auf dem Kopf oder sind kreuz und quer verteilt, so dass die Leserichtung von links nach rechts nicht konstant gehalten wird?

Zusatzmaterialien

- Welche Zusatzmaterialien gibt es?
- Stehen sie in einem sinnvollen Bezug zur Fibel?
- Variieren sie die Fibelthematik ausreichend, so dass neue Lernimpulse gegeben werden?
- Sind die Aufgabenstellungen der Begleitmaterialien verständlich, abwechslungsreich aber auch mit einem Set an wiederkehrenden Arbeitsformen konzipiert?
- Ermöglichen sie Selbst- und Partnerkontrolle?
- Welche alternativen Materialien sind notwendig?

Handhabbarkeit

- Macht es Freude, in der Fibel zu blättern?
- Umfang, Format, Gewicht, Preis?
- Ist das Material haltbar?
- Ersterscheinungsjahr?

6.2 Lesen und Schreiben lernen mit den Ideen des Spracherfahrungsansatzes

Das Konzept eines offenen Unterrichts ist für den Erwerb der Schriftsprache in dem Entwurf einer „Didaktischen Landkarte“ und ihren acht Lernfeldern konkretisiert worden (Brügelmann/Brinkmann 2001, S. 103ff.). Grundgedanke ist dabei, der Linearität der Fibellehrgänge eine *flexible Organisationsform* entgegenzusetzen, indem die Themen und Aufgaben der 8 Lernfelder nicht step by step zu durchlaufen sind, sondern als *Lernspirale* gedacht sind, die die Kinder immer wieder auf *unterschiedlichem Niveau* erarbeiten. Alle wesentlichen Aspekte des Schriftspracherwerbs werden durch die acht Lernfelder der „Didaktischen Landkarte“ abgedeckt, im Einzelnen sind dies:

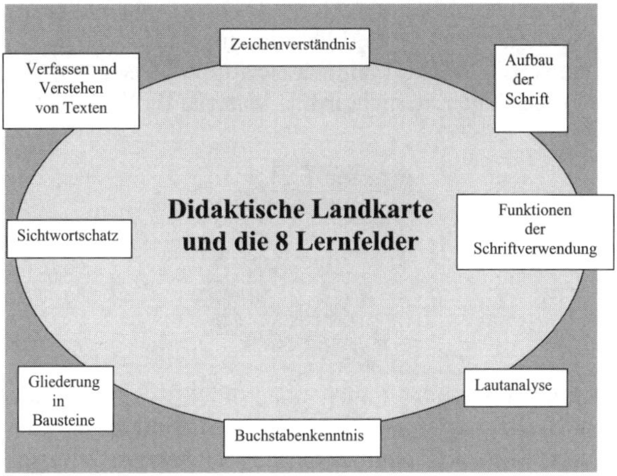

Zeichenverständnis: In diesem Lernfeld geht es um die Einsicht, dass Bilder, Piktogramme und eben Schrift Zeichen für etwas sind, also Symbolgehalt haben.

Aufbau der Schrift: Gegenstand dieses Lernfeldes ist die Erkenntnis der Korrespondenz von Schriftzeichen und Lautfolge (PGK/GPK).

Funktionen der Schriftverwendung: Die Kinder sollen den Gebrauchswert der Schriftsprache für sich selbst erfahren und reflektieren.

Lautanalyse: Das lautierende Schreiben und (Er-)Lesen von Wörtern, das Unterscheiden, ausgliedern und wieder verbinden von Lauten stehen im Mittelpunkt dieses Lernfeldes.

Buchstabenkenntnis: Buchstaben müssen für einen gelingenden Schriftspracherwerbsprozess unmittelbar zur Verfügung stehen und zwar sowohl als rezeptiver Wissensbestandteil (Lesen) als auch als produktiver (Schreiben).

Gliederung in Bausteine: Hierunter wird die Untergliederung von Wörtern in Teile wie Silben, Buchstabengruppen u.ä. verstanden.

Sichtwortschatz: In diesem Lernfeld wird das rasche Erkennen und quasi automatisierte Schreiben von Wörtern geübt.

Verfassen und Verstehen von Texten: Gerade das sinnerfassende Lesen und eine verständliche Strukturierung des Schreibens bedürfen vielfältiger Übungen.

Die Lernangebote in den einzelnen Lernfeldern sind nicht nach dem Prinzip vom Einfachen zum Schweren geordnet, sondern *je nach Lernausgangslage wählen die Kinder* die Aufgaben, die ihnen wichtig bzw. interessant erscheinen.

Gesammelt sind alle diese Aufgaben in einer „Ideenkiste“, in der für jedes einzelne Lernfeld 20 Vorschläge mit Varianten und weiterführenden Arbeitsaufträgen auf Karteikarten gesammelt sind. Dieses Materialpaket bietet allerdings nur eine Orientierung für die Lehrerin, die diese Ideen dann in Schülerarbeitsmaterial umsetzen müsste. Dahinter steckt die These, dass ein Lehrgang in den Kopf der Lehrerin gehört, nicht in das Material für die Schüler.

Jede dieser Karteikarten enthält auch einen didaktischen Kommentar, der der Lehrerin den Stellenwert und theoretischen Hintergrund der jeweiligen Übung erläutert. Hilfreich sind auch die Beobachtungsfragen, die jedem Lernfeld vorangestellt sind und jeweils deutlich machen, welche typischen Schwierigkeiten der Lernentwicklung jeweils erwartbar sind.

Als Alternative zur Fibel wird eine „Regenbogen-Lesekiste" angeboten, in der 40 verschiedene Geschichten differenziert nach fünf Lesestufen angeboten werden.

Weitere Materialien[7] sind Wortlisten, Spiele und Anlaut-Materialien, die es auch in verschiedenen Sprachen (Türkisch und Englisch) gibt.

Für die Verbindung dieser verschiedenen Materialien wird ein Organisationsmodell vorgeschlagen, das auf vier Säulen basiert:

1. Freies Schreiben
2. (Vor-)Lesen von Kinderliteratur
3. Systematische Einführung von Schriftelementen und Leseverfahren
4. Aufbau und Sicherung eines Grundwortschatzes

Diese Schwerpunkte des Anfangsunterrichts sollen in einen *gemeinsamen Erlebnisrahmen* eingebettet werden, der durch Projekte zu bestimmten Themen, gemeinsame Erlebnisse und eine Vorlesekultur geschaffen wird. Nicht

7 Alle Produkte unter www.vpm-verlag.de

nur Kinderbücher gehören dabei zum Leserepertoire, sondern auch Fibeln. Besondere Bedeutung haben dabei Fortsetzungsgeschichten wie „Die kleine weiße Ente" (Mauthe-Schonig 2000), mit denen das Konzept einer „*Eigenfibel*" initiiert wird (Spitta 1997, Dräger 1995). Der Leselernprozess wird von diesen Geschichten begleitet, die selbst zum Ausgangspunkt des Verfassens eigener Geschichten und Bilder werden. Typisch ist dabei folgendes Vorgehen:

- Vorlesen
- Gespräche über den Text
- Textdiktat an die Lehrerin
- Autorenkind schreibt den Text ab
- Vom Kind gestaltetes Bild wird dazu geklebt
- Sammeln und – zum Schuljahresende – binden der Geschichtensammlung

Während sich die Vorschläge zur Systematisierung des Lernangebots durchaus mit denen fibelorientierter Lehrgänge vergleichen lassen, wird nun allerdings das Votum für eine Öffnung des Unterrichts radikaler gedacht. Brügelmann (1997, S. 45ff.) unterscheidet drei Dimensionen der Öffnung des Unterrichts:

1. methodisch-organisatorische Öffnung des Unterrichts
2. didaktisch-inhaltliche Öffnung von Unterricht
3. pädagogisch-politische Öffnung der Schule

Eine *methodisch-organisatorische* Öffnung besteht zunächst einmal in Binnendifferenzierung, die aber durchaus mit einer starken Lenkung durch die Lehrperson verbunden sein könnte. Es wäre eine gleichsam „von oben" verordnete Öffnung, in der für die Lerngruppe alles organisiert wird: wer, was, wann, wie lernt. Im Kontext des Spracherfahrungsansatzes wird demgegenüber für eine Öffnung *„von unten"* plädiert, indem die Kinder echte Wahlmöglichkeiten erhalten wie beispielsweise in der Freiarbeit.

Unter einer *didaktisch-inhaltlichen* Öffnung wird verstanden, dass die Aufgabenstellungen selbst offen sind, wie dies in besonderem Maße beim Freien Schreiben realisiert wird. Die herausragende Stellung des Freien Schreibens hat dabei verschiedene Implikationen: Fehlertoleranz, Schreibenlernen mit der Anlauttabelle, Ausgang am Sprachgebrauch und am Sprachwissen der Kinder und Schriftspracherwerb vom Schreiben zum Lesen. Ausgangspunkt des Lernprozesses sind nicht einzelne (Fibel-)Buchstaben, sondern von Anfang an alle Buchstaben der Anlauttabelle, um der Heterogenität der Lernvoraussetzungen gerecht zu werden. Die individuelle Lernentwicklung des einzelnen Kindes bestimmt die Reihenfolge und das Niveau der Lernziele. Das Voranschreiten innerhalb dieses Lernraumes wird durch das Kind bestimmt. Der soziale Kontext des Schriftsprachgebrauchs, die Einbettung des Schreibens in reale Schreibsituationen (Briefe, Klassenkorrespondenzen) werden als Motor des Schriftspracherwerbs gesehen.

Mit *pädagogisch-politischer* Öffnung von Schule ist gemeint, die Kinder in die Mitverantwortung für das soziale Zusammenleben in der Schule zu nehmen. Schule wird als Entwicklungsraum für das Lernen von Demokratie verstanden. Damit stellt diese Dimension auch Ansprüche an die Lehrerin als Person, ihre Bereitschaft sich selbst auch als Lernende, als Kooperationspartnerin im Kollegium und als Vertreterin einer Institution, die in das Gemeinwesen hineinwirkt zu begreifen.

Eine so verstandene Öffnung von Unterricht führt notwendig zu einem veränderten Rollenverständnis der Lehrperson. Lehrerinnen sind nicht nur Organisatoren kindlicher Lernprozesse, sondern „kritische BegleiterInnen von Lernprozessen, in die sie zwar bestimmte Inhalte einbringen, deren Wirkung auf die SchülerInnen sie aber nie determinieren wollen" (Brügelmann 1997, S. 50). Kinder sollen herausgefordert werden, Fragen zu stellen, Lösungen zu suchen und Verantwortung für andere zu übernehmen. Öffnung von Unterricht ist immer als ein Prozess zu verstehen, in dem Prinzipien grundschulpädagogischen Handelns wie Lebensnähe, Kindgemäßheit, Selbsttätigkeit und pädagogisch-didaktische Elementarisierung situativ und adressatenbezogen immer wieder neu auszutarieren sind.

Offener Unterricht[8] ist von durchaus unterschiedlicher Qualität. Er muss wie jeder Unterricht geplant, strukturiert und umgesetzt werden und kann dementsprechend auch analysiert und bewertet werden. Folgende Kriterien bieten eine Orientierung für die Beobachtung und Bewertung offener Formen des Schriftspracherwerbs:

Inhaltliche Angebote

- Sind die bereitgestellten Materialien vollständig im Hinblick auf die Erarbeitung aller Felder der Didaktischen Landkarte?
- Präsentieren die Materialien den Lerngegenstand Schriftsprache sachlich und pädagogisch-psychologisch angemessen strukturiert?
- Gibt es hinreichend Möglichkeiten der eigenständigen Lernerfolgskontrolle?
- Ist der Klassenraum so gestaltet, dass die Materialien leicht zugänglich, aber auch übersichtlich präsentiert werden?
- In welchem Maß überschreitet der Unterricht Fächergrenzen?
- Bietet der Unterricht neue Erfahrungs- und Handlungsmöglichkeiten?
- Werden Transfer und metakognitive Prozesse hinreichend gefördert?

---

8 Es gibt weitere unterrichtsmethodische Konzepte, die „offen" sind. Hier ist insbesondere auf das von Dehn (1996) in einem Hamburger Modellversuch entwickelte Unterrichtskonzept für Kinder mit schwierigen Lernentwicklungen und das stärker sprachwissenschaftlich ausgerichtete Konzept von Röber-Siekmeyer (1997) hinzuweisen. Beide Ansätze sind aber eher theoretische Konzeptionen, die bisher nicht durch ein „Materialpaket" umgesetzt worden sind. Da es hier aber insbesondere darum gehen soll, jene Unterrichtskonzepte kennen zu lernen, die gegenwärtig das unterrichtliche Alltagshandeln bestimmen, wird auf eine Darstellung dieser Ansätze an dieser Stelle verzichtet. Die theoretischen Einsichten dieser Konzepte finden aber Erwähnung in den nachfolgenden Kapiteln.

- Ist die Schreib- , Lese- und Gesprächskultur soweit entfaltet, dass für alle Schüler hieraus eine An- und Aufforderungskultur entsteht?
- Steht der Zeitaufwand zur Erreichung einzelner Lernziele in einem vertretbaren Verhältnis zu ihrer curricularen Relevanz?

Methodenvielfalt
- Gibt es ein ausgewogenes bzw. der Lerngruppe entsprechendes Verhältnis unterschiedlicher Methoden wie Freie Arbeit, Projekte, Kreisgespräche, Partner- und Gruppenarbeit, situiertes Lernen und lehrerzentrierte Phasen?
- Werden den Kindern ausreichend Freiräume zum vertiefenden, verständnisorientierten, selbständigen Lernen gelassen?
- Haben die Kinder eine klare inhaltliche Orientierung für ihre Arbeit?
- Gibt es Regeln und Rituale für die Phasen des Wechsels einer Lernorganisationsform, für den Umgang mit unterschiedlichen Lernzeiten und den damit potentiell verbundenen „Leerläufen", für den Umgang mit Fehlern, für den Zugang zu Materialien, für soziale Konfliktfälle?
- Gibt es personale (Mitschüler, Lehrerassistenten) und sachliche (Wörterbücher, Computer) Hilfen für die Schüler, die förderlich für die Lern- und Persönlichkeitsentwicklung organisiert sind?
- Wie ist die Kooperation zwischen mehreren am Unterricht beteiligten Lehrpersonen geregelt?
- Wie strukturiert und effektiv wird die Unterrichtszeit genutzt?

Diagnosekompetenz
- Welche Verfahren der Lernbeobachtung und der kontinuierlichen Analyse der Lernentwicklung werden eingesetzt?
- Werden jeweils angemessene Konsequenzen für die Organisation der folgenden Lernschritte gezogen?
- Gelingt eine Förderungsorientierung im Unterrichtsalltag?
- Unterstützt die Lehrerin die Kinder darin, ihren eigenen Lernweg zu finden?
- Werden die Stärken und Lernerfolge des einzelnen Schülers erkannt, präsentiert und selbstkonzeptwirksam zurückgemeldet?
- Werden Fehler und auch soziale Störungen von Lernprozessen zum Anlass für „Beratungsgespräche"?

Reflexionsfähigkeit
- Offenheit für gemeinsame Reflexion konkreter Praxis
- Veränderungsbereitschaft
- Selbstkritik

6.1 Lesen durch Schreiben im Werkstattunterricht: das Reichen-Konzept

Jürgen Reichen, Psychologe und Grundschullehrer, vertritt seit Anfang der 1970er Jahre das Konzept „Lesen durch Schreiben“ und zwar ursprünglich in seinem Heimatland der Schweiz und seit 1995 in Deutschland. Sein Konzept beruht auf 3 Prinzipien:

1.	dem unterrichtsmethodischem Prinzip:	Werkstattunterricht
2.	dem lernpsychologischen Prinzip:	Selbstgesteuertes Lernen
3.	dem lesedidaktischen Prinzip:	Lesen durch Schreiben

Zielsetzung des *Werkstattunterrichts* ist es, kommunikatives und selbstgesteuertes Lernen im Unterricht zu ermöglichen. Im Detail zeigt sich, dass die pädagogischen Ideale, die sich mit dieser Unterrichtsform verbinden, dem entsprechen, was allgemein mit einer „Öffnung“ von Unterricht intendiert ist. Pointiert wird dabei auf folgende Aspekte Wert gelegt:

- Individualisiertes Lernen
- Fächerübergreifendes Arbeiten
- Eigenverantwortliches Auswählen des Lerngegenstandes aus einem schulischen „Schwedenbuffet“
- Minimale Hilfestellung durch die Lehrperson
- „Chef-System“ d.h. Aufgaben der Lehrperson werden an Schüler übertragen z.B. „Sport-Chefin“, die für die Durchführung der Turnstunden zuständig ist

Das lernpsychologische Prinzip des *selbstgesteuerten Lernens* wird radikaler ausformuliert als dies in Konzepten „offenen Unterrichts“ geschieht, indem aus der Parallelität zwischen Sprechspracherwerb und Schriftspracherwerb eine didaktische Maxime abgeleitet wird:

> „Die Aneignung von Sprache ist derart bedeutsam, dass die Natur Vorsichtsmaßnahmen ergriffen hat: Zum einen sichert sie diesen Lernprozess, indem sie ihn genetisch bestimmt, zum andern (...) schirmt sie ihn gleichsam durch einen ‚Schutzmantel' ab, damit er nicht gestört werden kann. Dieser ‚Schutzmantel' ist die Ignoranz der Kinder gegenüber unseren Belehrungen. Ich vermute nämlich, dass die Natur kleinen Kindern eine Art ‚Belehrungs-Immunität' verleiht, damit der zentral wichtige Spracherwerbsprozess nicht durch didaktische Besserwisserei gestört werden kann, damit er ungestört durch das Selbst des Kindes gesteuert werden kann.“ (Reichen 2001, S. 71)

Natürlich müssen gewisse äußere Bedingungen für den Spracherwerb erfüllt sein, aber – und das ist entscheidend – dies sind keine didaktischen Bedingungen. Didaktik ist unnötig, kontraproduktiv (Reichen 2001, S. 73). Deshalb werden auch jegliche didaktischen Maßnahmen zum Lesenlernen im engeren Sinne wie Buchstabentraining und übendes Lesen für unwichtig erklärt. Für die Rechtschreibleistungen behauptet Reichen (2001, S. 129), dass sie um so schlechter werden, um so mehr man sie trainiere – insbesondere bei den lernschwachen Schülern.

Die angebotenen Unterrichtsmaterialien dienen somit auch nicht der Vermittlung von Lesen und Schreiben, sondern sie sind allgemein zur Aktivierung des Denkens und Lernens gedacht. Sie folgen dementsprechend auch nicht den Gedanken einer pädagogisch-didaktischen Analyse, in der die Funktion und Sachstruktur des Gegenstandes – hier die Schriftsprache – zum Ausgangspunkt des Lernprozesses wird. Genau dieses wird nämlich in der Didaktischen Landkarte beschrieben, indem Aufgaben für die Durchgliederung der Schriftsprache, zu ihrer kommunikativen Verwendung etc. gestellt werden. Reichen (2001, S. 75) setzt demgegenüber auf eine allgemein psychologische Unterstützung des Lernens durch Zuwendung und Anerkennung der Lehrerin, durch anregungsreiche Umgebung und Verzicht auf „überhöhte Ansprüche".

Diese Differenz zwischen einer pädagogisch-didaktischen und einer „psychologisch" etikettierten Interpretation von Lernentwicklung im Kontext des Schriftspracherwerbs wird noch an einer weiteren Stelle deutlich: Dem pädagogischen Begriff der „Selbsttätigkeit" wird eine „psychologische" Akzentuierung des Begriffs der *Selbststeuerung* entgegengesetzt. Selbstgesteuertes Lernen wird so verstanden, dass es sich hier um intuitives, zufälliges Lernen handelt „von meinem Selbst gesteuert – nicht von meinem Ich" , d.h. „nicht bewusst steuernd und ohne willentliches Zutun ein Leser werden" (Reichen 2001, S. 76). Die Originaltonlage ist dabei die der Antipädagogik:

> „Kinder lernen umso mehr, je weniger sie belehrt werden!" (Reichen 2001, S. 79)

Allerdings wird die Radikalität dieser These im Hinblick auf das Schreibenlernen zurückgenommen, indem hierfür didaktische Maßnahmen für möglich und förderlich gehalten werden. Damit kommt man zum Kern des Reichen-Konzepts dem Prinzip „*Lesen durch Schreiben*". Mit Schreiben ist dabei nicht die motorische Handfertigkeit gemeint, sondern die geistige Leistung, gesprochene Sprache in Schrift festzuhalten. Der Schreibvorgang selbst, das Erlernen der Druck- und Schreibschrift, werden genauso wenig geübt wie das Lesen. „Konstruierendes" Schreiben, das Schreiben mit der Anlauttabelle, das Auflautieren von Wörtern, Sätzen und Texten steht im Zentrum des gesamten ersten Schuljahres. Der Anspruch, phonetisch vollständig zu verschriften bedeutet für die Unterrichtspraxis, dass die Verwechselung von Groß- und Kleinbuchstaben und auch das Fehlen von Wortzwischenräumen ohne Korrektur bleiben. Korrigiert wird nur wenn:

- Laute beim Aufschreiben vergessen,
- Laute in der Abfolge im Wort verwechselt,
- Laute geschrieben werden, die gar nicht zum Wort gehören.

Trotz dieser Fehlertoleranz ist aber für viele Kinder die Reduktion auf den akustischen Aspekt der Schriftsprache ein großes Problem, da eine visuelle Unterstützung des Lernprozesses fehlt. Die Einschränkung auf Eigentexte der Kinder, die zunächst nicht gelesen werden können und sollen, lässt die *wechselseitige Unterstützungsfunktion von Schreiben und Lesen ungenutzt.*

Darüber hinaus wird ein Anregungspotential verschenkt, dass durch Textsortenvielfalt gegeben wäre. Auch der kommunikative Aspekt des Schreibens wird notgedrungen unterbunden, denn die „Eigentexte" sind für andere nicht lesbar. Damit wird ein zentrales Motiv für das Schreibenlernen ausgeklammert und gleichzeitig ein Austausch über Geschriebenes verunmöglicht. Einfach nur abzuwarten bis die Kinder „von selbst" lesen können und die Stützung dieser Argumentation mit einer „Belehrungsimmunität" entbehren wissenschaftlicher Fundierung.

Operiert wird zudem mit einem *eindimensionalen Lesebegriff*, indem nur das sogenannte „Blitzlesen" als Lesen bezeichnet wird. Natürlich ist es richtig, dass der kompetente Leser „mit einem Blick" Wörter, ja sogar Satzteile liest, aber selbst für ihn ist diese Fähigkeit kontextabhängig, d.h. selbst der erfahrene Leser fängt bei ungewöhnlichen und langen Wörtern an, sie wieder in Teile zu zergliedern und zu erlesen. Durchgliedern von Schriftsprache ist eine latente und notwendige Kompetenz des Schriftkundigen. Insbesondere für die Risikokinder des Schriftspracherwerbs stellt die Reichen-Methode in ihrer Absage an ein übendes Erlesen, eine Gefahr dar: Wie die Analyse des Leseprozesses und die Zusammenfassung der Forschungsbefunde über die typischen Schwierigkeiten schwacher Leser gezeigt haben, liegen ihre Probleme gerade in der phonologischen Rekodierung von Wörtern. Demgegenüber ist der Zugriff auf den Sichtwortschatz vergleichsweise unproblematisch. Die Reichen-Methode enthält damit gerade jenen Kindern, die in besonderem Maße auf eine Hilfestellung angewiesen wären, einen didaktisch-methodisch strukturierten Erwerb des Lesens vor.

Vergleichbares gilt für den Schreiblernprozess: Die Befürchtungen eines unzureichenden Orthographieerwerbs durch das Fehlen von Vorbildern für das Richtig-Geschriebene lassen sich auch empirisch untermauern (vgl. Kap.7).

Aufgrund dieser schwerwiegenden Einwände gegen das Reichen-Konzept und der auch lernpsychologisch fragwürdigen Argumentationslogik dieses Ansatzes kann auf eine Darstellung des Unterrichtmaterials verzichtet werden.

6.4 Tabellarische Übersicht und Vergleich der Grundelemente didaktisch-methodischer Konzepte zum Schriftspracherwerb

Eine Anmerkung zum Verständnis der nachfolgenden Übersicht erscheint notwendig: Grundlage dieses Vergleichs sind die jeweils publizierten didaktisch-methodischen Konzeptvorschläge, nicht die Unterrichtsrealität. Mit anderen Worten: In der Praxis mag es durchaus noch Lehrerinnen geben, die fibelorientierte Lehrgänge nicht als halboffene Unterrichtsverfahren praktizieren, es geht hier aber darum, die von den Fibelvertretern in ihren Lehrerhandbüchern und sonstigen Publikationen geäußerten Vorstellungen über die Realisierung ihres Konzepts deutlich zu machen. Auf der anderen Seite mag es aber auch Lehrerinnen geben, die sich als Vertreter „offenen" Unterrichts bezeichnen, de facto aber erst in Ansätzen eine „Öffnung" vollziehen. Nicht zuletzt gibt es in der Praxis eine „Reichen-Gemeinde", in der aber de facto das Prinzip „Lesen durch Schreiben" zumeist nur in einzelnen Ideen aufgegriffen wird. Diese Uneindeutigkeit der unterrichtspraktischen Realisierung der verschiedenen Konzepte soll nicht in Abrede gestellt werden. Die nachfolgende Tabelle markiert die sozusagen idealtypischen Diffenzierungen der aktuellen Konzepte des Schriftspracherwerbs.

Synopse aktueller Konzepte des Schriftsprachenerwerbs

Leitideen Methodische Prinzipien und Unterrichtsgestaltung	**Halboffene Lehrgänge**	**Offene Unterrichtsmethoden**	
		Spracherfahrungsansatz	**Lesen durch Schreiben**
	z. B. Tobi, Lollipop, Jo Jo, ABC Reise, FARA + FU Metze, Neuhausen, Hinrichs	Brügelmann, Brinkmann, Balhorn etc.	Jürgen Reichen
Stellenwert des Schriftspracherwerbs	**direkte Hinführung zu den Strukturprinzipien der Schriftsprache**	**Lesen und Schreiben als bedeutungsvolle Handlungen in einem sozialen Kontext sind Basis und Motor des Schriftspracherwerbs**	**nicht Lesen und Schreibenlernen stehen im Vordergrund, sondern das Lernen des Lernens**
	Effektivität der Unterrichtsorganisation steht im Vordergrund	**kommunikative Funktion des Schriftspracherwerbs steht im Vordergrund**	**selbstgesteuertes Lernen steht als lernpsychologisches Prinzip im Vordergrund**
	Ansatzmöglichkeiten zu fächerübergreifendem Arbeiten	**häufiges fächerübergreifendes Arbeiten**	**durchgängig fächerübergreifendes Arbeiten**
Bezug von Lesen und Schreiben	**Zusammenhang von Lese- und Schreiblehrgang**	**Freie Texte von Anfang**	**Kinder dürfen zunächst nur auflautierend schreiben, nicht lesen.**
		ausgeprägte Vorlesekultur	
	emotionale Rahmung des Unterrichts durch Aufbau einer „Fibelerlebnis-Welt“	**Schriftspracherwerb durch Schriftsprachgebrauch**	**Prämisse: Häufiges Verschriften führt automatisch zum Lesen**

Lesemethode	**analytisch-synthetische Methodenkombination**	**Eröffnung unterschiedlicher Zugriffsweisen auf Schriftsprache**	**Lesen durch Schreiben** **Verzicht auf Leseübungen**
Buchstabeneinführung	**systematische und für alle verbindliche Einführung der Buchstaben entsprechend den Fibelvorgaben mit jeweils parallelen Übungen in den Schreiblehrgängen** **Einschleifen einer verbindlichen Schreibmotorik** **Groß- und Kleinbuchstaben**	**arbeiten am „Buchstaben der Woche“, parallel Freies Schreiben mit der Anlauttabelle** **geringere Bedeutung des schreibmotorischen Aspektes** **z.T. Votum für Großbuchstaben**	**von Anfang an alle Buchstaben (Anlauttor)** **Kinder können sich aussuchen, welche Buchstaben sie schreiben wollen.** **Kein Training von Buchstabenkenntnissen, sondern „Schreibferien“ für Kinder, die lautgetreu nicht verschriften können oder wollen.** **kein Druckschriftlehrgang** **kein Üben der Schreibschrift** **elektronische Anlauttabellen**
Dimensionen der Öffnung des Unterrichts	**Verbindung von direkter Instruktion und binnendifferenzierten Übungsphasen**	**1. Methodisch-organisatorische Öffnung,** **2. Didaktisch-inhaltliche Öffnung** **3. Pädagogisch-politische Öffnung** **Strukturierung der Öffnung durch die „Didaktische Landkarte“**	**1. Werkstattunterricht** **2. selbstgesteuertes Lernens** **3. Prinzip der minimalen Hilfe**

Fortsetzung: Synopse aktueller Konzepte

Differenzierungsformen	**Differenzierung „von oben“**	**Differenzierung „von unten“**	**Schulisches „Schwedenbuffet“**
Sozialformen	**Einzelarbeit, Partnerarbeit,**	**Vielfalt an Sozialformen**	**individualisierte Arbeitsformen + Chef-System**
Unterrichtsformen	**lehrerzentrierte Unterrichtsformen** **teilweise Stationentraining mit den Fibelmaterialien**	**Wochenplan** **Freie Arbeit** **Projekte zu bestimmten Themen**	**Werkstattunterricht**
Lerntempo	**Dominanz gleichschrittiger Unterrichtsphasen, die durch die systematische, linear - hierarchische Schrittfolge des Lehrgangs vorgegeben ist.**	**Die individuelle Lernentwicklung bestimmt die Reihenfolge und das Bearbeitungstempo der Lernziele unter Berücksichtigung psychologischer und linguistischer Aspekte**	**freigestellt**
Lerninhalte	**Fibel und Materialien, wiederholendes Üben des Fibel-Grundwortschatzes**	**Wörter und Texte der Kinder, gemeinsamer Aufbau eines Grundwortschatzes**	**die „ganze Welt der Wörter“ und die Anlauttabelle**

Lehrerrolle	**Vermittler des Lehrgangs – instruierendes Vormachen**	**Organisator , kritischer Begleiter kindlicher Lernprozesse + Entwickler von Lernmaterial**	**Prinzip der minimalen Hilfe**
Stellenwert von Lernbeobachtungen	**praxisbezogene diagnostische Hinweise und Fördervorschläge im Lehrerhandbuch**	**praxisbezogene diagnostische Hinweise und Fördervorschläge in der „Ideenkiste“**	**Lernbeobachtungen haben keine Bedeutung**
Umgang mit Fehlern	**Prinzip der Fehlervermeidung durch Dominanz von Materialien in normgerechter Schreibweise** **Fehlertoleranz bei freien Verschriftungen in der Anfangsphase**	**Hoher Stellenwert Freien Schreibens** **Fehlertoleranz**	**lautgetreue Verschriftungen sind dominantes Ziel des Anfangsunterrichts** **Skelettschreibungen werden nicht akzeptiert**
Konfrontation mit der Rechtschreibnorm	**Präsenz der Rechtschreibnorm von Anfang an durch die genormte Schreibweise der Lehrgangsmaterialien** **strukturierte Rechtschreibübungen und Grundwortschatztraining nach Abschluss der lautorientierten Phase**	**Sammeln von orthographischen Modellwörtern (eigene Wörter, „Klassen-Wörter“)** **Freies Schreiben mit dem Anspruch auf Richtigschreibung bei „Veröffentlichung“** **Anregungen zur Selbstkontrolle durch Wörterbücher, Schreibkonferenzen etc.**	**Bis zur 2. Klasse ausschließlich lautgetreue Verschriftung, wobei Groß- und Kleinbuchstaben, fehlende Wortzwischenräume und Orthographiefehler ohne Korrektur bleiben.**

6.5 Literatur

Balhorn, H.: Heiko Balhorn fragt nach. In: Balhorn, H. u.a. (Hg.): Schatzkiste Sprache 1. Von den Wegen der Kinder in die Schrift, Frankfurt a.M. 1998, S. 333-336.

Brügelmann, H./Brinkmann, E.: Die Schrift erfinden. (Darin u.a. : „Ein Lehrgangsöffner für Ihre Fibel“, S. 179-184), Lengwil 2001.

Dehn, M. u.a. (Hg.): Elementare Schriftkultur. Schwierige Lernentwicklung und Unterrichtskonzept, Weinheim 1996.

Dräger, M.: Am Anfang steht der eigene Text, Heinsberg 1995.

Grünwald, H.: Schreibenlernen mit der vereinfachten Ausgangsschrift. In: Grundschule 13 (1981), 2, S. 61-65.

Grünwald, H.: Weniger Rechtschreibfehler – durch veränderte Ausgangsschrift. In: Grundschule13, (1981), 2, S. 66-68.

Kirchbaum, G. (Hg.): Mehr gestalten als verwalten! Bd. 5: Einführung der Vereinfachten Ausgangsschrift an Grundschulen – Informationen, Argumente, Strategien, Materialien. Frankfurt a.M. 1987.

Mahlstedt, D.: Lernkiste Lesen und Schreiben. Fibelunabhängige Materialien zum Lesen- und Schreibenlernen für Kinder mit Lernschwächen, Weinheim/Basel 1999.

Mauthe-Schonig, D. u.a.: Lesen lernen im Anfangsunterricht, Weinheim/Basel 2000.

Reichen, J.: Hannah hat nur Kino im Kopf. Die REICHEN-Methode Lesen durch Schreiben und ihre Hintergründe für LehrerInnen, Studierende und Eltern, Hamburg/Zürich 2001.

Reichen, J.: Lesen und Schreiben von Anfang an? Nein!!! Heiko Balhorn fragt nach – Jürgen Reichen antwortet. In: Balhorn, H. u.a.(Hg.): Schatzkiste Sprache 1. Von den Wegen der Kinder in die Schrift, Frankfurt a.M./Hamburg 1998, S. 327-431.

Richter, S.: Bessere Rechtschreibung durch die Vereinfachte Ausgangsschrift? Deutsche Lehrerzeitung 3/4 (1997) 11.

Röber-Siekmeyer, Ch.: Die Schriftsprache entdecken. Rechtschreiben im Offenen Unterricht, Weinheim/Basel 1997.

Röber-Siekmeyer, Ch./Pfisterer, K.: Silbenorientiertes Arbeiten mit einem leseschwachen Zweitklässler. Begründung und Beschreibung einer nicht buchstabenorientierten Unterrichtsfolge zum Lesenlernen. In: Weingarten, R./Günther, H. (Hg.): Schriftspracherwerb, Baltmannsweiler 1998, S. 36-61.

Scheerer-Neumann, G.: Ein offener Brief an Jürgen Reichen. In: Les-Bar 1 (1995), S. 13-15.

Spitta, G.: Von der Druckschrift zur Schreibschrift, Frankfurt a.M. 1988.

Spitta, G.: Kinder schreiben eigene Texte: Klasse 1 und 2, Frankfurt a.M. 1997.

Topsch, W.: Das Ende einer Legende. Die Vereinfachte Ausgangsschrift auf dem Prüfstand, Donauwörth 1996.

Valtin, R.: Zur Entstehung von Lern-Behinderungen durch falsche Lehr-/Lernkonzepte beim Schriftspracherwerb. In: Eberwein, H. (Hg.): Handbuch Lernen und Lern-Behinderungen, Weinheim 1996, S. 369-387.

Wallrabenstein, W.: Profil und Beurteilung offenen Unterrichts. In: Die Grundschulzeitschrift. Sonderheft „Öffnung der Grundschule“ (1989), S. 42.

Wilde, D.: Zur Beurteilung „offenen“ Unterrichts. Im Internet unter: http://www.dagmarwilde.de/kvdiv/beurteilungoffen.html

7. Methoden des Schriftspracherwerbs zwischen Programmatik und Empirie

7.1 Zur historischen Entwicklung von Leselehrmethoden

Wenn vor fast 500 Jahren Valentin Ickelsamer seine Lesedidaktik mit den Worten einführte „Die rechte weis aufs kürtzist lesen zu lernen“ dann ist damit eine Zielrichtung vorgegeben, die nach dem PISA-Debakel neue Aktualität gewonnen hat. Diese Interpretation ist keineswegs selbstverständlich, denn einerseits glaubte man immer wieder bereits die „rechte weis“ gefunden zu haben und andererseits ist das Kriterium der Effizienz des Leselehrgangs nicht unumstritten, denn natürlich kann man andere Zielsetzungen für wesentlich halten (zu einer differenzierteren Analyse des Konstrukts der Unterrichtsqualität vgl. Clausen 2002). Beide Aspekte sind auch nicht unabhängig voneinander, denn wenn nicht die Schnelligkeit des Lernerfolgs, sondern beispielsweise Kommunikationsfähigkeit, Persönlichkeitsentwicklung, Enkulturation oder selbstgesteuertes Lernen als Zielkategorie Priorität haben, dann ergeben sich auch jeweils unterschiedliche Interpretationen für das, was als „rechte weis“ angesehen wird.

Die Kontroversen um die zentral angezielten Fähigkeitsdimensionen spiegeln nicht nur allgemein bildungstheoretische und -politische Auseinandersetzungen, sondern immer auch fachdidaktische Überlegungen zum Stellenwert von Mündlichkeit und Schriftlichkeit, zum methodischen Fokus der Unterrichtskonzeption zwischen Lehr- und Lernorientierung und schließlich der sprachlichen Einheit, von der der Anfangsunterricht ausgehen solle: dem Buchstaben/Laut, der Silbe, dem Wort, dem Text. Gerade der letzte Punkt hat historisch gesehen zunächst im Vordergrund der Auseinandersetzungen gestanden.

Heute kaum noch vorstellbar bestand Leseunterricht lange Zeit darin, Buchstabennamen und ihre Schreibweise mechanisch einzuprägen. Diese „*Buchstabiermethode*“ berücksichtigte also nicht den Lautwert der einzelnen Buchstaben und bestand in einem hierarchisch geordneten Lehrgang: Zuerst mussten die Buchstabennamen auswendig gelernt werden, dann wurden Silben zusammengelesen (Syllabieren) und schließlich erfolgte nach jahrelangem Unterricht das Lesen ganzer Wörter und Texte. So blieb „die Kunst des Lesens“ bis zum Beginn der Neuzeit ein Privileg.

Ickelsamer trat an, diese umständliche Buchstabiermethode durch die Bezugnahme auf den Lautbuchstaben und seine Aneinanderreihung zum Wortganzen zu überwinden.. Auch Comenius forderte ein Jahrhundert später einen lautsynthetischen Lehrgang. Gleichwohl kam es erst 1872 in Preußen zu einem Verbot der Buchstabiermethode. Damit stellte sich aber ein neues methodisches Problem: Denn wie sollte man den Kindern die Lautung der Buchstaben beibringen? Und wie konnte aus dem einzelnen Laut eine Lautkombination und schließlich ein Wort gewonnen werden? Je nachdem, ob die Laute aus dem Anlaut als eigenem Sinnträger oder durch Nachahmung von Geräuschen gewonnen wurden, ließen sich verschiedene *Lautiermethoden* unterscheiden:

Die heute noch übliche *Anlautmethode*, bei der die Lautgewinnung über das Abhören des ersten Phonems eines Wortes erfolgt, wurde bereits von Ickelsamer vorgeschlagen. Da die Bezugnahme auf einen Laut wenig kindgemäß erschien, kam man aber schon bald zur *Sinnlautmethode*, bei der jedes Phonem mit einem eigenen Empfindungs- oder Naturlaut belegt wurde, beispielweise das „I“ mit dem Krähen des Hahns, das „M“ für das Muhen der Kuh. Wurden die Laute auch auf menschliche Äußerungen bezogen, wie beispielsweise das „O“ für Staunen, dann wurde das Verfahren auch als „*Interjektionsmethode*“ bezeichnet. In der Unterrichtspraxis wurde viel Wert auf die emotionale Ladung der Lautgeschichten gelegt, da hierin die entscheidende Stütze für den Gedächtniseintrag gesehen wurde. Genau dies erwies sich aber als hinderlich, weil vor lauter emotionaler Aufladung der Blick auf die Lautstruktur eines Wortes letztlich verstellt wurde.

Soll ein nach der Sinnlautmethode unterrichtetes Kind beispielsweise das Wort „Hase“ lesen, dann muss es folgende Assoziationen verarbeiten: „H’ haucht der Hund, wenn er schnell läuft, ‚a’ ruft die Mutter, wenn sie an den Maiglöckchen riecht, ‚s’ summt die Blume, ‚e’ ruft der Fuhrmann dem durchgehenden Esel zu. Diese Vielfalt von Vorstellungen lässt den eigentlichen Sinn des Wortes ‚Hase’ nicht aufkommen“ (Reinhard 1962, S. 24).

Der großen Schwierigkeit bei lesesynthetischen Verfahren, das Zusammenlesen einzelner Grapheme zu Wörtern, versuchte man durch weitere Hilfskonstruktionen zu begegnen. Einige setzten auf das immer raschere Zusammenlesen, als ob sich aus dem schnelleren Sprechen einzelner Laute rein additiv ein Wort ergäbe. Andere versuchten in der Tradition des Taubstummenlehrers Grosselin, das Problem des Zusammenlesens durch Lautgebärden zu visualisieren. Obwohl *Lautgebärdensysteme* bis heute – insbesondere im Sonderschulbereich – Verwendung finden, ist ihre Effektivität empirisch nicht gesichert.

Die *Vokalisationsmethode* von Richard Lange versuchte, über das Üben eines sprechtechnischen Vorgangs die Wortbildung zu erleichtern. Er ordnete den einzelnen Konsonanten keine Phoneme zu, sondern ließ sie mit einem für sie typischen Namen benennen: „H“ galt als Haucher, „L“ als Laller usw. Die auf diese Weise bezeichneten Konsonanten sollten nun sofort mit jeweils einem Vokal verbunden werden. Die Anweisung des Lehrers lautete dann „Hauche das ‚A', summe das ‚E'" und dann, so wurde erwartet, konnte der Schüler „Hase" sagen. Diese Beispiele zeigen, dass streng lesesynthetische Verfahren zu einer Überbetonung der Lesetechnik neigen, die letztlich die Sinngenese erschwert.

Während also die synthetischen Methoden mit eigentlich sinnneutralen Elementen, den Lauten, beginnen, setzen die *analytischen Methoden* bei ganzen Wörtern (*Ganzwortmethode*), Wortgruppen oder kurzen Sätzen (*Ganzsatzmethode*) an. Die erste Lernphase besteht in dem Einprägen ganzer Wortbilder, ohne dass die Kinder bereits über Buchstabenkenntnisse verfügen würden. Bereits 1770 empfahl Friedrich Gedike zum erstenmal einen ganzheitlichen Erstleseunterricht. Er war sich allerdings der Notwendigkeit bewusst, die Schüler neben dem Wortbildlesen auch mit dem Lautwert der einzelnen Schriftzeichen vertraut machen zu müssen. Dieser sollte sich allerdings auf Grund des Analogiegefühls allmählich von selbst einstellen. Auch Christian Trapp (1745-1818) war ein Vertreter einer ganzheitlichen Vorgehensweise, wobei hier durch seine philanthropische Argumentation deutlich wird, wie die Präferenz einer bestimmten Methode mit anderen, nicht primär methodischen Entscheidungen verknüpft wird. Für ihn standen, wie für viele nach ihm, das ganzheitliche Sprachlernen und die ganzheitliche Wahrnehmung des Lebens in unmittelbarem Zusammenhang.

Kennzeichen einer streng *lautanalytischen Methode*, die auch als „*Normalwortmethode*" bezeichnet wird, war der Ausgang von dem Inhalt eines Wortes. Der Lehrer las ein Wort vor, dieses wurde dann gedehnt gesprochen, so dass die einzelnen Phoneme hörbar wurden. Für eine derartige Operation waren natürlich nur lautgetreue Wörter geeignet und die Vertreter dieser Methode setzten bald ihren Ehrgeiz darin, mit möglichst wenigen Wörtern, alle Phoneme und Grapheme zu repräsentieren. Abgesehen davon, dass aus linguistischer Sicht die Konstruktion des Normallautes problematisch ist, geriet damit aber auch dieser methodische Ansatz zu einem eher technischen Leselehrverfahren.

Wenn heute von der „*Ganzheitsmethode*" gesprochen wird, sind damit nicht diese streng lautanalytischen Verfahren gemeint, sondern ein eher ganzheitlich-analytisch-synthetisches Verfahren, das im Kontext der Gestalt psychologie zu sehen ist. Brückl, Wittmann und die Brüder Kern sahen im Lesevorgang kein summatives Aneinanderreihen einzelner Laute zu Silben und Wörtern, sondern vielmehr einen einmaligen, ganzheitlichen Wahrnehmungsprozess der Wortgestalt. Kerschensteiner hatte schon 1913 dieses methodische Vorgehen in den USA kennengelernt, was sich jedoch in der methodischen Umsetzung als schwierig erwies. Obwohl die ersten Geschichten in der Übersetzung des amerikanischen Erstlesebuches „The Progressive Road to Reading" aufgrund der häufigen Wiederholungen nur wenige Wörter enthielt, hatten die Kinder große Mühe, sich die vielen Wortbilder einzuprägen. Große Akzeptanz fand demgegenüber in den 1950er und 60er Jahren das

Konzept der Kerns (1963), das bereits einen detaillierten Phasenplan des Lesenlernens enthielt:

- naiv-ganzheitliches Lesen, d.h. die Sinnfindung erfolgte nur aufgrund des Kontextes nicht der Buchstabenkenntnis,
- optische Analyse, d.h. Durchgliederung des Wortes durch markante Zeichen der äußeren Form,
- akustische Analyse, d.h. Zuordnung der Laute zum Schriftbild, wobei die Kerns (vgl. 1963, S.32) explizit ein Anlautverfahren vorschlugen,
- Synthese insbesondere durch Wortaufbau- und Satzergänzungsübungen,
- Erlesen unbekannter Wörter, wobei Sinnrahmen und Antizipation wichtige Hilfestellungen für das Entziffern fremder Texte bieten sollten.

Ganzheitliche (analytische) Methoden betonen den semantischen Aspekt der geschriebenen Sprache. Der Sinn des Gelesenen soll Ausgangspunkt des kindlichen Lernprozesses sein, wobei in der Praxis das Problem auftrat, dass die Phase naiv-ganzheitlichen Lesens und auch die Bedeutung optischer Analyse übergewichtet wurden.

7.2 Der historische Methodenstreit und gegenwärtige Konzepte zur Unterrichtsqualität

Der Streit zwischen den Synthetikern und den Vertretern der Ganzheitsmethode wurde in der Nachkriegszeit über zwei Jahrzehnte erbittert geführt und durch empirische Untersuchungen beigelegt, die die Effektivität beider Methoden verglichen (vgl. Müller 1964, Schmalohr 1961, Ferdinand 1970, 1972).

Fazit dieses Methodenvergleichs war eine kurzfristige Überlegenheit synthetisch unterwiesener Schüler und auch eine höhere Lerneffektivität dieser Methode für leistungsschwächere Schüler (Müller 1964). Gleichwohl zeigte sich aber, dass sich spätestens bis zum Abschluss der Grundschulzeit die Methodeneffekte parallelisiert hatten.

Dieses Ergebnis überraschte zunächst, denn gerade Ferdinand hatte auf die Konzeption eines experimentellen Forschungsdesigns besondere Sorgfalt verwand, um potentielle Differenzen exakt bestimmen zu können:

Die Ausgangsleistungen der Stichprobe (22 Klassen) wurden durch Schulreife- und Intelligenztests kontrolliert, die Ordnungsgemäßheit der methodischen Durchführung wurde von den zuständigen Schulräten überwacht und in regelmäßigen Teambesprechungen gesichert (vgl. Ferdinand 1970, S. 38). Interessant ist, dass *eine* Lehrerin jeweils zwei Klassen unterrichtete und zwar eine nach dem synthetischen und die andere nach dem analytischen Verfahren. Selbst die persönliche Methodenpräferenz der Lehrerinnen wurde kontrolliert, d.h. je fünf Lehrerinnen gaben jeweils an, eigentlich mehr die ganzheitliche bzw. die synthetische Methode zu favorisieren. So hoffte man, ein äußerst faires Arrangement für den Vergleich gefunden zu haben, hat aber möglicherweise diese Objektivität durch einen Verlust an Validität erkauft: Aus heutiger Perspektive erscheint die Annahme gerechtfertigt, dass eine methodische Differenz gerade deshalb nicht sichtbar werden konnte, weil beide Varianten durch ein und dieselbe Person durchgeführt wurden und somit die Effekte der personalen Kompetenz der Lehrerin jeweils stärker wirksam werden konnten als die methodische Varianz. Diese Interpretation lässt sich durch neuere Untersuchungen zur Unterrichtsqualität stützen, die zeigen, dass erfolgreich unterrichtende Lehrerinnen nicht durch ein homogenes Verhaltensmuster beschreibbar sind (vgl. May 2002). Defizite in einem Bereich lassen sich durch Stärken in einem anderen Bereich ausgleichen (vgl. Helmke/Weinert 1997). So ist es plausibel, dass ggf. auch Schwächen eines bestimmten methodischen Verfahrens durch eine kompetente Lehrerin ausgeglichen werden. Außerdem darf man nicht übersehen, dass beide methodischen Ansätze zu Beginn zwar differieren, auf den gesamten Lernprozess hin betrachtet, aber sowohl synthetische als auch analytische Prozesse beinhalten. Der kurzfristige Vorteil des synthetischen Verfahrens könnte dafür sprechen, dass unter diesem methodischen Zugriff eher Übungsformen Gewicht haben, die das phonologische Bewusstsein schulen. Außerdem könnte der Zeitpunkt, zu dem ganzheitliche Verfahren zu einer Wortdurchgliederung kommen, schlicht zu spät sein, um noch Trainingseffekte für die Entwicklung metalinguistischer Fähigkeiten zu haben.

Eine derartige Interpretation der Qualität von Unterricht ist aber in den Anfängen der empirischen Analyse von Leselehrmethoden noch nicht üblich gewesen. Das skizzierte Design favorisierte vielmehr eine variablenzentrierte Sicht der Analyse von Unterrichtsmethode, indem einzelne Merkmale des Unterrichts (hier die Leselehrmethode) mit dem erzielten Lernerfolg in Beziehung gesetzt wurden. Dies ist lange die dominierende Methode der Unterrichtsforschung gewesen, bei der aber das Problem besteht, dass Varianzen unbeachtet bleiben, die durch die jeweils unterrichtende Lehrerin, die Heterogenität der jeweiligen Klassenzusammensetzung (bes. Sprache, Geschlecht, Vorwissen) und die Zeitstruktur der Entwicklung spezifischer Fachkompetenzen bedingt sein können. Eine methodenzentrierte Unterrichtsforschung steht damit in der Gefahr, eine problematische Linearität von Beziehungen auf mehreren Ebenen zu unterstellen:

1. Die „Reinheit“ der methodischen Choreographie, d.h. Methodenvergleiche zum Schriftspracherwerb setzen notwendig die Trennschärfe fachdidaktischer Arrangements voraus, die in der Unterrichtspraxis kaum anzutreffen sein wird.

2. Die „Stetigkeit“ methodischer Wirkungen, d.h. es wird implizit davon ausgegangen, dass Methodeneffekte sich in immer gleicher Weise fortschreiben.
3. Die Vernachlässigung des „differenziellen Profits“ von Unterrichtsmethoden, d.h. ein und dieselbe Unterrichtsmethode kann je nach Eingangsvoraussetzungen auf Schülerseite zu ganz unterschiedlichen Wirkungen führen.
4. Die vermeintliche „Laborsituation“ einer Klasse, d.h. Unterrichtsvariablen werden für kontrollierbar gehalten, obgleich Unterricht immer nur ein Angebot ist, bei dem grundsätzlich offen ist, wie dieses Angebot von den Schülern wahrgenommen und interpretiert wird und zu welchen Lernaktivitäten es führt. Man spricht hier von Mediationsprozessen auf Schülerseite, die ihrerseits zu einem je spezifischen Klassen- und Unterrichtsklima beitragen.
5. Die scheinbare Austauschbarkeit der Lehrperson, d.h. Methodenvergleiche suggerieren, von der jeweiligen Lehrerpersönlichkeit absehen zu können, obwohl die Inszenierung einer Unterrichtsmethode auch durch die Lehrexpertise der jeweils unterrichtenden Lehrerin moderiert wird.

Aus heutiger Sicht kann man generell die Frage stellen, ob die Erwartung berechtigt ist, dass unterschiedliche Leselehrmethoden überhaupt zu *längerfristigen* Leistungsdifferenzen führen können: Zwar sind Längsschnittstudien zur Lese-Rechtschreibentwicklung im Grundschulalter bis heute nur punktuell durchgeführt worden, aber sie zeigen immer wieder die Stabilität interindividueller Leistungsunterschiede und zwar bereits zu einem sehr frühen Zeitpunkt (vgl. Juel 1988, Boland 1993, Klicpera u.a. 1993). So gilt der hohe prognostische Wert in Merkmalen phonologischer Informationsverarbeitung (phonematisches Dekodieren, phonologisches Gedächtnis, sprachgebundene Informationsgeschwindigkeit) sowie der Buchstabenkenntnis für die Anfangsphase des Schriftspracherwerbs zwar als gesichert, aber die Bedeutung dieser Faktoren nimmt mit zunehmenden Alter der Kinder ab. Spätestens nach der 2. Klasse kommen der Allgemeinbegabung und vor allem den bereichsspezifischen Vorkenntnissen vergleichsweise größere Bedeutung zu (vgl. Klicpera u.a. 1993).

Die in der SCHOLASTIK-Studie ermittelten Interkorrelationen über die ersten sechs Grundschuljahre zeigen, dass für das Leseverständnis die individuellen Unterschiede schon im zweiten Schuljahr relativ stabil ausfallen; für die Rechtschreibung gilt dies zum Ende des 2. Schuljahres. Die höchste Stabilität (r=.78) wird für den Zeitraum zwischen dem Ende des 3. und 4. Schuljahres ermittelt (vgl. Schneider u.a. 1997). Dieser frühzeitig einsetzende Stabilitätstrend lässt sich auch auf Klassenebene feststellen und zwar selbst dann, wenn ein Lehrerwechsel stattfindet: Selbst bei einem Lehrerwechsel nach der 2. Klasse bleibt die Stabilität der Rechtschreibleistung mit r=.88 zwischen Ende der 2. und Ende der 3. Klasse extrem hoch und liegt außerdem deutlich höher als die Stabilitätswerte (r=.59), die zu Beginn und zu Ende des zweiten Schuljahres erhoben wurden.

Dieser gleichsam synergetische Effekt erfolgreich lernender Klassen korreliert auch mit dem Leistungszuwachs insbesondere der lernschwächeren Schüler.

Wie die Längsschnittstudien von May und Hüttis-Graf gezeigt haben, ist gerade die Leistungsentwicklung dieser Schüler von einer erfolgreichen Lernumgebung der gesamten Klasse abhängig. Mit anderen Worten: Die Wahrscheinlichkeit, dass leistungsschwache Schüler zu individuell hohen Leistungszuwachsraten gelangen, ist dann besonders hoch, wenn auch die Lernentwicklung der gesamten Klasse hoch ist. Gleiche Fördermaßnahmen sind unterschiedlich erfolgreich, je nachdem zu welcher Klasse ein Kind gehört. Ist der Klassenunterricht effektiv, dann wirken sich auch die Fördermaßnahmen besonders günstig aus. Gerade die leistungsschwachen Schüler sind damit in besonderem Maße auf einen lernförderlichen Unterricht angewiesen.

Resümiert man nun den Stand empirischer Lehr-Lernforschung im Hinblick auf die Frage, welche Bedingungen lernförderlichen Unterricht ausmachen, so zeigen die SCHOLASTIK-Daten, dass folgende Merkmale der Unterrichtsqualität die Mathematikleistung beeinflussen:

- Effektivität der Klassenführung[1]
- Motivierungsqualität des Lehrers,
- Klarheit der Instruktion in der Schülerwahrnehmung
- Fachliche Unterstützung der Lernenden durch den Lehrer
- Strukturiertheit der Instruktion
- Variabilität der Unterrichtsformen

Dagegen erwies es sich für den durchschnittlichen Leistungsfortschritt der Klasse als irrelevant, ob Lehrer Wert auf eine spezielle Förderung leistungsschwacher Schüler legen; gleiches gilt für das soziale Klassenklima[2]. Allerdings ließen sich diese Zusammenhänge nicht für das Verhältnis von Unterrichtsqualität und Entwicklung von Rechtschreibleistungen replizieren. Hier zeigte sich zunächst, dass die durchschnittliche Leistungsentwicklung einer Klasse – anders als in Mathematik – signifikant vom durchschnittlichen Intelligenzniveau der Klasse (gemessen am Ende der 1. Klasse) abhängig ist. Helmke und Weinert halten es nicht für ausgeschlossen, dass diese Ergebnisse an einer mangelnden curricularen Validität der Tests liegen könnten, aber auch daran, dass fachdidaktische Kompetenzen und Unterrichtsmaterialien

1 Ein erstaunlicher Befund: Je größer die Klasse, desto effizienter die Klassenführung, desto strukturierter der Unterricht und desto aktiver unterstützt und kontrolliert der Lehrer einzelne Schüler (Helmke/Weinert 1997, S. 247).

2 Auch das Sozialklima ist in großen Klassen tendenziell günstiger ausgeprägt (r=.28) (vgl. Helmke/Weinert 1997, S. 247).

im Rechtschreibunterricht möglicherweise eine stärkere Rolle spielen als die allgemeine didaktische Qualität des Unterrichts und die Klassenführung. Ferner wäre es möglich, dass gerade der Erfolg im Rechtschreiben stärker von außerunterrichtlichen Faktoren abhängig ist als in Mathematik, da gerade in anregungsreichen Elternhäusern eine höhere Präsens der Schriftkultur gegeben ist.

Studien und Sammelreferate aus dem angloamerikanischen Raum zu dem Verhältnis von Unterrichtsqualität und Leistungsentwicklung betonen die Instruktionseffektivität von behandeltem Stoffumfang, aktiver Lernzeit (time on task), akademischem Focus und Aufgabenorientierung (vgl. Rosenshine 1969, 1979). Brophy und Good (1986) haben sich intensiv mit dem Problem des Niveaus und der Interaktionsqualität von Lehrerfragen (z.B. Wartezeit bis zum Aufrufen, Reaktion auf richtige und falsche Schülerantworten) beschäftigt. Diese Beispiele zeigen bereits, dass die Forschung zur Unterrichtsqualität stark auf die Frage der Qualität des lehrergesteuerten Klassenunterrichts konzentriert ist. Erst ab Mitte der 1980er Jahre erscheinen auch Metaanalysen, in denen versucht wird, Variablen der Unterrichtsqualität mit Variablen der Schülereingangsvoraussetzungen sowie der sozial-kulturellen Umwelt zu vergleichen. Sie begründen zwar einen gewissen Optimismus (Rutter 1979, Purkey/Smith 1983, Tizard u.a. 1988, Postlethwaite/Ross 1992, Wang u.a. 1993) hinsichtlich der Effektivität von Schule und Unterrichtsvariablen im Vergleich zu den kognitiven und sozialen Eingangsvoraussetzungen der Schüler, insgesamt gesehen halten es aber manche nach wie vor für ein „fragiles Forschungsgebiet" (Berliner 1987). Gleichwohl gibt es auch für den hier zur Rede stehenden Kontext der Leistungsentwicklung in den schriftsprachlichen Fähigkeiten empirische Belege dafür, dass auf Grund der Wirkungsfaktoren schulischen Unterrichts, deutliche Leistungsunterschiede zwischen Parallelklassen derselben Schule messbar sind (vgl. Morris 1966, Klicpera/Gasteiger-Klicpera 1993). Berücksichtigt man zusätzlich die Ergebnisse der Kognitionsforschung, die die überragende Bedeutung des bereichsspezifischen Wissens für den Kompetenzerwerb herausgestellt haben, dann lässt sich ein pädagogischer Optimismus eher rechtfertigen (vgl. Krumm 1988, Weinert 1992). Selbst die Kompetenzdefizite der Vor- und Grundschulzeit lassen sich besser durch Wissensdefizite erklären als durch strukturelle kognitive Defizite. Defizite in der Intelligenz lassen sich außerdem durch Übung kompensieren (vgl. Weinert/Schneider 1999). In jüngster Zeit gibt es sogar Beleg dafür, dass selbst bei gleichem Vorwissensniveau zu Beginn eines Schuljahres, aber deutlich unterschiedlicher Unterrichtsführung, die Leistungsdifferenz zwischen Klassen am Ende eines Schuljahres bis zu zwei Dritteln einer Standardabweichung betragen kann (vgl. Gruehn 2000).

In diesen Extremgruppenvergleichen wird deutlich, dass durch die Modellierung spezifischer didaktischer Aspekte in Dimensionen konstruktivistischer Unterrichtsmerkmale und repetitiven Übens, Effektstärken differierender Unterrichtsqualität nachweisbar sind, die dem Lernzuwachs eines gesamten Schuljahres entsprechen. Da Unterricht heute gerade im Bereich des Primarstufenunterrichts variabler und offener gestaltet wird als früher, ist davon auszugehen, dass sich diese Variabilität der Unterrichtsführung auch in einer größeren Differenz der Lernerfolge unterschiedlicher Klassen wiederspiegeln wird (Rheinberg 1997).

Unterschiedliche methodische Arrangements von Unterricht können also zu differierenden Zuwachsraten an Schulleistung führen. Profile derartiger „Optimalklassen" sind in der Heidelberger Schulleistungsstudie (Treiber 1980, Treiber/Weinert 1985) in Variablen der Klassenführung, Verständlichkeit von Lehreräußerungen und Lehrstoffbezogenheit des Unterrichts beschrieben worden. Im Einzelnen sind erfolgreich lernende Klassen durch folgende Bedingungen der Schüler-Lehrer-Interaktion gekennzeichnet (vgl. hierzu auch Rolff 1993):

1. *Normorientierung und Deeskalation bei Disziplinverstößen*: Kommen in Optimalklassen Unterrichtsstörungen vor, interveniert der Lehrer sofort unter Rückgriff auf zuvor ausgehandelte Verhaltensregeln.
2. *Time on Task*: Unterricht in Optimalklassen ist lehrstofforientiert. Notwendige organisatorische Abstimmungen (Geld einsammeln, Arbeitsmaterialien austeilen etc.) laufen routinisiert und zügig ab.
3. *Effektivität der Lehr-Lernorganisation*: Nicht individualisierte Hilfen für einzelne Schüler, sondern für kleine Schülergruppen stehen im Vordergrund.
4. *Variation des Schwierigkeitsgrades* der Leistungsanforderungen, wobei bei Optimalklassen insbesondere ein hoher Anteil anspruchsvoller Fragen kennzeichnend ist.
5. *Adaptivität* d.h. die Lehrer stellen zwar inhaltlich anspruchsvolle Fragen, aber sie sind dennoch so dosiert, dass sie für die Schüler „in der Zone der nächsten Entwicklung" liegen, es gibt also eine Passung zwischen Frageniveau und sachstrukturellem Entwicklungsstand.
6. *Förderorientierung,* d.h. die Lehrer in Optimalklassen richten ihr besonderes Augenmerk auf die leistungsschwachen Schüler.
7. *Toleranz für Langsamkeit*: Lehrer in Optimalklassen lassen den Schülern Zeit bei der Beantwortung von Fragen und bei der Bearbeitung von Aufgaben.
8. *Diagnostische Sensibilität*: Hier wird besonders auf die Fähigkeit des Lehrers hingewiesen, die affektiven Lernvoraussetzungen (Leistungsangst) eines Schülers berücksichtigen zu können.
9. *Pädagogischer Optimismus*: Lehrer in Optimalklassen sind humorvoll, freundlich, loben und ermutigen ihre Schüler.
10. *Remedialität*: Optimalklassen zeichnen sich durch übungsintensive Lernsituationen aus.

Die nachfolgenden Untersuchungen bestätigten im Wesentlichen dieses Set lernförderlicher Bedingungen des Klassenunterrichts, wobei die Fragestellungen sich weiter ausdifferenzierten. So ging die Studie von Baumert u.a. (1986, 1987a,b; vorher auch schon Treiber 1980) auch der Frage nach, unter welchen Bedingungen es eher zu einer Egalisierung[3] bzw. einer Divergenzsteigerung der Leistungen innerhalb einer Klasse kommt. Die Ergebnisse zeigen, dass insbesondere dann, wenn das Unterrichtstempo hoch und die Merkmale Klarheit der Präsentation, Anspruchsniveau und Übung niedrig ausgeprägt sind, es zu einer stärkeren Zunahme von Leistungsunterschieden zwischen den Schülern kommt.

Die Untersuchungen am Nürnberger Institut für Grundschulforschung zeigten, dass Lehrer in unterschiedsausgleichenden Klassen mit allen Leistungsgruppen der Klasse in vergleichbarer Weise kommunizieren, während sich die Gespräche der Lehrer in unterschiedsverstärkenden Klassen vornehmlich auf das leistungsstärkste Drittel konzentrieren (vgl. Treinies/Einsiedler 1996).

In der Münchener Schulleistungsstudie in 5. Hauptschulklassen (Helmke u.a. 1986) galt das Interesse insbesondere der Frage, welche Wechselwirkungen es zwischen Schulleistungsentwicklung, Einstellungen und Selbstkonzept[4] eines Schülers und Variablen der Unterrichtsqualität gibt. Unterrichtsmethodische Kompetenz eines Lehrers zeigte sich in dieser Studie in wohldosierten Strukturierungshinweisen und in der Prägnanz der Lehrererklärungen, wobei insbesondere Lehrer mit hoher diagnostischer Kompetenz zu einem angemessenen Pacing des Instruktionsverhaltens in der Lage waren.

In diesen methodisch anspruchsvollen Studien werden also bereits Interaktionen zwischen Instruktionsvariablen aufgezeigt, von denen angenommen werden kann, dass sie nicht generell, sondern situationsspezifisch oder auch im Hinblick auf unterschiedliche Leistungsgruppen von Schülern, differenzielle Wirkung haben.[5]

Einsiedler schließt hieran die Forderung, dass die Untersuchungspopulationen künftig stärker theoriegeleitet ausgesucht werden sollten, neben Lei-

---

3 Unterrichtsansätze, die auf eine Egalisierung des Leistungsniveaus der Schüler gerichtet sind, werden als „zielerreichender Unterricht" (mastery learning vgl. Arlin 1984) bezeichnet. Erst dann, wenn alle Schüler einer Klasse ein definiertes Lernziel erreicht haben, wird ein neues Lernziel angestrebt. Repetitives Üben zur Festigung der Basiskompetenzen sind typisch für diesen Ansatz.

4 Die Förderung des Selbstkonzeptes und der Selbstwirksamkeitserwartung der Schüler wird als ein Faktor der Leistungsentwicklung gesehen (vgl. deCharms 1979, Krapp/Prenzel 1992)

5 Unterrichtskonzepte, die die Berücksichtigung der individuellen Eingangsvoraussetzungen der Schüler auch für die konkrete Unterrichtsführung und Aufgabenstellung verlangen , sind im Kontext der ATI-Forschung (aptitude-treatment-interactions vgl. Corno/Snow 1986) untersucht worden. In diesem Forschungsansatz geht es also darum, gerade die Effekte differenzieller Unterrichtsführung in Abhängigkeit von den unterschiedlichen Eingangsvoraussetzungen der Schüler zu evaluieren.

stungsgruppen könnten dies auch Kinder mit negativem Selbstkonzept, mit mangelnden metakognitiven Fähigkeiten oder mit Aufmerksamkeitsproblemen sein. Es wäre zu klären, ob die vielfach verbreitete Praxis leistungsschwächere Kinder durch ein niedrigeres Anspruchsniveau, Zuwarten und „spielerische" Übungen wirklich günstig ist oder ob nicht im Gegenteil der allgemeine Anspruch erhöht werden müsste, um das „Sockelniveau zu sichern, von dem wir wissen, dass es mit der wichtigste Prädiktor für die weitere Leistungsentwicklung ist" (Einsiedler 1997, S. 237).

Entwicklungspsychologen aber insbesondere auch Didaktiker des Mathematik- und des Sachkundeunterrichts sind sich seit langem einig, dass das Lernpotential der Grundschulkinder nicht annährend genutzt wird. Erst unter dem neuen, konstruktivistischen Lernbegriff greift die Auffassung um sich, das Grundschule kein „Schonraum für kindgemäße Entwicklung" sein sollte. Neueste Studien zeigen, dass auch leistungsschwächere Kinder von anspruchsvollem, verständnisorientiertem Unterricht profitieren (Mortimore u.a. 1989, Helmke 1988, Renkl/Stern 1994, Stern 2003). Der Effekt von „cognitive higher order levels" könnte erneut auf den synergetischen Effekt eines kognitiv stimulierenden Klassenkontextes hinweisen, bei dem die leistungsschwächeren Schüler komplexere Lösungsmuster erfahren als etwa in Differenzierungsgruppen mit Zuordnung einfacher Lernaufgaben.

Zwar ist selbst auf theoretischer Ebene heute noch nicht hinreichend geklärt, wie es eigentlich zu einem verständnisintensiven Wissen kommt, aber gemeinsam ist den gegenwärtigen Modellvorstellungen (Karmiloff-Smith 1992, Carey 1985, Gentner 1998) die Annahme der Vernetzung von unterschiedlichen Wissenselementen. Lernen bedeutet dementsprechend die Umstrukturierung von bereits Bekanntem, wobei es zu einem „conceptual change" (Posner u.a. 1982) kommt, indem mit einem bestimmten Begriff neue Eigenschaften und Merkmale verbunden werden. Auch das Entdecken von Analogien (vgl. Gick/Holyoak 1983) führt zum Lernfortschritt, weil die Übertragung aller bewusst wahrgenommenen Merkmale des ursprünglichen Kontextes auf den Transferkontext zu einem Nachdenken über die Möglichkeiten und Grenzen der Entsprechung führt. Konzeptuelles Wissen setzt die Verfügbarkeit guter Handlungsroutinen voraus (vgl. Karmiloff-Smith 1992, Siegler 1996), deshalb darf die Forderung nach anspruchsvollem Unterricht nicht zu Lasten der Übung gehen. Gemeint sind damit aber anspruchsvolle Übungsformen, kein „Einschleifen" von Routineverfahren, sondern Übungsaufgaben, in denen der Stoff erweitert wird und zu einem höheren kognitiven Aktivierungsniveau führen.

In diesen konstruktivistischen Unterrichtsformen (vgl. u.a. Davis u.a. 1995, Duit/Treagust 1995) kommt dem argumentativen Aushandeln von Bedeutungen gelernter Wissenselemente im Unterrichtsgespräch und kooperierenden Kleingruppen (vgl. Brown/Campione 1996) besondere Bedeutung zu. Der Lehrer hat eher die Rolle eines Moderators, der die Schüler darin unterstützt, ihre eigenen mentalen Modelle zu entwickeln. Erwartet wird von diesem veränderten Unterrichtskonzept eine kognitive Aktivierung der Schüler, die sich wiederum positiv auf den Lernzuwachs auswirkt. Dieser Lernzuwachs wird aber nicht in einer Anhäufung deklarativen Wissens gesehen, sondern in dem Aufbau vernetzter Wissenselemente und in der Entwicklung metakognitiver Kompetenz.

Vor diesem theoretischen Bezugsrahmen wären also Unterrichtsmethoden daraufhin zu evaluieren, ob sie zu einer in diesem Sinne elaborierten Wissensbasis beitragen. Ein wesentliches Kennzeichen dieses Forschungsansatzes ist damit eine Verbindung zwischen Unterrichtsforschung und kognitiver Lernforschung. Die Praxis der Unterrichtsforschung ist aber bisher diesem theoriebezogenen Forschungsdesign vornehmlich im Bereich des naturwissenschaftlich-mathematischen Lernens nachgegangen, so dass eine Replikation dieser Ergebnisse für den Bereich des Schriftspracherwerbs aussteht.

7.3 Zur Programmatik der Fibelkritik

Das empirische Patt analytischer und synthetischer Leselehrmethoden führte dazu, dass in der Folge beide Ansätze zunehmend gemischt wurden und bereits 1975 Pregel ein Lesewerk vorlegte, dass die Methodenintegration in einem eigenen Konzept begründete und ausführte. Allerdings sollte man sich noch einmal vor Augen führten, dass der Methodenstreit der 1960erJahre eigentlich eine sehr begrenzte Kontroverse war, denn weder stand das zentrale Unterrichtsmedium der Zeit, die Fibel, noch die Organisation des Unterrichts, der lehrerzentrierte Frontalunterricht, noch das Verständnis kindlicher Lernprozesse, die rezeptiv-additiv zu funktionieren schienen, zur Disposition. Die in den 1970er Jahren einsetzende Kritik an der Fibel, die über Jahrhunderte zentrales Medium des Leseunterrichts gewesen war, ist daher eigentlich nur als Auslöser für eine weitaus umfassendere Auseinandersetzung zu verstehen. Zunächst war die Kritik an der Fibel, mit ihren Geschichten und Bildern einer heilen und ideologisch verbrämten Welt, Teil der allgemeinen Lesebuchdiskussion (vgl. Helmers 1969, zusammenfassend Meiers/Schwartz 1977). Als Reaktion hierauf, entstanden seit Mitte der 1970er Jahre Neufassungen von Fibellehrwerken, die auch zunehmend durch umfangreiche Fibelbegleitmaterialien wie Arbeits- Schreib- und Lesehefte und Lehrerhandbücher ergänzt wurden. Trotzdem war man sich relativ schnell einig, dass neue Fibeln noch keinen besseren Unterricht gewährleisten (vgl. Meiers/Schwartz 1977).

In den 1980er Jahren bekam dann dieses Unbehagen eine neue Dimension, indem die Berechtigung von „Fibellehrgängen“ grundsätzlich in Frage gestellt wurde. Im Kontext grundschulpädagogischer Diskussion wird hier von einer paradigmatischen Wende gesprochen, wenn Schriftspracherwerb zunehmend unter den Prämissen des Spracherfahrungsansatzes interpretiert wird. Zentral für diese Umorientierung sind veränderte Sichtweisen auf folgende Aspekte der kindlichen Aneignung von Lesen und Schreiben, aus denen sich auch jeweils die Ablehnung eines Fibellehrgangs verstehen lässt:

Schriftspracherwerb als Addition von Teilleistungen versus Schriftspracherwerb als aktiver Konstruktionsprozess:
Fibellehrgänge suggerieren, wie die Vertreter des Spracherfahrungsansatzes meinen, dass das Erlernen der Schriftsprache vor allem eine Wahrnehmungs- und Gedächtnisleistung sei, die aus einer Addition von Teilleistungen besteht. Die Forschungsfragestellungen unter dem Einfluss dieser „statischen Komponentenmodelle“ (Schneider u.a. 1995, S. 15) konzentrierten sich daher auf die Suche nach psychologischen Determinanten der Lese- und Schreibfertigkeit, also Sprachverständnis, Wortschatz- und -flüssigkeit, Gedächtnis und Intelligenz (vgl. Rauer u.a. 1978, Schneider 1980). Der Spracherfahrungsansatz bezieht sich demgegenüber auf die von Downing Mitte der 1980er Jahre entwickelte Theorie der kognitiven Klarheit. Dementsprechend müssen Kinder Einsicht in die alphabetische Struktur unserer Schrift gewinnen, indem sie den Lerngegenstand Schrift aktiv rekonstruieren. Das Kind muss praktisch die Einsichten in die Sprache, die die Erfinder des Schriftsystems besaßen, für sich neu entdecken. Nur so kann es zu der notwendigen gedanklichen Klarheit in Bezug auf Funktion und Aufbau der Schrift gelangen (vgl. Valtin 2001, S. 19). Forschungspraktisch bedeutet diese Umorientierung, dass danach gefragt wird, wie das Kind den Lerngegenstand Schrift für sich strukturiert und welche Entwicklungsprozesse dabei beobachtbar sind. Die Anfänge der Forschung zum Spracherfahrungsansatz sind daher auch durch zahlreiche Fallanalysen gekennzeichnet, in denen der Lernweg einzelner Kinder in die Schrift minutiös nachgezeichnet wird.

Sprachstrukturorientiertes Lernen der Standardsprache versus entwicklungsorientierter Schriftspracherwerb:
Fibellehrgänge konfrontieren das Kind von Anfang an mit dem „Sprachrichtigen“ – Fibelwörter sind orthographisch korrekt und Fibeltexte grammatisch richtig. Fehlervermeidung bzw. das Gebot der sofortigen Fehlerkorrektur war fester Bestandteil der Unterrichtspraxis. Das Prinzip der direkten Hinführung zur Buchstabenschrift, das mit dem CVK-Leselehrgang von Vestner seit den 1970er Jahren die Fibelkonzeption bestimmt, verzichtet auf Stufungen. Fibelvertreter verstehen die anfängliche Begrenzung auf wenige Buchstaben nicht als Phasierung, weil für jedes Wort von Anfang an vollständige Lese- und Schreibprozesse gefordert werden. Die sukzessive Einführung der Buchstaben wird als gedächtnismäßige Entlastung gesehen und als Hilfsmittel anhand von Modellwörtern (Schlüsselwörtern), die Strukturerfassung von Schrift zu ermöglichen. Insoweit realisieren Fibellehrgänge auch das Prinzip exemplarischen Lernens. Fibellehrgänge nehmen ihren Anfang nicht an der

gesprochenen Sprache, sondern an einer an der Schrift orientierten Standardsprache. Sie gehen davon aus, dass der kindliche Sprachgebrauch mehr oder weniger stark von der Standardsprache abweicht und die die Schrift fundierende Sprache in der Regel erst mit der Schrift erworben wird. Konsequenter Weise ist damit auch das Schriftsprachlich-Richtige Ausgangspunkt des Lernprozesses, da Sprachlernen und Schriftsprachlernen in einem Wechselwirkungsprozess gesehen werden.

Demgegenüber bezieht sich der Spracherfahrungsansatz auf Phasen bzw. Stufenmodelle zum Schriftspracherwerb, in denen unterschiedliche Zugriffsweisen von Kindern auf Schrift typisiert werden. Entscheidend für diese in der Piagetschen Tradition stehenden Kompetenzentwicklungsmodelle ist, dass Leistungszuwachs einerseits kontinuierlich aber auch aufgrund kognitiver Umstrukturierungen und damit in qualitativen Sprüngen erfolgt. Derartige „qualitative Sprünge" werden in den jeweils unterschiedlichen Strategien der Kinder gesehen, die als „logographische", „alphabetische" oder „orthographische" beschrieben werden. Damit Kinder diese Entwicklungsstufen für sich rekonstruieren können, brauchen sie ein Hilfsmittel, das diesen lernprozessorientierten Weg anstößt: die Anlauttabelle. Falschschreibungen sind bei diesem Hilfsmittel nicht nur nicht auszuschließen, sondern sogar erwünscht. Fortschritte beim Schriftspracherwerb sehen die Vertreter des Spracherfahrungsansatzes gerade mit Fehlern verbunden. Fehler haben ihre eigene (entwicklungstypische) Logik und sind diagnostische Fenster, durch die der Lehrer auf die kognitiven Ordnungsleistungen des Kindes blicken kann. Dieser Aspekt hatte besondere Bedeutung für die Rechtschreibdidaktik, in der ein Wechsel von einer eher regelorientierten Vermittlung der Orthographie („Lernen durch Übung") hin zur Unterstützung impliziter Regelbildungsprozesse („Lernen durch Gebrauch") stattfand. Für die Anfänge des Schriftspracherwerbs ist mit dieser Umorientierung insbesondere das Votum für „freies" Schreiben verbunden, bei dem in der Folge von Gentry (1981,1982) Fehler kaum beachtet werden. Es gehört zu den Grundannahmen des „developmental spelling-Modells", dass sich fehlerfreie Schreibungen der Stufenlogik des Entwicklungsmodells folgend, einstellen werden. Eine empirische Bestätigung der Überlegenheit des freien Verschriftens gegenüber traditionellen Formen des Orthographieerwerbs gibt es bislang nicht.

Lernen durch Instruktion versus Lernen durch Schriftsprachgebrauch:
In den teilweise heftig geführten Auseinandersetzungen zwischen den Fibelgegnern und -befürwortern (bes. Wagner, Brügelmann, Conrady, Blumenstock, Metze) stand Anfang der 1990er Jahre dieser letzte Aspekt immer wieder im Zentrum. Ein Fibellehrgang galt den Vertretern des Spracherfahrungsansatzes geradezu als Paradebeispiel für lehrerzentrierten Unterricht, dem das Votum für eine Öffnung des Unterrichts und Lernerorientierung entgegengesetzt wurde. Aus heutiger Perspektive bedarf dieser Punkt zwar

gewisser Modifikationen, aber zunächst gilt es die Ausgangsthese zu begreifen, die die Vertreter des Spracherfahrungsansatzes dem lehrgangsorientierten Fibelunterricht entgegenstellen:

Triebfeder des Schriftspracherwerbs ist nach Kochan (vgl. Schneider u.a. 1995, S. 26) die „Ingebrauchnahme der Schrift" für eigene Bedürfnisse, Wünsche und Ziele. Ein Kind hat immer schon Teil an schriftkultureller Lebenspraxis, sammelt Erfahrungen und lernt im Sprachvollzug. Schriftspracherwerb wird als Folge dieser Erfahrungen gesehen, die selbst zum Ausgangspunkt neuer Fertigkeiten und Kenntnisse werden. Unterricht hat daher die Aufgabe, eine personelle und materielle Umgebung zu arrangieren, die einen selbstbestimmten Gebrauch der Schrift durch die Lernenden anregt und unterstützt. Lernumgebungen sind dabei nicht nur im engeren Sinne als „Klassenraumgestaltung" zu verstehen, sondern im Sinne ökologischer Feldmodelle als Einbezug der jeweiligen Lebenswelt (vgl. Graves 1983) zu sehen. Lesen und Schreiben sind Handlungen in einem nicht nur kognitiv, sondern auch emotional bedeutsamen Feld. Letztlich wird damit auf ein „ökologisches Modell" der Aneignung und des Gebrauchs von Schriftsprache abgezielt (vgl. Schneider u.a. 1995, S. 23ff.). Basierend auf der Grundüberzeugung einer prinzipiellen Vergleichbarkeit von primärem Spracherwerb und Schriftspracherwerb und der Dokumentation erfolgreicher Schriftspracherwerbsprozesse außerhalb von schulischem Unterricht wird davon ausgegangen, dass Schriftspracherwerb sich durch Gebrauch – auch ohne Instruktion – vollzieht.

Die Kontroverse zwischen fibelorientierten Lehrgängen und Spracherfahrungsansatz hat nun allerdings im Verlauf der 1990er Jahre Veränderungen erfahren, die insgesamt in einer weitgehenden Annäherung von Fibelgegnern und -befürwortern zu sehen ist. Mehr noch, man ist sich eigentlich einig darin, dass es weniger auf die Frage „mit oder ohne Fibel" ankommt, sondern vielmehr auf die konkreten Unterrichtsprozesse und die Qualität des Unterrichtsmaterials. Moderne Fibellehrgänge basieren auf einem Bausteinsystem unterschiedlicher Materialien, die den Lehrer explizit zu Binnendifferenzierung und Individualisierung von Unterricht auffordern. Anlauttabellen gehören heute zum Standardprogramm des Fibelmaterials, gleichwohl ist ihr Stellenwert im Kontext eines Fibellehrgangs deutlich eingeschränkt. Fibelautoren konzedieren heute, dass man keine Fibel braucht und auch keinen Leselehrgang: „Man braucht Verfahren, die Kindern helfen, das Prinzip unserer Schrift zu erkennen und handelnd zu durchdringen. Solche Verfahren kann ein Leselehrgang in der Form anbieten, die für Kinder hochmotivierend ist und die selbst herzustellen die Kraft des Lehrers von seinen eigentlichen Aufgaben abziehen würde." (Metze 2001 unter www.wilfriedmetze.de/soest.pdf, S. 12)

Andererseits ist auch im Rahmen des Spracherfahrungsansatzes immer mehr Wert auf eine Systematik der Öffnung von Unterricht gelegt worden, wie sich an den vielfältigen Empfehlungen zeigen lässt, die Lehrern für die Strukturierung des Materialangebots gemacht werden. Man denke hier nur an die vielfältigen Vorschläge der „Ideenkiste“, durch die die acht Lernfelder der „Didaktischen Landkarte“ strukturiert entwickelt werden oder auch an den Vorschlag, parallel zur Anlauttabelle immer doch auch einzelne Buchstaben als „Buchstaben der Woche“ pointiert herauszuheben. Die methodische Kontroverse lässt sich damit kaum noch an dem Einsatz einzelner Unterrichtsmaterialien festmachen. Die Differenz scheint sich vielmehr an der Art und Weise festzumachen, wie denn die verschiedenen Materialien eingesetzt werden, mit welcher Gewichtung, welcher Intention und welcher Anbindung an die konkrete Lernsituation. Damit hat sich der Methodenstreit mehr und mehr auf die Frage zugespitzt, ob sich Schriftspracherwerb eher schüler- oder lehrerzentriert, eher non-direktiv oder direktiv vollzieht. Aber selbst hier zeigen sich die Unterschiede möglicherweise nur noch in graduell unterschiedlichen Anteilen von Arbeitsformen wie Lehrervortrag, Gruppendiskussion, Freiarbeit etc. (vgl. Brügelmann/Brinkmann 2001, S. 60).

Diese neue Methodenintegration hat jedoch auch ihre Grenzen, die die Protagonisten an folgenden Punkten festmachen: Für Brügelmann ist es erstens der Rekurs auf eine konstruktivistische Lerntheorie, die Lehrer Erklärungen und Übungen anders gestalten lässt, als wenn sie Lernen als bloße Nachahmung, Unterricht als Transport von Wissen verstehen. – Man muss sich allerdings fragen, wer heute noch auf einer derartigen Position bestehen würde?

Zweitens sieht Brügelmann (2001, S. 61) eine qualitative Differenz auf der Ebene der Öffnung: „Kinder sind in der Eigenverantwortung für ihr Leben und damit auch für ihr Lernen ernst zu nehmen“.

Aus der Perspektive der Fibelbefürworter wird dem entgegengehalten, dass man einem Kind nicht hilft, wenn man es seine Lernwege nur nach seinen eigenen Bedürfnissen gestalten lässt und setzen demgegenüber auf die Fähigkeiten des Lehrers, lernförderlich wirksam zu werden.

Die Frage, ob eher instruktive oder eher entwicklungsorientierte Verfahren des Schriftspracherwerbs höhere Lerneffektivität zeigen, hat eine Reihe empirischer Vergleichsstudien angestoßen, deren Ergebnisse im Folgenden dargestellt werden sollen. Vorab ist aber auf einige grundsätzliche Probleme hinzuweisen, die sich im Kontext der Unterrichtsforschung zu „offenen Lehr- und Lernformen“ stellen:

Das Problem der Variabilität und methodischen Uneindeutigkeit unterrichtlicher Praxis:
Zunächst einmal ist nicht davon auszugehen, dass die in den theoretischen Auseinandersetzungen vorgenommene Annäherung der Positionen auch in der Praxis in ähnlicher Weise vollzogen wurde. Waren es Ende der 1980er Jahre noch über 90% der Lehrer, die angaben, eine Fibel zu benutzen (Herff-

Studie 1993), so ist diese Zahl in den folgenden Jahren kontinuierlich gesunken (Hanke-Studie 1994/95). Gleichzeitig gibt es einen starken Trend, dass Lehrer von sich behaupten „offen" zu unterrichten, weil dies als pädagogisch erwünscht gilt. Was damit aber im Einzelnen gemeint ist, bleibt vielfach unklar bzw. entspricht nicht dem, was Vertreter des Spracherfahrungsansatzes darunter verstehen (vgl. Hanke 1997). Gleichzeitig ist auch die Feststellung, dass eine Fibel im Unterricht eingesetzt wird, kein sicherer Indikator für die damit verbundene Wahl einer bestimmten Methode. Ein Ergebnis der Herff-Studie ist, dass selbst die gleiche Fibel mit unterschiedlichen Leselehrmethoden in der Praxis eingesetzt wird. Das bedeutet also, dass Lehrer mit der Übernahme einer Fibel nicht notwendig auch den der jeweiligen Fibel zugrundeliegenden methodischen Empfehlungen folgen, sondern durchaus ihren je eigenen Lehrgang entwickeln (vgl. Herff 1993, S. 229f.) Insofern stehen empirische Vergleichsstudien von Methoden des Schriftspracherwerbs vor einem doppelten Dilemma:

Erstens sind eindeutige Indikatoren für ein bestimmtes methodisches Vorgehen schwer zu gewinnen und zweitens könnte die Selektivität von Methoden des Spracherfahrungsansatzes möglicherweise zu Problemen der Repräsentativität der Stichprobenauswahl führen. Die weitaus geringere Verbreitung von Methoden des Spracherfahrungsansatzes, bei gleichzeitig hoher pädagogischer Erwünschtheit lässt die Annahme gerechtfertigt erscheinen, dass insbesondere engagierte, belastbare und auch in Lehrerfortbildungsmaßnahmen geschulte Lehrerinnen diesen Ansatz vertreten werden. Demgegenüber ist bei den überproportional häufig anzutreffenden Fibellehrgängen die Wahrscheinlichkeit groß, dass in einer nach dem Zufallsprinzip gezogenen Stichprobe, keine positiv selegierte Alltagspraxis, sondern eine durchschnittliche Alltagspraxis mit dementsprechend hoher innermethodischer Varianz gezogen wird. Diese innermethodische Variabilität kann andererseits auch als Problem in der Stichprobenziehung „offener" Unterrichtsmethoden auftreten, da die Varianz dessen, was als „offener" Unterricht im Kontext des Spracherfahrungsansatzes verstanden wird, erheblich ist. Gleichzeitig ist es aber auch möglich, dass Lehrer, die einen Fibellehrgang einsetzen, dennoch eine weitgehende Öffnung von Unterricht praktizieren, die bei einem an oberflächlichen Instrumenten orientierten Forschungsdesign gar nicht deutlich wird.

Das Fehlen einer theoriegeleiteten Rahmenkonzeption offener Unterrichtskonzepte:

Offenen Unterricht definieren zu wollen, ist für manche ein Widerspruch in sich selbst, andere haben es zumindest für Teilaspekte versucht, aber insgesamt gesehen hat die Varianz dessen, was hierunter verstanden wird, auch unter Wissenschaftlern nicht zu einer konsensuellen Begriffsbestimmung geführt (zu entsprechenden Ansätzen vgl. Jürgens 1995, Brügelmann 1997).

Für empirisch orientierte Forschung stellt sich damit ein nahezu unlösbares Problem der Konstruktvalidität.

Divergenz der Testbedingungen:
Vertreter offener Unterrichtskonzepte haben immer wieder daraufhin gewiesen, dass standardisierte Leistungsmessungen einerseits die eigentlichen Ziele offener Lernverfahren nicht berücksichtigen und andererseits durch diesen Typ von Leistungsmessung ein Instrument verwandt wird, dass die Schüler offenen Unterrichts systematisch benachteiligt, da sie keine Erfahrungen mit derartigen Leistungssituationen haben. Nicht wenige Vertreter offener Unterrichtskonzepte haben sich daher bislang derartigen Leistungsprüfungen von Schulleistungen entgegengestellt bzw. die Aussagekraft derartiger Forschungsbefunde grundsätzlich bezweifelt.

Gleichwohl hat es einige wenige empirische Studien gegeben, in denen die Lerneffektivität unterschiedlicher methodischer Schwerpunktsetzungen im Anfangsunterricht erhoben wurde.

7.4 Freiarbeit und Lernerfolg

Die bereits Ende der 1980er Jahre durchgeführte Freiarbeitsstudie von Günther (1996) konzentriert sich noch nicht auf einen Vergleich lernbereichsspezifischer Schwerpunktsetzungen des Anfangsunterrichts. Die Frage nach Lerneffekten eines fibelorientierten Lehrgangs und spracherfahrungsbezogenen Lernformen bleibt unberührt. Trotzdem soll diese Studie erwähnt werden, da ein Kernstück der mit dem Spracherfahrungsansatz verbundenen Unterrichtsorganisation, die Freiarbeit, Gegenstand der Untersuchung ist.

Zwischen 1987 und 1988 wurden insgesamt 222 Schüler beobachtet, die zu ungefähr gleichen Teilen die Klassen 1 bis 4 besuchten. Die Beobachter hatten 6 verschiedene Aufgaben zu erfüllen:

- Sie beobachteten, wie der Schüler das Material auswählt, wie er daran arbeitet, wie er die Arbeit beendet und wie lange er dafür gebraucht hat. Sie notierten genau die Art der Arbeit und überzeugten sich von der Qualität (Fehlerhäufigkeit).
- Die Lehrer wurden von den Beobachtern nach ihrem Konzept innerer Differenzierung befragt, nach der Klassensituation und der Leistung einzelner Schüler.
- Die Beobachter schätzten auf einer vierstufigen Skala ein, wieweit der Schüler den Idealvorstellungen des Lernens durch innere Differenzierung nahe kommt.

- Das Verhalten der Schüler wurde entsprechend der Schätzskala von Guilford hinsichtlich Konzentration und Anspannung eingeschätzt.
- Selbstaussagen der Schüler wurden durch Bildkartenvorlagen (S-F-Test) erhoben.

Mit den Kindern wurden Gespräche über ihre Tätigkeiten in den beobachteten Unterrichtsstunden geführt.

Die Untersuchung kam u.a. zu folgenden Ergebnissen:

Kernstück der Freiarbeit sollte die freie Wahl, das selbständige Arbeiten und die Kreativitätsentfaltung der Kinder sein. In der Beobachtungsstudie wählten ein Drittel der Schüler die Aufgaben selbständig. Die Hälfte der Schüler ließ sich die Wahl vom Lehrer bzw. von den Mitschülern abnehmen, der Rest trödelte. Die Hälfte der Kinder arbeitete mit einem anderen Kind zusammen, 30% arbeiteten allein. Etwa 80% der Schüler wählten Aufgaben, die durch vorgefertigte Unterrichtsmaterialien angeboten wurden.

Günther (1996, S. 50) interpretiert dieses Ergebnis so, dass die Schüler das individuelle Wählen von Inhalten, Methoden, Medien oder gar das Erfinden von Problemen und Lösungswegen nicht wollen. Auch die erwartete Kreativitätsentfaltung zeigte sich in den beobachteten Stunden nicht. 60% der Kinder wählten rein reproduktive Aufgaben, außerdem zeigten die Kinder starke Anlehnungsbedürfnisse an die Lehrerin, so dass die Aufforderung, selbständig und kreativ zu lernen viele überforderte. 70% der Schüler meinten, dass sie während der Freiarbeit nichts Neues gelernt hätten. 60% der Schüler meinen auch selbstkritisch, dass sie sich während der Freiarbeit ablenken ließen, unökonomisch gearbeitet haben, durch andere an mehr Leistung gehindert wurden, gebummelt haben. 50% der Schüler mochten trotzdem die Freiarbeitsstunden lieber als anderen Unterricht. Jene Schüler, für die dies nicht zutraf, favorisierten demgegenüber den Mathematikunterricht, was Günther (1996, S. 58) als ein Votum für ein Unterrichtskonzept sieht, in dem man sich nicht in einem Raum von komplexen Wahrscheinlichkeiten bewegen muss, sondern die Klarheit von richtig und falsch erleben kann.

Die Veröffentlichung dieser Studie hat seinerzeit heftige Kritik ausgelöst (Röbel/Speck-Hamdan 1989, Bartnitzky 1989), wobei einerseits auf andere Unterrichtserfahrungen, aber auch auf methodische Mängel der Studie hingewiesen wurde. Günther (1996, S. 60f.) hat dem entgegengehalten, dass die wesentliche Aussage seiner Untersuchung darin besteht zu zeigen, dass Schüler differenziert auf Freie Arbeit reagieren und er entwirft auch hypothetisch Persönlichkeitsprofile von Schülern, die für offene Unterrichtsformen besser bzw. weniger gut geeignet seien.

7.5 Leselehrmethoden und Lernerfolg am Ende des 1. Schuljahres

Nahezu zeitgleich mit der Freiarbeitsstudie von Günther wurde aber auch bereits eine Totalerhebung der im Regierungsbezirk Köln verwendeten Leselehrmethoden durchgeführt. Ziel dieser von I. Herff (1993) durchgeführten Studie war es, die Lerneffektivität unterschiedlicher Methoden der Buchstabeneinführung und der damit verbundenen Erarbeitung des Leseprinzips zu vergleichen. Allerdings wird man bei der Einschätzung dieser Untersuchung berücksichtigen müssen, dass es hierbei insbesondere auch um die Feststellung einer quantitativen Veränderung des Einsatzes verschiedener Fibellehrgangsmethoden ging. Eine Studie, die die Entwicklung der Lesefähigkeit im Anfangsunterricht in Relation zu unterschiedlichen kognitiven Lernvoraussetzungen der Leseanfänger und divergierenden Formen der Unterrichtsorganisation und der Leselehrmethoden setzt, ist erst Mitte der 1990er Jahre von Jan Poerschke (1999) durchgeführt worden.

7.5.1 Herff-Studie

Die Datenerhebung der Herff-Studie wurde in insgesamt 1303 Klassen des 1. Schuljahres durch eine Befragung der Lehrer und Lehrerinnen hinsichtlich der von ihnen im Anfangsunterricht verwendeten Leselehrmethode durchgeführt. Damit wurde der Leselernerfolg von 29.362 Schülern erfasst, wobei der Anteil ausländischer[6] Schüler 13,71% und der Kinder von Aussiedlern 3,55% betrug. Als Leselernerfolg galt das selbständige Erlesen bisher nicht gelesener (unbekannter), lautgetreuer Wörter. Folgende Leselehrmethoden wurden miteinander verglichen:

Synthetische Methoden, die Ganzheitsmethode, analytisch-synthetische Methodenkombination und das Konzept „Lesen durch Schreiben“ von Reichen.

Darüber hinaus wurden auch Leistungsdifferenzierung und die Produktion einer Eigenfibel kontrolliert.

Diese Erhebung sah nicht die Berücksichtigung des Spracherfahrungsansatzes vor, der von der Autorin nicht nur scharf kritisiert, sondern nach ihren Befunden im Regierungsbezirk Köln auch in der Praxis nicht vertreten wurde. In keiner der Klassen wurde „ganz auf eine Steuerung des Leselernprozesses durch einen Lehrgang verzichtet und den Schülern konsequent die Freiheit zu individuellen Lernwegen eingeräumt“ (vgl. Herff 1993, S. 215).

6 In der Herff-Studie wird durchgängig von „Ausländern“ und „Aussiedlern“ gesprochen, was hier aufgrund der Datenzuordnung übernommen wird.

Die Verteilung der Unterrichtsmethoden sah so aus, dass von den 1303 Klassen unterrichtet wurden:

25,25% mit der synthetischen Methode
0,38% mit der Ganzheitsmethode
73,83% mit analytisch-synthetischer Methodenintegration
0,54% mit der Methode „Lesen durch Schreiben"

Damit konnte insbesondere eine klare Verschiebung innerhalb der Fibellehrgänge im Vergleich zu einer Mitte der 1960er Jahre durchgeführten Lehrerbefragung festgestellt werden. Damals wurden noch 74% der Klassen nach der Ganzheitsmethode und nur 10% nach der synthetischen Methode unterrichtet. Die in der Herff-Studie dominante Methodenkombination gab es in der seinerzeit von Hasler und Schwartz (1966) durchgeführten Befragung nur in 16% der Klassen.

Insgesamt ist der Anteil der Kinder, die am Ende der 1. Klasse lesen können in der Herff-Studie deutlich höher als in den vorausgegangen Studien, in denen die Ganzheitsmethode noch dominierte. Insofern kann man feststellen, dass der theoretisch aber auch empirisch begründete Wechsel zur Kombination analytischer und synthetischer Elemente der Leselehrgänge in der Praxis umgesetzt worden ist.

Aus heutiger Perspektive erscheint eher die Frage von Interesse, wie die Methode „Lesen durch Schreiben" im Verhältnis zu den verschiedenen Fibellehrgängen zu beurteilen ist. Hier zeigt sich, dass das Reichen-Konzept mit einer Lesequote von 82,88% zum Ende des 1. Schuljahres signifikant schlechter abschneidet als alle anderen Methoden.[7] Allerdings wird dieses schlechte Abschneiden der Methode „Lesen durch Schreiben" insbesondere durch den hohen Anteil ausländischer Schüler in diesen Klassen hervorgerufen. Würde man alle Methoden nur im Hinblick auf die Lesequoten der deutschen Schüler auswerten, dann ergibt sich ein Lernergebnis, dass dem der anderen Methoden vergleichbar ist. Gleichzeitig ist aber die Lernerfolgsquote bei den ausländischen Schülern im Vergleich aller Methoden sehr unterschiedlich, wobei sich die Methode „Lesen durch Schreiben" für ausländische Schüler geradezu als Lernhindernis zeigt. Der Leselernerfolg ausländischer Schüler stellt sich wie folgt dar:

Synthetische Methode:	76,87%
Ganzheitsmethode:	66,67%
Methodenkombination:	75,48%
Lesen durch Schreiben:	51,43%

7 Synthetische Methode 89,86%; Ganzheitsmethode 83,76%, Kombinierte Methoden 90,32% vgl. Herff 1993, S. 23

Ganzheitliche Leselehrmethoden und das Reichenkonzept, die in hohem Maße Sprachbeherrschung und –analyse voraussetzen, scheinen somit für ausländische Schüler weniger geeignet zu sein.

Interessant ist noch ein weiteres differenzielles Ergebnis: Der Einsatz von Arbeitsmitteln, die über die üblichen Fibelmaterialien hinausgehen, hat für deutsche Schüler keine Verbesserung des Lernerfolgs zur Folge. Für ausländische Schüler bedeutet hingegen der Einsatz zusätzlicher Arbeitsmittel eine Gefährdung des Lernerfolgs, denn in den Klassen, in denen keine weiteren Materialien verwandt wurden als die mit dem Fibellehrgang ohnehin gegebenen, lag der Anteil der Leser signifikant höher als in jenen Klassen, in denen weitere Arbeitsmittel eingesetzt wurden.

Herff interpretiert dieses Ergebnis dahingehend, dass die zusätzlichen Arbeitsmittel eher zu einer Verwirrung der ausländischen Schüler geführt haben könnten.

Leistungsdifferenzierung wirkt sich auf den Leselernerfolg der deutschen Schüler nicht signifikant aus, wohl aber bei den ausländischen Schülern insbesondere dann, wenn sie mit der synthetischen Methode kombiniert wird.

Positiv wirkte sich die Herstellung einer Eigenfibel aus und zwar insbesondere für Kinder von Aussiedlern, für die sich hieraus eine Steigerung der Lesequote um 8% ergab. Für deutsche Schüler ergibt sich hierdurch kaum ein Vorteil, für ausländische Schüler lässt sich durch diesen Mehraufwand die Lesequote um 4% steigern. Insgesamt wird man dieses Ergebnis aber vorsichtig interpretieren müssen, da in der Herff-Studie Eigenfibeln immer zusätzlich zum Fibellehrgang hergestellt worden sind und insofern Indikator einer insgesamt reichhaltigen Lernumgebung sein können. Eigenfibeln sind hier nicht als alternatives Unterrichtskonzept zu sehen.

Am Ende der 1. Klasse haben 10% aller Schüler die Grundfertigkeit Lesen nicht erreicht, wobei der Anteil bei Ausländern mit ca. 24% und bei Aussiedlern mit ca. 18% bedenklich hoch liegt (Herff 1993, S. 259). Der Prozentsatz der Leser in einer Klasse sinkt mit steigender Ausländer-/Aussiedlerzahl in einer Klasse hochsignifikant. Ein Ausländer-/Aussiedleranteil bis zu 25% in einer Klasse wirkt sich noch nicht auf die Leseleistungen der deutschen Schüler aus. Steigt dieser Prozentsatz aber auf mehr als 50% dann verringert sich der Leselernerfolg der deutschen Schüler um 5,85% unter ihren Gruppendurchschnitt (Herff 1993, S. 263). Umgekehrt proportional verhält sich der Lernerfolg der Ausländer/Aussiedler, die ihren Lernerfolg steigern können, wenn ihre Präsenz prozentual erhöht wird. Je höher der prozentuale Anteil von Kindern nicht-deutscher Herkunftssprache in einer Klasse ist, um so eher werden Unterrichtsformen realisiert, die ihren Lernbedürfnissen gerecht werden können. Eine besondere Schwierigkeit zeigt sich aber, wenn Klassen gleichzeitig von Kindern verschiedener Sprachgruppen besucht werden. Am ungünstigsten ist es, wenn Klassen einen hohen Anteil sowohl an Ausländern als auch an Aussiedlern aufweisen. Offenbar vermag in solchen

Klassen der Unterricht keiner der drei Gruppen gerecht zu werden, wie Herff (1993, S. 265) resümiert.

7.5.2 *Poerschke-Studie*

Jan Poerschke hat in seiner Untersuchung von 15 Hamburger ersten Grundschulklassen die Daten von Kindern nichtdeutscher Herkunftssprache unberücksichtigt gelassen, obwohl ihr Anteil an der Gesamtstichprobe bei 14,5% (Poerschke 1999, S. 50) lag. Ziel seiner Untersuchung war es, die individuelle Entwicklung der Lesefähigkeit bei Kindern deutscher Muttersprache im Verlauf der ersten Klasse zu vergleichen und zwar einerseits in einem eher frontal durchgeführten Fibellehrgang nach der Hinnrichs-Methode[8] und andererseits in dem offenen Unterrichtskonzept der Reichen-Methode „Lesen durch Schreiben". Gleichwohl wurde in dieser Studie nicht von vorher festgelegten Ansichten und Merkmalen von Unterrichtsqualität bzw. Klassenführung ausgegangen. Die zweidimensionale Betrachtungsweise „offener" versus „frontaler" Unterricht ist bereits Ergebnis einer Clusteranalyse, in der Rahmenbedingungen und Prozessvariablen von Unterricht daraufhin überprüft wurden, ob sie geeignet sind, unterschiedliche Unterrichtstypen zu bilden. Bei den unterrichtlichen Rahmenbedingungen erwies sich die Art der Klassenzusammensetzung also Geschlechterverteilung, Anteil der Kinder nichtdeutscher Herkunftssprache und die räumlich-materiale Ausstattung des Klassenzimmers als ungeeignet für die empirische Bestimmung von Unterrichtstypen. Bei den unterrichtlichen Prozessvariablen erwiesen sich ebenfalls Variablen wie die zusätzliche Unterstützung im Unterricht, die Klassenführung durch die Lehrkraft und auch die Antworttendenzen bei der Einschätzung dessen, was eine „gute Schule" sei, als ungeeignet, um zwischen den Klassen zu unterscheiden. Derartige Fragen produzierten keine hinreichende Varianz in den Antworten, die es erlaubt hätte, mit diesen Daten weiter zu rechnen. Hier zeigt sich, wie sehr Befragungen von Lehrkräften dazu führen, pädagogisch erwünschte Antworten zu produzieren.

Zur Bestimmung der Unterrichtstypen wurde daher auf die Beobachtung[9] von zwei Unterrichtsstunden zurückgegriffen, da die Klassen sich hinsichtlich der jeweils erhobenen Atmosphäre deutlich unterschieden. Neben dem Klassenklima waren es insbesondere die Einschätzungen der Interaktion und Kommunikation in der Klasse, die sich in den Klassen als unterschiedlich erwies.

---

8 Hinnrichs ist die Verfasserin der Fibel *FARA und FU*, die nach der Schlüsselwortmethode konsequent analytisch-synthetisch aufgebaut ist.

9 Instrument war das von Stendel (1997) entwickelte „Beobachtungsinstrument zur Bestimmung spezifischer Ausprägungen des Klassenklimas in ersten Grundschulklassen"

Am deutlichsten zeigten sich Unterschiede zwischen den Klassen bei der jeweils angewandten Unterrichtsform. Sechs Klassen wurden eher frontal, neun Klassen eher offen unterrichtet, womit jeweils auch eine andere Form der Aufgabenstellung verbunden war: Frontalunterricht war mit einer lehrergesteuerten Aufgabenstellung verbunden, wohingegen bei offenem Unterricht, die Kinder aus verschiedenen Angeboten selbst eine Aufgabenstellung auswählen konnten. Die Wahl der Leselehrmethoden stand dann wiederum in einem sehr engen Zusammenhang mit der praktizierten Unterrichtsform und der Form der Aufgabenstellung (Poerschke 1999, S. 121). Diese 3 Variablen „Unterrichtsform", „Form der Aufgabenstellung" und „Lesemethode" charakterisierten vor der eigentlichen Clusteranalyse die beiden Klassentypen, die dann hinsichtlich der Atmosphäre und der Kommunikation und Interaktion[10] in den Klassen miteinander verglichen werden konnten. Hieraus ergab sich eine Dreier-Clusterlösung, in der die praktizierten Unterrichtstypen letztlich hinsichtlich ihrer Unterrichtsqualität unterschieden wurden:

Unterrichtstyp I (Offener Unterricht mit mäßiger Unterrichtsqualität)
Unterrichtstyp II (Frontalunterricht mit guter Unterrichtsqualität)
Unterrichtstyp III (Offener Unterricht mit sehr guter Unterrichtsqualität)

Die empirische Verteilung der 15 Klassen auf die drei Cluster ergab zunächst, dass zwei Klassen aufgrund ihres sehr schlechten Abschneidens aus den weiteren Analysen ausgeschlossen werden mussten. Die restlichen 13 Klassen verteilten sich wie folgt: Alle fünf Fibelklassen zeigten eine guten Unterrichtsqualität, wohingegen von den nach der Reichen-Methode unterrichteten Klassen sechs nur mäßige Unterrichtsqualität zeigten und zwei Klassen sich von sehr guter Unterrichtsqualität erwiesen. Die eine dieser „sehr gut unterrichteten" Klassen war eine Integrationsklasse, so dass dieser Unterrichtstyp insgesamt nur mit einer Fallzahl von 31 Schüler/innen gerechnet werden konnte. Die Unterscheidung zwischen Unterrichtstyp II und III hinsichtlich der Variablen zur Unterrichtsqualität war nur im Hinblick auf die „Förderung der Kind-Kind-Interaktion" signifikant, während sich die Klassenatmosphäre nicht unterschied. Zwischen den beiden Unterrichtstypen des „offenen" Unterrichts (Cluster I und III) waren demgegenüber die Mittelwertunterschiede bei allen Variablen auf Signifikanzniveau. Dieses Ergebnis spricht dafür, dass bei „offenen" Unterrichtsformen eine höhere Wahrscheinlichkeit für sehr unterschiedliche Realisierungsformen in der Schulpraxis existiert, die in dieser Schärfe bei frontal unterrichteten Klassen nicht gegeben zu sein scheint. Poerschke (1999, S. 148) stellt fest: „in der vorliegenden Untersuchung scheinen offen unterrichtete Klassen demnach durch die indi-

10 Variablen zur „Kommunikation und Interaktion in der Klasse" waren: *Umgang der Lehrkraft mit dem Kind, Förderung der Kind-Kind-Interaktion* und *Förderung der Kommunikation zwischen Kindern und Lehrkraft.*

rekte Unterrichtsführung anfälliger für eine schlechte Unterrichtsqualität zu sein als frontal unterrichtete." Unterrichtsqualität ist damit besonders beim offenen Unterricht von der jeweils unterrichtenden Lehrerin abhängig. Die gleichmäßig gute Unterrichtsqualität beim Frontalunterricht sieht Poerschke durch die klaren Zielvorgaben des Unterrichts begründet, die durch die Orientierung an den Schulbüchern unterstützt wird.

Die Entwicklung der Lesefähigkeit der realisierten Gesamtstichprobe (N=210) wurde in Einzeltestverfahren anhand von Lesebogen bzw. Leseprobe zu Beginn und am Ende des ersten Schuljahres festgestellt. Dabei wurde der Frage nachgegangen, ob lernstarke bzw. lernschwache Schülerinnen und Schüler von bestimmten Unterrichtstypen besonders profitieren.

Die Untersuchung ergab folgende Ergebnisse:

Der Stand der Lesefähigkeit am Ende der ersten Klasse wird je nach kognitiven Eingangsvoraussetzungen unterschiedlich stark beeinflusst. Insbesondere Kinder mit unterdurchschnittlichen kognitiven Lernvoraussetzungen können sich im frontal geführten Fibelunterricht deutlich in ihren Lesefähigkeiten steigern, wohingegen bei Schülerinnen und Schülern mit durchschnittlichen kognitiven Fähigkeiten alle drei untersuchten Unterrichtstypen zu einer Homogenisierung der Lesefähigkeiten führen (Poerschke 1999, S. 135f.). Bei Kindern mit durchschnittlichen kognitiven Fähigkeiten ist damit die Frage der Leselehrmethode und der damit verbundenen Unterrichtsform (frontal versus offen) irrelevant für den Lernerfolg in der ersten Klassen. Bei den Schülerinnen und Schülern mit überdurchschnittlichen kognitiven Lernvoraussetzungen ergab sich die Eingangssituation, dass diese Kinder zu Beginn des ersten Schuljahres signifikant häufiger in den beiden Klassen des Clusters III (offener Unterricht mit sehr guter Unterrichtsqualität) anzutreffen waren[11]. Am Ende der ersten Klasse war dieser Vorsprung aufgebraucht, d.h. dieser Unterrichtstyp hat auch bei diesen Kindern einen homogenisierenden Effekt (Poerschke 1999, S. 137). Weniger positiv formuliert könnte man auch feststellen, dass selbst bei sehr gut durchgeführter Reichen-Methode die guten Lesefähigkeiten der leistungsstarken Kinder im Verlauf der ersten Klasse nicht den Möglichkeiten dieser Kinder entsprechend weiter ausgebaut wurden. Allerdings stützt sich dieses Ergebnis auf nur 8 Kinder, die diese Kriterien (Unterrichtstyp III und hohe kognitive Lernvoraussetzungen) erfüllten, so dass man hier nicht von einer empirischen Evidenz sprechen kann.

Wird zusätzlich die Variable Geschlecht in der Auswertung berücksichtigt, so modifiziert sich das Ergebnis: Obwohl deutliche Unterschiede im

---

11 Die „sehr gute Unterrichtsqualität" der beiden offen unterrichteten Klassen steht damit möglicherweise auch in Zusammenhang mit diesen „Sonderbedingungen", denn seit der Scholastik-Studie ist bekannt, dass das Vorkenntnisniveau einer Klasse sich in zweifacher Hinsicht auswirkt: Zum einen beeinflusst es die Qualität von Unterricht, der um so ineffizienter je geringer das Vorkenntnisniveau einer Klasse ist und zum anderen ist auch der output abhängig vom Vorwissens, der sogenannte Matheus-Effekt („Wer hat dem wird gegeben").

Lernfortschritt zwischen Jungen und Mädchen feststellbar sind, kommt es nicht zu signifikanten Effekten, weil die Stichprobengröße zu klein ist. Es zeigt sich eine Tendenz, dass Jungen mit unterdurchschnittlichen kognitiven Lernvoraussetzungen etwas stärker vom Frontalunterricht profitieren als die Mädchen. Bei den Kindern mit durchschnittlichen kognitiven Lernvoraussetzungen ist die Tendenz allerdings genau umgekehrt: Hier sind es insbesondere die Mädchen, die von dieser Unterrichtsform besonders profitieren.

Zentrales Ergebnis dieser Untersuchung ist damit, dass sich unterschiedliche Unterrichtstypen in Abhängigkeit von kognitiven Voraussetzungen und Geschlecht unterschiedlich stark auf die Entwicklung der Lesefähigkeit im Verlauf einer ersten Klasse auswirken. Dieser Befund entspricht damit den aus der Aptitude-Treatment-Interaction-Forschung bekannten Ergebnissen, die bereits gezeigt haben, dass Schülerinnen und Schüler mit schwächeren Lernvoraussetzungen eher von einer strukturierten, direkten Instruktion profitieren, wohingegen leistungsstärkere Kinder eher von einem Unterrichtsmuster gefördert werden, das eine Selbstorganisation von Lernprozessen ermöglicht.

7.6 Länderspezifische Leistungsvergleichsstudien

Schulleistungsstudien, die den Lernerfolg im Lesen und Schreiben längsschnittlich über den gesamten Verlauf der Grundschule in Relation zu unterschiedlichen methodischen Arrangements des Anfangsunterrichts erheben, hat es in der Bundesrepublik Deutschland bisher nicht gegeben. Gleichwohl hat es zwei Forschungsprojekte gegeben, die den historischen Moment der Wiedervereinigung Deutschlands dazu benutzt haben, punktuell einen innerdeutschen Vergleich der Lese- bzw. Rechtschreibfähigkeiten von Schülern in den beiden Schulsystemen zu leisten. Es handelt sich dabei einmal um eine repräsentative Erhebung des Leseverständnisses und der Lesegewohnheiten von Schülern in beiden Teilen Deutschlands (vgl. Lehmann u.a. 1995) und zum anderen um eine querschnittlich angelegte Erhebung der Rechtschreibfähigkeiten in Relation zu unterschiedlichen Methoden des Anfangsunterrichts (vgl. Brügelmann 1994). Beide Studien basieren auf der Prämisse, dass der Unterricht in der ehemaligen DDR eher als unidimensional bzw. stärker direktiv anzusehen war, als der Unterricht im Westteil.

Zu erwähnen ist an dieser Stelle auch die deutsche Teilstudie der IEA-PIRLS, die Internationale Grundschul-Leseuntersuchung (IGLU), deren erste Ergebnisse gerade (April 2003) publiziert worden sind. Im Zentrum dieser Untersuchung zum Leseverständnis, zur Orthographie, zur Mathematik und zu den Naturwissenschaften steht die Evaluation der Schülerleistungen am Ende der vierten Jahrgangsunterstufe im internationalen Vergleich. Gleichwohl gibt es bereits jetzt einige wenige Hinweise auf das methodische Arrangement des Unterrichts im Lernbereich Deutsch, die hier von Interesse sind.

7.6.1 Leseunterricht und Leseverständnis im Vergleich der beiden deutschen Staaten

Die repräsentative Schulleistungsstudie von Lehmann u.a., deren Daten im Frühjahr 1991 erhoben wurden, erfasste gleichsam in einer Momentaufnahme den Punkt maximaler Divergenz zwischen den beiden deutschen Schulsystemen. Die Studie stand im Rahmen der IEA-Lesestudie *(International Association for the Evaluation of Educational Achievement*), an der insgesamt 210.000 Schüler aus der ganzen Welt beteiligt waren.

An der deutschen Teilstudie nahmen insgesamt 150 Dritte Klassen von westdeutschen Grundschulen und 100 Dritte Klassen aus dem Gebiet der ehemaligen DDR teil. Gleichzeitig wurden auch die Daten von Achten Klassen beider Schulsysteme in die Auswertung einbezogen, was aber hier unbeachtet bleiben kann. Einige Ergebnisse dieser Studie beziehen sich auch auf den Leseunterricht an ost- und westdeutschen Schulen, wobei die Differenzen vor allem an folgenden Punkten festgemacht wurden:

Zunächst ist bei der Interpretation und Bewertung von Leseverständnisleistungen ost- und westdeutscher Drittklässler zu berücksichtigen, dass das Zeitbudget in der ehemaligen DDR für den Deutschunterricht doppelt so hoch war wie in Westdeutschland. Die Ziele des Leseunterrichts, die von den Lehrkräften in beiden Teilen Deutschlands angegeben wurden, unterschieden sich nicht grundlegend. Überstimmend wurde motivationalen Aspekten, aber auch allgemein persönlichkeitsbildenden Zielsetzungen große Bedeutung zugemessen. Die im engeren Sinne auf Lesefertigkeiten bezogenen Ziele, die in der methodischen Konzeption der DDR durchaus Tradition hatten, wurden demgegenüber in der Nachwendezeit nicht mehr benannt.

Diese eingeschränkte Interpretierbarkeit der Befragung war Anlass, auch die Häufigkeit der verschiedenen Aktivitäten im Leseunterricht wie laut Lesen, Wortschatzübungen, Lesegespräche, Textanalyse, Stillarbeit mit Texten, kreativer Umgang mit Texten zu erheben. Hier zeigten sich unerwartet geringe Differenzen der Unterrichtspraxis. Lediglich der Stillarbeit mit Texten wird in Westdeutschland ein größeres Gewicht beigemessen.

Insgesamt wurde deutlich, dass in beiden Teilen Deutschlands mehr Gewicht auf die Vermittlung grundlegender Fähigkeiten und Fertigkeiten gelegt wurde als dies nach den Antworten auf die Unterrichtsziele zu erwarten war. Kreative Formen der Auseinandersetzung mit Texten, wurden in ost- und westdeutschen Grundschulen recht selten praktiziert. Die Daten der Lesestudie weisen aber daraufhin, dass eine stärkere Berücksichtigung dieser Lernformen dem Leseverständnis der Schüler förderlich wäre. Für die westdeutsche Stichprobe ergibt sich ein positiver Zusammenhang (r=.05) zwischen dem Ausmaß kreativer textbezogener Aktivitäten und dem Ergebnis im Lesetest. Die im Unterricht behandelten Textformen (Erzähltexte, Sachtexte, Gebrauchstexte) wurden von Lehrkräften in beiden Teilen Deutschlands in vergleichbarer Weise behandelt.

Unterschiede zwischen den Lehrkräften ergaben sich allerdings hinsichtlich einiger unterrichtspraktischer Grundsätze des Leseunterrichts. So legten Lehrkräfte ostdeutscher Schulen größeren Wert auf Kontinuität und Korrektheit beim Lesen, sie gaben häufiger an, dass Lesefehler sofort berichtigt werden sollten, sie erwarteten, dass jedes Wort genau vorgelesen wurde.

Insgesamt scheint mehr Sorgfalt auf „Lesedisziplin" gelegt worden zu sein, denn „Schüler sollten kein neues Buch anfangen, bevor sie das alte nicht zu Ende gelesen hatten" (Lehmann u.a. 1995, S. 89). In dieses Bild passt auch die Sorgfalt mit der die Leseentwicklung der Schüler protokolliert wurde, denn 90,1% der ostdeutschen Lehrer (gegenüber 68,3% der westdeutschen) gaben an, sich sorgfältige Aufzeichnungen über die Leseentwicklung jedes einzelnen Schülers zu machen.

Tests zur Feststellung von Leseschwächen, aber auch leistungsorientierte Binnendifferenzierung waren selbstverständlicher als in der westdeutschen Stichprobe.

Lehmann u.a. klassifizieren die Differenzen zwischen dem methodischen Settings in Ost und West deshalb dahingehend, dass sie den Unterschied nicht im Gegensatz von Individualisierung versus standardisierte Lernangebote sehen, sondern in der Betonung versus der Zurücknahme verbindlicher Unterrichtsziele (Lehmann u.a. 1995, S. 90).

Ein weiterer Aspekt der IEA-Lesestudie soll hier erwähnt werden, da er für die Interpretation der Ergebnisse bedeutsam ist: Mehrsprachigkeit.

Während in den neuen Bundesländern zum Untersuchungszeitpunkt nur 0,7% der Drittklässler nichtdeutscher Herkunftssprache sind, liegt der Anteil von Kindern mit Migrationshintergrund in den alten Bundesländern bei 13,0%. Neben dem sprachlichen Herkunftsmilieu und der Aufenthaltsdauer erwies sich insbesondere die soziokulturelle Lage der Migrantenfamilien als entscheidender Einflussfaktor auf die Lesekompetenz. Die Leseschwierigkeiten dieser Schülergruppe führen dazu, dass – wenn man diese Daten im Ost-West-Vergleich unberücksichtigt lässt – die Ergebnisse der westdeutschen Stichprobe gegenüber der ostdeutschen Signifikanzniveau im Hinblick auf das Leseverständnis erreichen. Umgekehrt verringert sich die Überlegenheit der ostdeutschen Kinder beim Worterkennungstest auf nicht signifikante 8% einer Standardabweichung (Lehmann u.a. 1995, S. 146), wenn in beiden Stichproben nur die Kinder deutscher Muttersprache berücksichtigt werden.

Interessant ist nun allerdings der Vergleich der deutschen und internationalen Daten der IEA-Lesestudie. 10 Jahre vor PISA war hier dem deutschen Bildungssystem und zwar in *beiden* Teilen Deutschlands eine geringe Effektivität hinsichtlich der Ausbildung von Leseverständnis bescheinigt worden. Im internationalen Vergleich belegte Deutschland nur einen Platz im Mittelfeld der 26 beteiligten Länder. Beschränkt man den Vergleich auf die ökonomisch entwickelten Länder der OECD (wie in PISA), dann fällt die Position noch ungünstiger aus. Innerhalb der OECD-Gruppe nimmt Ostdeutschland unter den 19 berücksichtigten Schulsystemen nur den achten und Westdeutschland sogar nur den 12. Rang ein.

Besondere Probleme hat Deutschland mit eher niedrigen Leseleistungen und mit einer großen Leistungsstreuung, die allerdings vor allem in der westdeutschen Teilstichprobe feststellbar ist.

Demgegenüber vermochte die polytechnische Oberschule der DDR eine geringere Varianz der Leseleistungen zu erzeugen,[12] ohne dass dies durch eine Niveauabsenkung der durchschnittlichen Leseleistung erzeugt worden wäre.

Ein Ergebnis der internationalen IEA-Lesestudie ist, dass weder die Bildungsausgaben pro Schüler noch die Unterscheidung zwischen gegliedertem und Einheitsschulsystemen noch der Migrationsanteil an der Schülerschaft je für sich schon die jeweils erzielten Leistungsergebnisse prädizieren.

Um die Unterschiede in den Leseleistungen zwischen den einzelnen Bildungssystemen zu erklären haben, Postlethwaite/Ross (1992) Extremgruppenvergleiche zwischen den 20 effektivsten und 20 ineffektivsten Schulen eines jeden Bildungssystems durchgeführt. Aus der Fülle der von ihnen diskutierten Befunde greifen Lehmann u.a. (1995, S. 21f.) für eine Erklärung der deutschen Verhältnisse folgende Gewichtung des Datensatzes heraus, die eine „Revision weithin akzeptierter Praktiken nahe legt". Sie stellen fest, dass effektive Schulen

> „in der Regel besonders große Anteile des Unterrichts explizit der Leseerziehung widmen, relativ umfangreiche Hausaufgaben festsetzen, für die gelesen werden muss, und die richtige Bearbeitung dieser Aufgaben auch kontrollieren. Damit wird eine Praxis in Frage gestellt, die den Kindern in bezug auf die Selbstorganisation von Lernprozessen mehr zumutet, als manche von ihnen bewältigen können. Gerade wenn man, mit guten theoretischen Gründen, davon ausgeht, dass Kinder Lernprozesse möglichst umfassend selber organisieren (lernen) sollen, ergibt sich daraus keineswegs, dass sich die Lehrkraft auf die Bereitstellung einiger Rahmenbedingungen und allenfalls noch die Betreuung extrem lernschwacher Schüler zurückziehen kann. Deshalb können auch Auseinandersetzungen um die ‚richtige' Form des (Erst-)Leseunterrichts nicht in der schlichten Entgegensetzung von Schlagworten – z.B. ‚Lernschule' versus ‚Offener Unterricht' geführt werden; vielmehr ist für jeden Einzelfall nach dem Optimum im Verhältnis von Selbstorganisation und Rückmeldung zu fragen."

Die Bedeutung intellektuell eigenständiger Arbeiten im Unterricht soll damit nicht in Abrede gestellt werden, aber das Bewusstsein für die Rolle der Lehrperson darf nicht aus dem Auge verloren werden. Problematisch könnte es werden, wenn Lehrer sich in der Wahl ihrer Ziele und Maßnahmen primär

12 Die Standardabweichung der ostdeutschen Achtklässler war nahe am Durchschnitt der anderen Länder, wohingegen die der westdeutschen Stichprobe deutlich darüber lag.

reaktiv verhalten und sich weitgehend auf die jeweils aktuellen Bedürfnisse der Kinder einstellen (vgl. Lundberg/Linnakylä 1993, S. 49).

7.6.2 Rechtschreibleistungen in BRD, DDR und der Schweiz

Anfang der 1990er Jahre wurde kurz nach dem Fall der Mauer auch ein querschnittlicher Vergleich von Rechtschreibleistungen Hamburger Grundschüler und Schülern aus der ehemaligen DDR durchgeführt. Dieses Forschungsprojekt zielte explizit auf einen Methodenvergleich des Anfangsunterrichts in beiden Schulsystemen ab und berücksichtigte zusätzlich eine weitere Vergleichsgruppe: Schweizer Klassen, die nach dem Prinzip „Lesen durch Schreiben“ unterrichtet worden waren. Der Leistungsvergleich fiel insgesamt zugunsten der ostdeutschen Stichprobe aus, wobei dieser Leistungsvorteil insbesondere für die jüngeren Schüler zutraf. Allerdings galt auch hier, dass in der DDR nicht nur lehrgangsartig und grundwortschatzorientiert unterrichtet wurde, sondern auch schlicht mehr Unterrichtszeit für das Üben des Rechtschreibens zur Verfügung stand. Für Deutschland „West“ bestand die Vergleichsstichprobe aus sehr unterschiedlichen und nicht im einzelnen dokumentierten Unterrichtsansätzen, die sowohl „offene“ als auch „geschlossene“ Unterrichtsformen umfassten, in der Mehrheit aber wohl aus einer Verbindung beider Positionen bestanden (Brügelmann u.a. 1994, S. 129).

Als eigentliche Kontrastgruppe wurde deshalb eine Schweizer Stichprobe herangezogen, die nach dem Reichen-Konzept unterrichtet wurde und deshalb als Beispiel für einen offenen Unterricht gelten kann, indem die Rechtschreibung „durch Gebrauch“ erworben werden soll. Im Vergleich zu dieser Stichprobe schnitt die Stichprobe „Ost“ von der 1. bis zur 4. Klasse deutlich besser ab. Dieser Leistungsvorteil ist besonders ausgeprägt in den Klassen 2 bis 4. Der Rechtschreibunterricht der DDR vermochte insbesondere die schwachen Rechtschreiber am besten zu fördern.

Bis zum Ende der 1. Klasse zeichnen sich die Schweizer Klassen durch eine geringe Leistungsstreuung und die besten Leistungen im unteren Viertel aus. Zum Ende der Grundschulzeit liegen die Diktatleistungen der Stichprobe „West“ und die Schweizer Klassen dicht beieinander, wenn auch hinter den Leistungen der Stichprobe „Ost“. Die Leistungen am Ende der ersten Klasse zeigen die Schweizer Klassen sogar vor den Hamburger Klassen, die mehrheitlich mit einer Fibel unterrichtet wurden, wenn auch schwächer als die rechtschreiborientierten ostdeutschen Klassen.

Allerdings ist dieser Studie vorzuhalten, dass die Stichproben nicht repräsentativ waren und die selbstkonstruierten Untersuchungsinstrumente den üblichen Gütekriterien auch nicht voll entsprachen. Vertreter des Spracherfahrungsansatzes haben die Ergebnisse dieses Vergleichs so gewichtet, dass sie daraus seinerzeit eine Akzeptanz des Reichen-Konzepts ableiteten.

7.6.3 IGLU

Überraschender Weise kommt IGLU zu dem Ergebnis, dass die in PISA festgestellten Mängel des Leseverständnisses von 15Jährigen, nicht Fortschreibung von bereits in der Grundschule angelegten Defiziten sind (Bos u.a. 2003, S. 2). Allerdings ist ein unmittelbarer Vergleich von Testergebnissen von PISA und IGLU nicht möglich, denn die jeweils teilnehmenden Länder sind nicht identisch. Einige besonders leistungsstarke Länder der PISA-Untersuchung sind in IGLU nicht vertreten, einige besonders leistungsschwache zwar auch nicht, dafür gibt es aber eine ganze Reihe anderer leistungsschwacher Länder, die in PISA nicht vertreten waren. Beschränkt man sich deshalb auf die Interpretation der Vergleichsgruppen 1 und 2, in denen die teilnehmenden Länder aus der europäischen Union und der OECD versammelt sind, so liegt Deutschland im Durchschnittsbereich der teilnehmenden Länder Bulgarien, Lettland, Litauen, Ungarn, der USA, Kanada, Italien, Tschechien, Neuseeland, Singapur und der Russischen Förderation. Allerdings gibt es gegenüber dem Abschneiden dieser Länder eine Spitzengruppen aus drei Ländern – Schweden, die Niederlande und England –, deren Ergebnisse sich auf Signifikanzniveau von den anderen Teilnehmerländern unterscheiden (Bos u.a. 2003, S. 101f.). Gleichzeitig ist der Anteil von Kindern, die am Ende der Grundschulzeit nicht über eine anschlussfähige Lesefähigkeiten verfügen mit mehr als einem Drittel des Jahrgangs bedenklich hoch (vgl. www.erzwiss.uni-hamburg.de/IGLU/home.htm S. 14). IGLU stellt diesen Befund für alle jene Kinder fest, die nur die Kompetenzstufe II erreichen. Inhaltlich wird die damit erreichte Lesefähigkeit so interpretiert, dass Kinder dieser Lesestufe ohne weitere systematische Förderung der Lesekompetenz aufgrund der Schlüsselstellung dieser Fähigkeit, Schwierigkeiten in allen Unterrichtsfächern haben werden. Diese *kriteriumsbezogene*[13] Auswertung entspricht damit den auch in PISA festgestellten Defiziten der Lesekompetenz.

In Deutschland sind mehr als ein Drittel eines Jahrgangs am Ende der Primarstufe nicht in der Lage, die implizit im Text enthaltende Sachverhalte aufgrund des Kontextes zu erschließen und damit so lesen zu können, dass ein relativ selbständiges Lernen aus und mit Texten möglich ist (Kompetenzstufe III vgl. Bos u.a. 2003, S. 89). Genau diese Fähigkeit wird von den Lehrkräften der weiterführenden Schulen aber vorausgesetzt und nicht mehr explizit geübt, so dass das Absinken von Kompetenzstufe II auf I im Verlauf

13 PISA und IGLU gehen beide von dem angelsächsischen Konzept der *reading literacy* (siehe Kap.1)aus, so dass auch eine weitgehende Übereinstimmung der Subskalen zum Leseverständnis gegeben ist. IGLU sieht die Kinder, deren Leseleistung nicht über die Kompetenzstufe II hinausgeht, als gefährdet in der weiteren Schulleistungsentwicklung. Kinder unterhalb oder auf der Kompetenzstufe I gelten als „echte" Risikokinder (10,3%). Den Ergebnissen von PISA folgend sind es bei den 15Jährigen über 20%, die unter und auf der Kompetenzstufe I liegen.

der Sekundarschulzeit bei komplexer werdenden Texten erwartbar ist. Welche methodischen Arrangements führen dazu, dass der Primarstufenunterricht in Deutschland wissensbasierte Verstehensleistungen nicht in hinreichendem Maße ermöglicht? Zum jetzigen Zeitpunkt ist diese Frage leider nur bruchstückhaft beantwortbar, da eine stärker unterrichtsbezogene Auswertung der Daten noch aussteht (IGLU –E). Gleichwohl gibt es einige wenige Hinweise, die den Eindruck vermitteln, dass in Deutschland immer noch eine eher traditionelle Form des Unterrichts auch für den Grundschulbereich typisch ist. So wird in der Regel die ganze Klasse gemeinsam im Lesen unterrichtet und selbst wenn binnendifferenziert gearbeitet wird, dann erhalten alle Schüler gleiches Material, das sie mit unterschiedlichem Tempo bearbeiten dürfen (Bos 2003, S. 58f.). Die drei Länder der Spitzengruppe verwenden demgegenüber häufiger unterschiedliches Material für ihre Schüler und zwar auch mit unterschiedlichen Schwierigkeitsgraden. Auch die Aufteilung der Klasse in einzelne Lerngruppen wird schon allein deshalb häufiger praktiziert, weil in diesen Ländern häufiger zusätzliche Lehrkräfte zur Verfügung stehen.

Die Rechtschreibkompetenz wurde in IGLU mit der Dortmunder Schriftkompetenzermittlung (DoSE) festgestellt, wobei zusätzlich auch Angaben zum Rechtschreibunterricht in vierten Klassen erhoben wurden. Hierbei zeigte sich, dass der Zeitaufwand für Rechtschreibübungen auch in Relation zum Lese- und Sprachunterricht relativ hoch ist. In der Regel werden hierfür traditionelle Unterrichtsmedien, vor allem im Handel erhältliche vorgefertigte Rechtschreibmaterialien eingesetzt.

Die Methoden und Übungsformen des Rechtschreibunterrichts wurden in einer Faktorenanalyse auf zwei zentrale Merkmalsbündel zurückgeführt und zwar einmal einen eher lehrerzentrierten, belehrenden Unterricht und einmal auf einen schülerorientierten Unterricht. Die gleichfalls erhobenen Daten zur Differenzierungspraxis zeigen ein ähnliches Bild wie im Leseunterricht. Auch im Rechtschreibunterricht erhalten fast zwei Drittel der Kinder dieselben Übungsaufgaben und Materialien und dürfen sie nur in unterschiedlichem Zeitrahmen bearbeiten. Eine individuelle Feststellung von Fehlerprofilen und eine dementsprechende Förderung scheint noch die Ausnahme zu sein.

Die Ergebnisse des Rechtschreibtests lassen sich zwar nicht kriteriumsorientiert auswerten, da verbindliche Standards für die Einschätzung von Rechtschreibkompetenz fehlen, trotzdem wird man einen Mittelwert von 25,6 Richtigschreibungen bei 45 Testwörtern (Bos u.a. 2003, S. 257) nicht als befriedigendes Ergebnis betrachten wollen. Die differenzierte Analyse der Rechtschreibfehler ergab zudem, das einige rechtschriftlichen Regularitäten, deren Beherrschung eigentlich für das Ende der 2. Klasse erwartet werden, nur von 80% der Viertklässler sicher verschriftet werden. Unter Lernzielaspekten kann daher die bisherige Unterrichtspraxis in der Grundschule nicht befriedigen, zumal der relativ hohe Zeitaufwand offensichtlich nicht zielerreichend genutzt werden kann.

7.7 Lerneffekte unterschiedlicher methodischer Schwerpunktsetzungen auf die Entwicklung von Rechtschreibfähigkeiten

7.7.1 „Lesen durch Schreiben" versus Rechtschreiblehrgang

Die Methode „Lesen durch Schreiben" ist innerhalb der Schweiz mit anderen Verfahren des Schriftspracherwerbs verglichen worden und zwar einerseits mit methodenintegrierten Fibellehrgängen und andererseits mit einem am Konzept von Grissemann angelehnten Lehrgang. Am Ende des 1. Schuljahres ergaben sich zwischen den 3 Versuchsgruppen keine Unterschiede, wohl aber am Ende der 2. Klasse: Hier zeigten sich im Rechtschreibtest massive Leistungsrückstände der Gruppe „Lesen durch Schreiben" (Diem 1990). Diem interpretiert dieses Ergebnis dahingehend, dass ein Problem des Reichen-Konzepts in seiner fehlenden Weiterführung nach dem 1. Schuljahr besteht, so dass es insbesondere für Lehreranfänger schwer ist, eigenständig einen weiterführenden Rechtschreibunterricht nach der 1. Klasse zu entwickeln.

7.7.2 Fibeleinsatz und Rechtschreiborientierung

Peter May erhob 1994 die Rechtschreibleistungen von 190 Hamburger Vierten Klassen, von denen 80% zuvor mit einer Fibel und 20% ohne Fibel unterrichtet worden waren. Lehrer, die im Anfangsunterricht keine Fibel eingesetzt hatten, legten danach weniger Wert auf die Rechtschreibung, wohingegen die Lehrer, die zuvor mit einer Fibel unterrichtet hatten, der Rechtschreibsicherheit einen größeren Stellenwert zumaßen und dementsprechend auch mehr übten. Erwartungsgemäß zeigten die Klassen, die mit einer Fibel unterrichtet worden waren, bessere Rechtschreibleistungen und auch einen geringeren Anteil von Kindern mit schwachen Rechtschreibleitungen. Als besonders lernförderlich erwiesen sich in dieser Studie motivierende Lese- und Schreibprojekte, die Systematik des Unterrichts, das Beachten von Rechtschreibleistungen in allen Fächern und der Umfang des Schreibens im Unterricht. Allerdings ergab sich auch in dieser Studie ein Befund, der bereits im Ost/West-Vergleich von Brügelmann festgestellt werden konnte: die Leistungsdifferenzen der Klassen innerhalb einer Unterrichtsmethode sind jeweils größer als die Differenzen zwischen den verschiedenen Unterrichtsmethoden.

Hinweise auf unterschiedliche Effekte von Methoden des Schriftspracherwerbs lassen sich aus dem Abschlussbericht des BLK-Modellversuchs *„Elementare Schriftkultur als Prävention von Lese-/Rechtschreibschwierigkeiten und Analphabetismus bei Grundschulkindern“* (Hüttis-Graff/Widmann 1996) entnehmen.

In den 20 Klassen des Modellversuchs wurden sieben Klassen mit einem Fibellehrgang, sechs Klassen durch die Erstellung einer Eigenfibel und sieben Klassen durch das Prinzip „Lesen durch Schreiben“ unterrichtet. Ziel des Modellversuchs war die Verringerung der Zahl der Kinder in Klasse 2 mit unzureichenden Leistungen im Rechtschreiben und die Entwicklung ihrer Leseinteressen und Fähigkeiten zum Textverfassen. Dieses Ziel wurde insofern erreicht, als im Vergleich zu den vorherigen Klassen der Lehrkräfte des Modellversuchs, der Anteil der Kinder mit schwachen Rechtschreibleistungen um über die Hälfte gesunken ist. Ein Vergleich der sieben rechtschreibstarken mit den sieben rechtschreibschwachen Klassen zeigt zunächst einmal, dass der Unterrichtserfolg nicht im Zusammenhang mit dem Einzugsgebiet oder der Klassengröße[14] steht. Allerdings ist der Anteil von Kindern nichtdeutscher Herkunftssprache in den schwachen Rechtschreibklassen deutlich höher (bei 45%) als in den guten Rechtschreibklassen (durchschnittlich 31%). Jedoch erreichen Kinder anderer Muttersprachen im Diagnostischen Rechtschreibtest durchschnittlich keine schwächeren Leistungen als die deutschen Kinder.

Das schlechte Abschneiden der Klassen mit einem hohen Anteil von Kindern nichtdeutscher Herkunftssprache ist also nicht auf eine generell schwache Leistung dieser Kinder zurückzuführen, sondern es wäre auch möglich, dass durch die besondere Unterrichtssituation dieser Klassen der Rechtschreibunterricht der gesamten Klasse erschwert ist.

Auch diese Studie weist erneut die hohe Bedeutung der einzelnen Lehrperson für den Unterrichtserfolg einer Klasse aus, denn sowohl die schlechteste Klasse des Modellversuchs als auch die zweitbeste befinden sich an derselben Schule.

Die Rangreihe der 20 untersuchten Klassen zeigt, dass in sechs der sieben schwachen Klassen nach dem Prinzip „Lesen durch schreiben“ unterrichtet wurde, nur eine Reichen-Klasse findet sich unter den guten Klassen.

Interessant ist auch, dass die Leistungsentwicklung innerhalb der zweijährigen Modellversuchszeit durchaus unterschiedlich verlief: In einigen Klassen wuchs die Rechtschreibleistung von der 1. zur 2. Klasse erheblich (10 Prozentränge), in anderen Klassen sank sie im gleichen Zeitraum um 10 bis 20 Prozentränge. Unter den 5 Klassen mit sinkender Rechtschreibleistung sind 3 „Reichen-Klassen“, eine Fibel- und eine Eigenfibelklasse. Von den 4

14 Die Klassengröße ist in den guten Klassen eher höher als in den schlechten gewesen.

Klassen mit steigender Rechtschreibleistung sind 3 Fibelklassen und eine Eigenfibelklasse. Ein Ergebnis des Modellversuchs lautet daher:

„Klassen, in denen erst im 2. Schuljahr das Rechtschreiben ins Blickfeld der Kinder rückt, holen ihren Rückstand in der Orientierung an der Norm bis Ende Klasse 2 nicht auf.... Es haben sich vor allem die Klassen im Rechtschreiben verbessert, die anfangs mit einer Fibel stark rechtschreiborientiert waren und dann innerhalb des Modellversuchs erstmalig freies Schreiben in ihren Unterricht integriert haben" (Abschlussbericht ...1996, S. 54f.).

7.7.4 Schriftspracherwerb und lernförderlicher Unterricht (PLUS-Projekt)

Das bisher umfangreichste Forschungsvorhaben zur Förderung und begleitenden Evaluation schriftsprachlicher Leistungen wurde von 1994-2000 in Hamburg durchgeführt. Dieses in der Hansestadt flächendeckend durchgeführte Projekt „Lesen und Schreiben für alle" (PLUS) verfolgte folgende Hauptziele:

1. Eine möglichst hohe Lernmotivation der Schüler
2. Bessere Lernleistungen für die gesamte Klasse
3. Verringerung des Anteils von Kindern mit LRS

Zur Realisierung dieser Zielsetzung wurden ab 1994 jährlich 60 Lehrkräfte zu „Schriftsprachberatern" fortgebildet, die anschließend die Implementation der Fördermaßnahmen an den Schulen übernahmen. Das Förderkonzept ging dabei von den Prinzipien der Prävention, Integration und Kooperation der Maßnahmen aus.

- *Präventiv*: Die Förderung setzte bereits in der 1. Klasse ein.
- *Integrativ:* Die Fördermaßnahmen fanden im Rahmen des regulären Klassenunterrichts statt, um eine Stigmatisierung der geförderten Kinder zu vermeiden.
- *Kooperativ*: Die Förderung wurde durch zusätzliche Lehrkräfte (Schriftsprachberater) in Abstimmung mit der jeweiligen Klassenlehrerin durchgeführt.

Die wissenschaftliche Evaluation der Studie bezog sich im Wesentlichen auf folgende Aspekte:

- Programmevaluation: Erfassung und Dokumentation der Implementation der Ziele des PLUS,
- Fortbildungsevaluation: Analyse und Kontrolle der Maßnahmen zur Fortbildung der Schriftsprachberater,

- Praxisevaluation: Evaluation von Transfer des Förderkonzepts in die Schulpraxis,
- Ergebnisevaluation: Untersuchung der Effekte des Gesamtprojekts auf die Lernergebnisse der Schüler und auf Merkmale schulischen Unterrichts.

Unter dem Gesichtspunkt der Wirksamkeit unterschiedlicher methodischer Arrangements von Schriftspracherwerb sind aus dieser Studie insbesondere die Daten interessant, die sich aus der ab der 1. Klasse durchgeführten Längsschnitterhebung ergeben.[15] Für die insgesamt 100 Schulklassen wurde über die gesamte Dauer der Untersuchung die Rechtschreibleistung als Kriteriumsvariable für den Lernerfolg auf Klassenebene erhoben. Für den Vergleich zwischen Klassen mit hohem bzw. niedrigem Unterrichtserfolg wurden nur die Werte berücksichtigt, die durch die Lehrkräfte auch tatsächlich veränderbar sind, d.h. regressionsanalytisch wurde jener Lernzuwachs ermittelt, der um den Einfluss des Sozialfaktors bereinigt wurde: Die mittlere Rechtschreibleistung vom Klassen mit hohem bzw. niedrigem Lernerfolg zum Ende der 4. Klasse unterscheidet sich gegen Mitte und Ende des ersten Schuljahres nicht signifikant. Dagegen sind die Leistungsunterschiede ab Klasse 2 hochsignifikant. Der Unterschied nimmt ab da scherenförmig zu und beträgt in der 4. Klasse mit einer Effektstärke von 1.01 eine Standardabweichung. Erstaunlicherweise erreichen die Klassen mit hoher Lernförderlichkeit dieses Ergebnis aber nicht auf Kosten einer großen Streuung der Leistung innerhalb der Klassen. Im Gegenteil: Bei den Klassen mit hoher Lernförderlichkeit verringert sich die Streuung der Leistungen, während sich diese in den anderen Klassen vergrößert.

Ein ähnliches Ergebnis zeigt sich auch für den Bereich „Textschreiben“: auch hier zeigen die Schüler der lernförderlichen Klassen zunehmend bessere Ergebnisse, obgleich sich dieser Leistungsvorsprung nicht in dem von den Schülern geäußerten Motivations- und Fähigkeitsselbstbild widerspiegelt (zu den Ergebnissen im Einzelnen vgl. May 2001, S. 458ff.).

Um genauer zu analysieren, welche Bedingungen des Klassenunterrichts in mehr oder weniger erfolgreich lernenden Klassen eigentlich divergieren, wurde nicht nur zwischen „Fibel-Klassen“ und „Reichen-Klassen“ unterschieden, sondern insbesondere auch kontrolliert, zu welchem Zeitpunkt eine Erarbeitung von Rechtschreibnormen einsetzte: Ob bereits in Klasse 1 die Arbeit an einem Rechtschreibgrundwortschatz und die Beachtung rechtschriftlicher Besonderheiten einsetzte und ob auch die Verwendung von Wörterbüchern früh eingeführt wurde (vgl. May 2001. S. 467).

---

15 Die aufwendigere Erfassung der Textgestaltungsfähigkeit wurde mit Hilfe des „Hamburger Leitfadens für die Bewertung von Bild- und Textproduktion“ (May 1996) nur für einen Teil der Stichprobe vorgenommen. Das Leseverständnis wurde nicht kontrolliert.

Im Hinblick auf die in der 1. Klasse verwendeten Lehrgangsmethoden (Fibel contra „Lesen durch Schreiben“) zeigen sich zwar keine signifikanten Unterschiede zwischen den Klassen mit hoher bzw. niedriger Lernförderlichkeit, wohl aber im Hinblick auf den Leistungszuwachs speziell der rechtschreibschwachen Kinder. Hier wurde deutlich, dass durch einen Fibelorientierten Lehrgang der Lernerfolg gerade der rechtschreibschwachen Kinder signifikant positiv beeinflusst werden kann, wohingegen sich bei dem Konzept „Lesen durch Schreiben“, der umgekehrt negative Effekt zeigt. Dieses Ergebnis bestätigt auch die Ergebnisse der Voruntersuchung von May (1994), in der sich die Verwendung einer Fibel als irrelevant für die Frage der Lernförderlichkeit auf Klassenebene erwies. Förderlich für den Lernerfolg erweisen sich aber alle jene Maßnahmen, die bereits frühzeitig und intensiv eine systematische Aneignung der Schriftsprache ermöglichen wie z.B. die gezielte Beachtung des Rechtschreibens mit Hilfe eines speziellen Rechtschreiblehrgangs, die Einführung eines Grundwortschatzes bereits in der 1. Klasse und die Verwendung von Wörterbüchern. Gleichzeitig zeigt sich auch, dass die in Verbindung mit dem Konzept „Lesen durch Schreiben“ verbundene Praxis, die Schüler schon in Klasse 1 frei schreiben zu lassen, in den lernförderlichen Klassen nicht in dem Maße praktiziert wird, wie in den Klassen mit geringem Lernerfolg. Klassen mit hohem Lernerfolg bearbeiten im Verlauf des 1.Schuljahres deutlich mehr lehrergesteuerte Schreibaufgaben, als dass sie freie Schreibaufgaben bearbeiten würden. In den höheren Klassen ergibt sich diesbezüglich allerdings kein Unterschied, so dass May diesen Befund dahingehend interpretiert, dass die Beeinträchtigung des Lernprozesses bei umfangreichen freien Aufgabenstellungen zum Freien Schreiben wohl auf eine Überforderung der jüngeren Kinder zurückzuführen sei.

Lehrer aus lernförderlichen Klassen sind stärker am Unterrichtsablauf orientiert und schätzen sich etwas weniger kindorientiert ein. Die zeitliche Struktur der Lehrer- und Schülerinteraktionen zeigt deutliche Unterschiede im Unterrichtsprozess mehr oder weniger „lernförderlicher“ Klassen.

Insgesamt gesehen bestätigen diese Ergebnisse die Daten, die auch aus anderen Studien über die Qualität von Unterricht bekannt sind und die die Bedeutung direkter Instruktion unterstreichen. May bewertet seine Daten so, dass es nicht entscheidend sei, ob eine Fibel oder ein anderer Lehrgang im Unterricht benutzt wird, sondern zentral sei die Rolle der Lehrerin für die Unterrichtsgestaltung. Das „Wie“ ihres günstigsten Einflusses lässt sich aber präzisieren: Gerade im 1. Schuljahr wirken jene Lehrer lernförderlich, die die Schreibaufgaben für die Kinder stärker vorstrukturieren (May 2001, S. 478). Den Prozessmerkmalen des Unterrichts (Direktivität, Kontrollverhalten, Lernzeit etc.) kommt damit im Vergleich zu den Strukturmerkmalen (Art des

Lehrgangs, Organisation von Fördermaßnahmen[16]) für den längerfristigen Lernerfolg in der Grundschule größeres Gewicht zu.

Wie das im Einzelnen aussieht, kann man in den Klassenporträts nachlesen, die den Unterricht von 11 besonders erfolgreichen Klassen nachzeichnen (vgl. May 2002).

7.8 Experimentelle Variation von Methoden des Schriftspracherwerbs *(Nürnberger Forschergruppe)*

Im Institut für Grundschulforschung an der Universität Erlangen-Nürnberg wurde Ende der 1990er Jahre (vgl. Einsiedler u.a. 2002, S. 194ff.) der Einfluss verschiedener Unterrichtsmethoden auf die phonologische Bewusstheit und die Lese- und Rechtschreibleistungen im 1. Schuljahr überprüft.

Ziel der Studie war es, Effekte verschiedener Methoden und auch eines selbst entwickelten Trainingsprogramms zur Förderung phonologischer Bewusstheit auf die schriftsprachliche Leistungsentwicklung während der ersten beiden Schuljahre zu evaluieren. Die Untersuchungspopulation bestand aus insgesamt 15 Klassen, von denen fünf nach einem Fibellehrgang unterrichtet wurden, der mit Differenzierungs- und Freiarbeitsangeboten verbunden war. In den fünf Klassen, die einen eher offenen, entwicklungsorientierten Unterricht erhielten, begann der Schriftspracherwerb mit einer Anlauttabelle. Dieses Hilfsmittel ließ eine positive Wirkung auf den Aufbau phonologischer Bewusstheit erwarten, da in diesem Unterrichtskonzept die Lautanalyse einen hohen Stellenwert hat. In der eigentlichen Experimentalgruppe, die ebenfalls aus fünf Klassen bestand, wurde zusätzlich zum traditionellen Lehrgangsunterricht ein spezielles Training[17] des phonologischen Bewusstseins durchgeführt.

Als Befund der Studie zeigt sich am Ende der ersten Klasse ein klarer Vorteil der trainierten Klassen für die Entwicklung phonologischen Bewusstseins. Unerwartet zeigt sich aber auch, dass die „Fibelgruppe ohne Training" größere Leistungszuwächse in der phonologischen Bewusstheit zeigt als die „entwicklungsorientiert" unterrichtete Gruppe. Beim Vergleich der Entwicklung von „Lesefertigkeit", „Leseverständnis" und „Graphemtreffer" wird deutlich, dass erneut die Trainingsgruppe die höchsten Werte insgesamt erzielt. In der untrainierten Fibelgruppe werden allerdings durchgängig die zweithöchsten Werte registriert. Der Unterschied zwischen den Trainingsklassen und der untrainierten Fibelklasse ist nicht signifikant, wohl aber der

---

16 Beim Vergleich integrativen und extern durchgeführten Förderunterrichts zeigte sich im Rahmen des PLUS-Projektes ein Vorteil zugunsten des externen Förderunterrichts.

17 Lesen und Schreiben lernen mit der Hexe Susi

Unterschied zwischen den Trainingsklassen und den Klassen, die dem Konzept eines entwicklungsorientierten Schriftspracherwerbs folgten.

Während also ein Übungseffekt des Trainings phonologischer Bewusstheit bei den Trainingsklassen nachweisbar ist, scheint ein Transfer des Trainings auf die Entwicklung der Lese- und Rechtschreibleistungen im Vergleich von Trainingsgruppe und Fibelklasse ohne Training bis zum Ende der ersten Klasse nicht zu gelingen.

Die Forschergruppe interpretiert dieses Ergebnis als Indiz dafür, dass die Lehrkräfte auch in den untrainierten Fibelklassen intensiv Übungen zur Lautsynthese und -analyse durchgeführt haben. Die in den Fibeln zahlreich vorhandenen Übungen zur phonologischen Diskriminierung mögen also hinreichend gewesen sein, einen Lerneffekt zu ermöglichen, der fast das Niveau der trainierten Klassen erreichte.

Demgegenüber musste die Ausgangshypothese revidiert werden, dass durch den selbstgesteuerten Umgang mit der Anlauttabelle und die dabei erforderlichen Übungen der Lautanalyse, eine Entwicklung phonologischer Bewusstheit begünstigt wird. Es scheinen ergänzende systematische Übungen notwendig zu sein, gerade für Schüler mit schwachen Eingangsvoraussetzungen. Andererseits ist nicht auszuschließen, dass im entwicklungsorientierten Schriftspracherwerb sogenannte Sleeper-Effekte auftreten, d.h. möglicherweise stellen sich bestimmte Lerneffekte dieser Methode nicht sofort, sondern erst im Verlauf ein. Hierfür spricht tendenziell das Auswertungsergebnis am Ende der ersten Klasse. Zu diesem Messzeitpunkt haben sich die Rechtschreib-Mittelwerte aller drei Treatmentgruppen einander angenähert (Kirschhock u.a. 2002, S. 12), wohingegen sich im Leseverständnis signifikante Unterschiede nachweisen lassen. Die Leistungsschwere zwischen der trainierten Gruppe und den beiden anderen Treatmentgruppen öffnet sich ab Mitte des 2. Schuljahres bei der Lesefertigkeit. Der größte Leistungseinbruch ist bei der Schülergruppe feststellbar, die nach dem Konzept des entwicklungsorientierten Schriftspracherwerbs unterricht wird und zwar im Hinblick auf die Herausbildung der Lesefertigkeit. Dieser Effekt kann nicht überraschen, da in diesem Unterrichtskonzept weniger Wert auf die Entwicklung dieser Fähigkeit gelegt wird.

In der Würdigung dieses Befundes wird zu beachten sein, dass der Faktor Lesefertigkeit nicht als eine Variable anzusehen ist, die im Hinblick auf die Zielkategorie „Lesekompetenz" marginal sei, da Mängel der Lesefertigkeit häufig als zentrale Bedingung von geringem Leseverständnis herausgestellt worden sind. Gleichzeitig überrascht das Ergebnis dieser Studie insofern, als dass hier Wirkungen des Trainings phonologischer Bewusstheit nur im Hinblick auf die Herausbildung der Lesefähigkeit nachweisbar sind, nicht aber bezüglich der Entwicklung der Rechtschreibfähigkeit.[18]

---

18 Zu entsprechenden Effekten auf die Rechtschreibleistungen vgl. die Trainingsstudien von Schneider u.a.1989, 2000

7.9 Lesekompetenzentwicklung von Kindern mit Migrationshintergrund

Seit dem Schuljahr 2002/03 wird beim Interdisziplinären Zentrum für Lehr-Lernforschung der Freien Universität Berlin eine vierjährige Langzeituntersuchung zur „Lesekompetenzentwicklung von Kindern mit Migrationshintergrund" (Merkens/Schründer-Lenzen) durchgeführt. Die Fragestellung dieses Forschungsvorhabens lässt sich nicht auf die empirische Überprüfung einiger Ausgangsthesen reduzieren. Es handelt sich auch nicht um eine reine Evaluationsstudie über die Qualität von Unterricht. Ziel der Studie ist es zunächst, den Erfolg unterschiedlicher methodischer und unterrichtlicher Arrangements beim Erwerb der Lesekompetenz für Schüler mit Migrationshintergrund zu untersuchen. Damit werden im Ergebnis erstmalig Bedingungen von Unterricht benannt werden können, die im Rahmen unseres Regelschulsystems langfristig die höchste Lerneffektivität für den Erwerb der deutschen Sprache aufweisen.

Das Projekt repräsentiert gleichzeitig einen neuen Typus von Unterrichtsentwicklungsforschung. Die Analyse von Methoden des Schriftspracherwerbs zielt in diesem Design nicht auf ein Ranking von Schulen, Klassen oder Lehrern, sondern auf die Weiterentwicklung von Lehrexpertise in einem äußerst schwierigen Umfeld. Aufgabe des Projektes ist es, gezielt und unmittelbar zu einer Optimierung des Schulalltags in Berliner Schulen beizutragen und gleichzeitig Modelle von *Best Practice* zu identifizieren, die Orientierungsfunktion für die Lehrerausbildung übernehmen können.

Insgesamt nehmen 26 Berliner Grundschulen mit 59 Klassen und 1250 Schülerinnen und Schülern aus den schulischen Brennpunkten der Stadt an der Untersuchung teil. Der Anteil der Kinder mit Migrationshintergrund liegt mit fast 70% weit über dem Berliner Durchschnitt. Auf der Ebene der Schulklassen wurde in der Stichprobenziehung auf eine zweifache Varianz geachtet:

1. *methodisch-didaktische Varianz*, d.h. es werden Klassen verglichen mit unterschiedlichen fachdidaktischen Konzepten wie eher fibelorientiert-lehrgangsgebunden versus spracherfahrungsorientiert versus Mischformen und das Konzept einer koordiniert zweisprachigen Alphabetisierung.
2. *schul- und unterrichtsorganisatorische Varianz*, d.h. teilweise parallel zu den unterschiedlichen fachdidaktischen Arrangements des Anfangsunterrichts laufen verschiedenen Organisationsformen, die von Ganztagsbeschulung bis zu unterschiedlichen Zusammensetzungen der Schülerpopulation reichen: Manche Klassen werden ausschließlich von Kindern nichtdeutscher Herkunftssprache (Kleinklassenmodell) besucht und in anderen finden sich unterschiedliche Abstufungen des Mischungsver-

hältnisses von Schülern deutscher und nichtdeutscher Herkunftssprache. Gleichzeitig werden verschiedene Organisationsformen von *Deutsch als Zweitsprache* kontrolliert.

Zur Feststellung der Schulleistungsentwicklung in den zentralen Lernbereichen Deutsch, Mathematik und Sachkunde werden im halbjährlichen Rhythmus Tests durchgeführt, deren Ergebnisse den jeweils unterrichtenden Lehrerinnen klassenbezogen vermittelt werden. Den Lehrkräften wird somit ein präzises diagnostisches Profil an die Hand gegeben, das zum Ausgangspunkt individuumsbezogener Förderung werden kann. Ziel dieses formativen Rückmeldesystems ist es auch, Kinder mit besonderen Schwierigkeiten des Schriftspracherwerbs zu identifizieren, damit sie frühzeitig gefördert werden können. Da im halbjährlichen Rhythmus eine erneute Überprüfung der Lernentwicklung stattfindet, sind auch die jeweils eingeleiteten Fördermaßnahmen in ihrer Effektivität abschätzbar. Auf diese Weise soll der Anspruch einer Unterrichtsentwicklungsforschung eingelöst werden, der darin gesehen wird, noch im Verlauf der Untersuchung zu einer Qualitätsverbesserung des Unterrichts für Kinder mit Migrationshintergrund beitragen zu können. Ein Anspruch, der selbst Gegenstand einer eigenständigen Evaluation sein wird, die Aufschluss darüber geben soll, ob das gewählte Rückmeldesystem geeignet ist, Unterrichtspraxis zu verändern.

Längerfristig ist erwartbar, dass aufgrund der ipsativen[19] Messungen Modelle von *Best Practice* identifizierbar sein werden, wobei dem Lernerfolg in der Beherrschung der deutschen Schriftsprache als Mediatorvariablen der Schulleistungsentwicklung besondere Aufmerksamkeit geschenkt wird.

7.10 Zusammenfassung und Ausblick

Die bisher vorliegenden Ergebnisse der empirischen Unterrichtsforschung machen Tendenzen deutlich, die sich in folgenden Punkten zusammenfassen lassen:

1. Lernförderlicher Anfangsunterricht ist auf systematische Instruktion angewiesen.
2. Je früher, strukturierter und (übungs)intensiver auf den Gegenstand Schriftsprache bezogen dieses Instruktionsverhalten einsetzt, um so

19 Als „ipsative Messungen“ werden Wiederholungsmessungen bezeichnen, in denen Ausgangsdaten zum Bezugspunkt der Dateninterpretation bei einer erneuten Datenerhebung werde. Lernentwicklungen werden damit nicht an standardisierten Vorgaben gemessen, sondern jeder Lerner wird als Bezugspunkt für sich selbst genommen. Individuelle Lernentwicklungen können so sichtbar gemacht werden.

besser sind die individuellen Lernergebnisse – insbesondere der leistungsschwachen Schüler.
3. Unterschiedliche methodische Konzepte des Schriftspracherwerbs zeigen differenzielle Effekte auf das Niveau der Lese-Rechtschreibleistungen verstärkt ab der 2. Klasse.
4. Unterschiedliche Prozessmerkmale der Unterrichtsform haben divergierende Effekte hinsichtlich der Ab- bzw. Zunahme von Leistungsunterschieden innerhalb einer Schulklasse: Direktes Instruktionsverhalten führt eher zu einem Ausgleich heterogener Eingangsvoraussetzungen, wohingegen es bei der Zulassung häufiger informeller Lernsequenzen einen Scheitelpunkt gibt, von dem ab es zu einer Fortschreibung bestehender Leistungsdifferenzen kommt.
5. Die Methode „Lesen durch Schreiben" erhöht das Risikopotential lernschwacher Schüler und ist auch für Schüler mit Migrationshintergrund ungeeignet.

Die empirische Befundlage zu den Methoden des Schriftspracherwerbs ist keineswegs zufriedenstellend. Es fehlen insbesondere:

- Längsschnittuntersuchungen, die längerfristige Methodeneffekte sichtbar machen würden.
- Personzentrierte Ansätze, die die potentiell differenzielle Wirkung von Methoden des Anfangsunterrichts insbesondere im Hinblick auf die Berücksichtigung heterogener Eingangsbedingungen untersuchen, die durch Sprache und Migration, Geschlecht und Kognition (speziell phonologische Bewusstheit) gegeben sind.
- Studien, in denen eine Verknüpfung quantitativer und qualitativer Forschungsmethoden geleistet wird, um die Validität von Untersuchungen unterschiedlicher methodischer Settings des Schriftspracherwerbs zu erhöhen.
- Systematische Beschreibungen von *Best Practice*-Modellen.

7.11 Literatur

Arlin, M.: Time, equality, and mastery learning. In: Review of Educational Research 54 (1984), S. 65-86.

Barnitzky, H.: Freie Arbeit – Offener Unterricht. Agitation gegen Merkmale der Grundschulreform. Arbeitskreis Aktuell. Mitteilung des Arbeitskreises Grundschule e.V., Heft 11, Frankfurt a. M. 1989.

Baumert, J .u.a.: Leistungsentwicklung und Ausgleich von Leistungsunterschieden in Gymnasialklassen. In: Zeitschrift für Pädagogik 32 (1986), S. 639-660.

Baumert, J. u.a.: Chancenausgleich und Leistungsförderung in der Jahrgangsklasse – ein Dilemma der Schulqualität? In: Steffens, U./Bargel,T. (Hg.): Untersuchungen zur Qualität des Unterrichts, Wiesbaden 1987a, S. 33-54.

Baumert, J. u.a.: Zur Kompatibilität von Leistungsförderung und Divergenzminderung in Schulklassen. In: Zeitschrift für Entwicklungspsychologie und Pädagogische Psychologie 19 (1987b), S. 249-265.

Berliner, D.C.: Simple view of effective teaching and a simple theory of classroom instruction. In: Berliner, D.C./Rosenshine,B.V. (Hg.): Talks to teachers: A festschrift for N.L. Gage, New York 1987, S. 93-110.

Blumenstock, L.: Brauchen wir einen Fibel-Lehrgang zum Schriftspracherwerb? In: Balhorn,H./Brügelmann,H.(Hg.): Welten der Schrift in der Erfahrung der Kinder, Konstanz 1987, S. 207-213.

Blumenstock, L.: Erlernen der Schriftsprache im Anfangsunterricht. In: Ingenkamp, K. u.a. (Hg.): Empirische Pädagogik 1970-1990. Eine Bestandsaufnahme der Forschung in der Bundesrepublik Deutschland, Bd.1, Weinheim 1992, S. 280-290.

Boland, T.: The importance of being literate: Reading development in primary school and its consequences for the school career in secondary education. In: European Journal of Psychology of Education 8 (1993), S. 289-305.

Bos, W. u.a. (Hg.): Erste Ergebnisse aus IGLU, Münster, New York, München, Berlin 2003. Siehe auch http://www.erzwiss.uni-hamburg.de/IGLU/home.htm

Brophy, J.E./Good, T.L.: Teacher behaviour and student achievement. In: Wittrock, M.C. (Hg.): Handbook of research on teaching, New York, NY 1986, S. 328-377.

Brown, A.L./Campione, J.C.: Psychological theory and the design of innovative learning environments: On procedures, principles, and systems. In: Schauble, L./ Glaser, R. (Hg.): Innovations in learning: New environments for education, Mahwah 1996, S. 289-326.

Brügelmann, H.: Die Öffnung des Unterrichts muss radikaler gedacht, aber auch klarer strukturiert werden. In: Balhorn,H./Niemann, H. (Hg.): Sprachen werden Schrift, Lengwil 1997, S. 43-60.

Brügelmann, H.: Öffnung des Unterrichts-Befunde und Probleme der empirischen Forschung. In: Steffens, U./Bargel, T.(Hg.): Lehren und Lernen im offenen Unterricht. Empirische Befunde und kritische Anmerkungen, Wiesbaden 1999, S. 71-97.

Brügelmann, H./Brinkmann, E.: Die Schrift erfinden, Lengwil 2001.

Brügelmann, H. u.a.: Schreibvergleich BRDDR 190/91. In: Brügelmann, H./Richter, S.: Wie wir recht schreiben lernen, Lengwil 1994, S. 129-134.

Carey, S.: Conceptual change in childhood, Cambridge 1985.

Clausen, M.: Unterrichtsqualität: Eine Frage der Perspektive? Empirische Analysen zur Übereinstimmung, Konstrukt- und Kriteriumsvalidität, München/Berlin 2002.

Corno, L./Snow, E. R.: Adapting teaching to individual differences among learners. In: Wittrock, M.C. (Hg.): Handbook of research on teaching, New York, NY 1986, S. 605-629.

Davis, R.B. u.a. (Hg.): Constructivist views on the teaching and learning of mathematics, Reston, VA. 1995.

DeCharms, R.: Motivation in der Klasse, München 1979.

Diut, R./Treagust, T. F.: Student's conceptions and constructivist teaching approaches. In: Fraser, B. F./Walberg, H. J. (Hg.): Improving science education, Chicago 1995, S. 46-69.
Einsiedler, W.: Unterrichtsqualität und Leistungsentwicklung: Literaturüberblick. In: Weinert, F.E./Helmke, A. (Hg.): Entwicklung im Grundschulalter, Weinheim 1997, S. 225-251.
Einsiedler, W. u.a.: Der Einfluss verschiedener Unterrichtsmethoden auf die phonologische Bewusstheit sowie auf Lese- und Rechtschreibleistungen im 1. Schuljahr. In: Psychologie in Erziehung und Unterricht 49 (2002), 3, S.194-209.
Ferdinand, W.: Über die Erfolge des ganzheitlichen und des synthetischen Lese-(Schreib-) Unterrichts in der Grundschule, Essen 1970.
Ferdinand, W.: Über die Erfolge des ganzheitlichen und des synthetischen Schreib-(Lese)Unterrichts in der Grundschule. In: Zeitschrift für Entwicklungspsychologie und pädagogische Psychologie 4 (1972), 2, S. 105-117.
Gick, M.L./Holyoak, K.J.: Schema induction and analogical transfer. In: Cognitive Psychology 15 (1983), S. 1-38.
Gentner, D.: The mechanisms of analogical learning. In: Vosniadou, S./Ortony, A. (Hg.): Similarity and analogical reasoning, Cambridge 1998, S. 199-241.
Gentry, J.R.: Learning to spell developmentally. In: The Reading Teacher 34 (1981),S. 378-381.
Gentry, J.R.: An analysis of developmental spelling in GNYS AT WRK. In: The Reading Teacher 36 (1982), 192-200.
Giest, H.: Kann man das Lernen lehren oder nur Lernen – Unterrichtsstrategien im Spannungsfeld zwischen Lernen und Belehrung. In: Giest, H./Scheerer-Neumann (Hg.): Jahrbuch Grundschulforschung, Band 2, Weinheim 1999, S. 34-49.
Graves, D.H.: Writing –Teachers and children at work, London1983.
Gruehn, S.: Unterricht und schulisches Lernen, Münster usw. 2000.
Günther, H.: Kritik des offenen Unterrichts, Bielefeld 1996.
Hanke, P.: Schriftspracherwerbsprozesse von Kindern nach verschiedenen didaktisch-methodischen Ansätzen des Anfangsunterrichts. In: Glumpler, E./Luchtenberg, S. (Hg.): Jahrbuch Grundschulforschung Band 1, Weinheim 1997, S. 233-250.
Hasler, H./Schwartz, E.: Lehrer und Leselehrmethoden. Ergebnisse einer Befragung in der Bundesrepublik. In: Westermanns Pädagogische Beiträge (1966), S. 157-165.
Helmers, H.(Hg.) : Die Diskussion um das deutsche Lesebuch, Darmstadt 1969.
Helmke, A.: Leistungssteigerung und Ausgleich von Leistungsunterschieden in Schulklassen: unvereinbare Ziele? In: Zeitschrift für Entwicklungspsychologie und pädagogische Psychologie 20 (1988), S. 45-76.
Helmke, A./Weinert, F.E. (Hg.): Entwicklung im Grundschulalter, Weinheim 1997.
Helmke, A. u.a.: Quality of instruction and classroom learning outcomes: The German contribution to the IEA classroom environment study. In: Teaching and Teacher Education 2 (1986), S. 1-18.
Herff, I. M.: Die Gestaltung des Leselernprozesses als elementare Aufgabe der Grundschule – neuere Entwicklungen und gegenwärtige Situation an den Grundschulen des Regierungsbezirks Köln – ein Beitrag zur grundschulpädagogischen Tatsachenforschung, Köln 1993.

Hüttis-Graff, P./Widmann, B.-A.: Abschlussbericht des BLK-Modellversuchs: Elementare Schriftkultur als Prävention von Lese-/Rechtschreibschwierigkeiten und Analphabetismus bei Grundschulkindern, Hamburg 1996

Juel, C.: Learning to read and write: A longitudinal study of 54 children from first through fourth grades. In: Journal of Educational Psychology 80 (1988), S. 437-447.

Jürgens, E.: Die ‚neue' Reformpädagogik und die Bewegung Offener Unterricht, Sankt Augustin 1995.

Krumm, V.: Lehreraktivitäten und Schülerleistung. In: Landesinstitut für Schule und Weiterbildung (Hg.): Begabung – Lernen – Schulqualität, Soest 1988, S. 71-74.

Neumann, G. (Hg.): Jahrbuch Grundschulforschung, Bd.2, Weinheim 1999, S. 34-49.

Karmiloff-Smith, A.: Beyond modularity. A developmental perspective on cognitive science, Cambridge 1992.

Kern, A./Kern, E.: Praxis des ganzheitlichen Lesenlernens, Freiburg usw. 1963.

Kirschhock, E.-M. u.a.: Vergleich von Unterrichtsmethoden zum Schriftspracherwerb mit Ergebnissen zum Lesen und Rechtschreiben im 1. und 2. Schuljahr. Berichte und Arbeiten aus dem Institut für Grundschulforschung, Heft 100, 2002.

Klicpera,C. u.a.: Lesen und Schreiben. Entwicklung und Schwierigkeiten, Bern 1993.

Krapp,A./Prenzel, M.: Interesse, Lernen, Leistung: Neuere Ansätze einer pädagogisch-psychologischen Interessenforschung, Münster 1992.

Lehmann, R.H. u.a.: Leseverständnis und Lesegewohnheiten deutscher Schüler und Schülerinnen, Weinheim/Basel 1995.

Lundberg, I./Linnakyl, Ä.P.: Teaching reading around the world – IEA Study of reading literacy, Hamburg 1993.

May, P.: Rechtschreibfähigkeit und Unterricht. Rechtschreibleistungen Hamburger Schüler/innen im vierten Schuljahr im Zusammenhang mit Merkmalen schriftsprachlichen Unterrichts. Ergebnisse der Voruntersuchung zum Projekt Lesen und Schreiben für alle (PLUS). Bericht der Wissenschaftlichen Begleitung Nr.90/01, Hamburg 1994.

May, P.: Lernförderlicher Unterricht. Teil 1: Untersuchung zur Wirksamkeit von Unterricht und Förderunterricht für den schriftsprachlichen Lernerfolg, Frankfurt a.M. usw. 2001.

May, P.: Lernförderlicher Unterricht. Teil II: Wege zum Lernerfolg in der Grundschule. Elf Porträts von Klassen mit hohem Lernerfolg, Frankfurt a.M. usw. 2001.

Meiers, K./Herbert, M.: Bedingungen des Lesenlernens: Eine empirische Untersuchung, Königstein/Ts. 1978.

Meiers, K./Schwartz, E. (Hg.): Lesen lehren. Fibeln und Erstlesewerke II, Frankfurt 1977.

Metze, W.: Fachgespräch zwischen Brügelmann, Eichler, Reichen und Metze über „Anfangsunterricht im Lesen und Schreiben" (2001) unter www.wilfriedmetze.de/html/debatte.html

Metze, W.: Schluss mit der Scheindebatte. Neuere Untersuchungen zum Schriftspracherwerb. http://www.wilfriedmetze.de/Soest.pdf.

Morris, J. M.: Standards and progress in reading, Slough: National Foundation for Education Research 1966.

Mortimore, P. u.a.: It matters. The junior years, Somerset 1989.

Müller, H.: Methoden des Erstleseunterrichts und ihre Ergebnisse, Meisenheim am Glan 1964.
Poerschke, J.: Anfangsunterricht und Lesefähigkeit, Hamburg 1998.
Posner, G.J. u.a.: Accommodation of a scientific conception: Toward a theory of conceptual change. In: Science Education 66 (1982), 29, S. 211-227.
Postlethwaite, T.N./Ross, K.N.: Effective schools in reading: Implications for educational planners, Hamburg 1992.
Pregel, D.: Lesen heute, Hannover 1975.
Purkey, S.C./Smith, M.S.: Effective schools: A review. In: Elementary School Journal 83 (1983), S. 427-452.
Rauer, W. u.a.: Rechtschreibfertigkeit und psychologische Grundleistungen des Rechtschreibens bei Schülern des vierten Schuljahres. In: Zeitschrift für empirische Pädagogik 2 (1978), S. 132-154.
Reinhard, L.: Grundlagen und Praxis des Erstunterrichts im Lesen und Schreiben, München 1962.
Renkl, A./Stern, E.: Die Bedeutung von kognitiven Eingangsbedingungen und schulischen Lerngelegenheiten für das Lösen von einfachen und komplexen Textaufgaben. In: Zeitschrift für Pädagogische Psychologie 8 (1994), S. 27-39.
Rheinberg, F.: Unterrichtsqualität und Leistungsentwicklung: Literaturüberblick. In: Weinert, F.E./Helmke, A. (Hg.): Entwicklung im Grundschulalter, Weinheim 1997, S. 25-240.
Röbel, E./Speck-Hamdan, A.: Wer hat Angst vor freier Arbeit? Wir nicht! Arbeitskreis Grundschule e.V., Frankfurt a.M. 1989.
Rolff, H.G.: Wandel durch Selbstorganisation, Weinheim/München 1993.
Rosenshine, B.: Teacher behaviours related to student achievement. In: Classroom Interaction Newsletter 5 (1969), S. 4-17.
Rosenshine, B.: Content, time and direct instruction. In: Peterson, P. L./Walberg, H. J. (Hg.): Research on teaching, Berkeley, Ca. 1979, S. 28-56.
Rossbach, H.-G.: Lage und Perspektiven der empirischen Grundschulforschung. In: Empirische Pädagogik, 10 (1996), S. 167-191.
Rutter, M. u.a.: Fifteen thousand hours: Secondary schools and their effects on children, Cambridge, Mass. 1979 (deutsch 1980).
Schmalohr, E.: Psychologie des Erstlese- und Schreibunterrichts, München/Basel 1961.
Schneider, W.: Bedingungsanalysen des Rechtschreibens, Bern 1980.
Schneider, W. u.a.: Lesen- und Schreibenlernen in neuer Sicht: Vier Perspektiven auf den Stand der Forschung. In: Balhorn, H./Brügelmann, H. (Hg.): Rätsel des Schriftspracherwerbs, Lengwil 1995, S. 14-28.
Schneider, W. u.a.: Erwerb des Lesens und Rechtschreibens: Ergebnisse aus dem Scholastik-Projekt. In: Weinert, F.E./Helmke, A.(Hg.): Entwicklung im Grundschulalter, Weinheim/Basel 1997, S. 113-129.
Schneider u.a.: Kurz- und langfristige Effekte eines Trainings der sprachlichen (phonologischen) Bewusstheit bei unterschiedlichen Leistungsgruppen: Befunde einer Sekundäranalyse. In: Zeitschrift für Entwicklungspsychologie und Pädagogische Psychologie 30 (1998), S. 26-39.
Schneider, W. u.a. : Training phonological skills and letter knowledge in children at risk for dyslexia: a comparison of three kindergarten intervention programmes. In: Journal of Educational Psychology 92 (2000), S. 284-295.

Siegler, R. S.: Emerging minds: The process of change in children's thinking, New York 1996.
Stern, E.: PISA und die Konsequenzen für die Grundschulforschung. In: Zeitschrift für Erziehungswissenschaft (in Vorbereitung).
Tizard, B. u.a.: Young children at school in the inner city, Hillsdale, N.J. 1988.
Treiber, B.: Qualifizierung und Chancenausgleich in Schulklassen, Bd. 1 und 2, Frankfurt a.M. 1980.
Treiber, W./Weinert, F.E.: Gute Schulleistungen für alle? Münster 1985.
Treinies, G./Einsiedler, W.: Zur Vereinbarkeit von Steigerung des Lernleistungsniveaus und Verringerung von Leistungsunterschieden in Grundschulklassen. In: Unterrichtswissenschaft 24 (1996), S. 290-311.
Valtin, R.: Die Theorie der kognitiven Klarheit – Das neue Verständnis von Lese-Rechtschreib-Schwierigkeiten. In: Akademie für Lehrerfortbildung und Personalführung Dillingen: Lese-Rechtschreib-Schwierigkeiten, Donauwörth 2001, S. 19-61.
Wang, M. C. u.a.: Toward a knowledge base for school learning. In: Review of educational Research 63 (1993), S. 249-294.
Weinert, F.E.: Wie groß ist der Einfluss der Schule auf die geistige Entwicklung der Schüler, – und wie groß könnte er sein? Sonderreihe Öffentliche Vorträge, Universität Saarbrücken 1992.
Weinert, F.E.: Neue Unterrichtskonzepte zwischen gesellschaftlichen Notwendigkeiten, pädagogischen Visionen und psychologischen Möglichkeiten. In: bayerisches Staatsministerium für Unterricht, Kultus, Wissenschaft und Kunst (Hg.): Wissen und Werte für die Welt von morgen. Dokumentation zum Bildungskongress des Bayerischen Staatsministeriums für Unterricht, Kultus, Wissenschaft und Kunst, München 1998, S. 101-125.
Weinert, F.E.: Ansprüche an das Lernen in der heutigen Zeit – 10 Thesen. In: Steffens, U./Bargel, T.: Lehren und Lernen im Offenen Unterricht. Empirische Befunde und kritische Anmerkungen, Wiesbaden 1999, S. 99-103.
Weinert, F.E./Schneider, W. (Hg.): Individual development from 3 to 12. Findings from the Munich Longitudinal Study, Cambridge 1999.

8. Legasthenie – Lese-Rechtschreibschwäche – Risikokinder

Kinder, denen das Erlernen des Lesens und Rechtschreibens schwer fällt und die auch im Erwachsenenalter nicht zu einer kommunikationsfähigen Schriftsprachleistung gelangen, hat es immer gegeben. Allerdings ist die Interpretation dieses Phänomens in Deutschland im Verlauf der letzten 120 Jahre sehr unterschiedlich gewesen, was sich nicht zuletzt in der Verwendung der für dieses Phänomen verwendeten Begriffe widerspiegelt. Hinter der jeweils favorisierten Begrifflichkeit verbergen sich Differenzen auf folgenden Ebenen:

1. Annahmen über die Ursachen des Problems (Ätiologie)
2. Verhältnis dieses Problembereichs zu anderen Fähigkeiten des Individuums
3. Beschreibung der Symptomatik
4. Interpretation des Entwicklungsverlaufs der Probleme
5. Therapeutische und pädagogische Interventionsmöglichkeiten

Aus den divergierenden Einschätzungen dieser Aspekte folgt eine jeweils unterschiedliche Antwort auf das, was im pädagogischen Alltagshandeln zu tun ist. Auch die schulrechtlichen und administrativen Interpretationen dieser Ebenen sind in den einzelnen Bundesländern unterschiedlich. In Mecklenburg-Vorpommern gibt es Ausbildungen zum Legasthenie-Lehrer und auch spezielle Legastheniker-Klassen. In Bayern ist in Erlassen unter Bezug auf „neuere Erkenntnisse aus Medizin, Psychologie und Pädagogik" (vgl. Ganser/Wenger 2001, S. 196) wieder an das traditionelle Legasthenie- Konzept angeknüpft worden[1]. Zahlreiche Grundschulpädagogen[2] haben hieran bereits scharfe Kritik geübt. In Berlin ist im September 2001 mit den *Ausführungs-*

---

1 Vgl. Bekanntmachung des Bayerischen Staatsministeriums für Unterricht und Kultur v. 16. Nov. 1999, Nr. IV/1a – S7306/4 – 4/127883 geändert durch die KM-Bek v. 11. Aug. 2000 Nr. IV/1-S 7306/4-4/86591

2 vgl. die gutachterliche Stellungsnahme von Hans Brügelmann zur Einschätzung des bayerischen Erlasses, die unter den Informationsmaterialien des Bundesverbandes Legasthenie abrufbar ist: www.legasthenie.net

vorschriften zur Förderung bei besonderen Lese- und Rechtschreibschwierigkeiten ebenfalls eine spezielle Förderung für jene Kinder vorgesehen, die „trotz allgemeiner und besonderer Fördermaßnahmen weiterhin die Anforderungen im Lesen und Schreiben nicht erfüllen"[3].

Obwohl die Legasthenie-Debatte im grundschulpädagogischen Diskurs eigentlich als eine längst erledigte Kontroverse gilt, da Konsens in der Ablehnung dieses Konstrukts besteht, macht es Sinn, sich dieser Auseinandersetzung zuzuwenden, da hierdurch Einsichten in grundsätzliche Problemdiskurse der Grundschulpädagogik möglich sind.

8.1 Legasthenie – ein medizinisch-neurologisches Funktionsmodell der Lese- Rechtschreibschwierigkeiten

Ausgangspunkt medizinischer Forschung waren Beobachtungen von neurologisch-psychischen Ausfällen bei Erwachsenen infolge von Hirnschädigungen. Bei dieser Personengruppe stellte man aufgrund von lokalisierten Läsionen im Zentralnervensystem fest, dass bereits erlernte kognitive Funktionen, wie Sprachverständnis und Sprachproduktion, sowie Lesen und Rechtschreibung nicht mehr oder nur teilweise ausgeübt werden konnten. In Deutschland wurden derartige Störungen erstmals durch Berkhan (1885[4]) und Berlin (1877) beschrieben. Im Vordergrund der Beschreibung von Berkhan stand die große Unsicherheit beim Verschriftlichen von Wörtern. Berlin führte den Begriff der „Dyslexia" als Synonym für eine besondere Form der „Wortblindheit" ein. Auch Morgan beschrieb 1896 die Störung des Lesens als eine Form der Wortblindheit und wies damit auf die visuelle Verarbeitungsstörung als Ursache der Leseprobleme hin. In der Regel waren es in dieser Zeit aber erwachsene Patienten, die aufgrund von Hirnverletzungen derartige Ausfälle bereits erworbener Fähigkeiten zeigten und medizinisch behandelt wurden. Psychiater und Neurologen sprechen also von Alexie, worunter der Verlust der bereits erworbenen Lesefähigkeit verstanden wird und von Agraphie, dem Verlust der erlernten Rechtschreibfähigkeit. Hierbei handelt es sich um hirnpathologische Syndrome, die häufig mit anderen Hirnleistungsstörungen verbunden sind und auf eine Verletzung bestimmter Hirnareale zurückzuführen sind.

Neben diesen erworbenen Störungen bei Erwachsenen wurden auch ähnliche Ausfälle bei Kindern beobachtet, die zunächst ebenfalls auf erworbene hirnorganische Störungen zurückgeführt wurden. Diese Ursachenvermutung

3 vgl. AV Lese-Rechtschreibschwierigkeiten, Absatz 6.1 ebenfalls unter den Informationsmaterialien des Bundesverbandes Legasthenie abrufbar (dort auch die LRS-Beschlüsse aller Bundesländer: www.legasthenie.net)

4 Eine differenzierte Übersicht über die Begriffsentwicklung findet sich bei Warnke 1990.

ließ sich aber in der Regel nicht nachweisen, so dass man die Störung auf vorgeburtliche bzw. ererbte Defekte zurückführte und hierfür die Bezeichnung „kongeniale Wortblindheit“ prägte.

Der Begriff „Legasthenie“ wurde erstmals 1916 und zwar von dem Psychiater Paul Ranschburg verwandt. Er bezeichnete damit

„diejenige Minderwertigkeit des geistigen Apparates, derzufolge Kinder im schulpflichtigen Alter sich das verbale Lesen innerhalb der ersten Schuljahre trotz normaler Sinnesorgane nicht entsprechend anzueignen vermögen“ (Ranschburg 1916, S. III).

Die Leseschwäche war für ihn Ausdruck einer „nachhaltigen Rückständigkeit höheren Grades in der geistigen Entwicklung des Kindes“ (Ranschburg 1928, S. 89).

Schulpraktisch bedeutete die Einschätzung von Ranschburg, das diejenigen Schüler, die besondere Schwierigkeiten beim Lesenlernen zeigten, auf die Hilfsschule überwiesen wurden. Teilweise bis in die 1960er Jahre galten Lese- und vor allem Rechtschreibschwächen als Kriterium für die Notwendigkeit einer besonderen Beschulung. Praktisch folgenreich ist dieses ursprüngliche Begriffsverständnis aber wohl bis heute geblieben und zwar in doppelter Hinsicht: Die Schulleistungen im Fach Deutsch sind immer noch das im Fächervergleich entscheidenste Verteilungskriterium für den Besuch weiterführender Schulen und auch die Wahrnehmung von Kindern und Jugendlichen mit schriftsprachlichen Schwierigkeiten vermischt sich im Alltag immer noch leicht mit der Zuschreibung eines kognitiven Defizits.

Historisch gesehen ist diese Stigmatisierung aber eigentlich seit 1951 überholt, als Maria Linder, eine Schweizer Psychologin, feststellte, dass Kinder mit Leseschwächen häufig durchschnittlich und teilweise sogar überdurchschnittlich intelligent sind. Damit wurde eine völlig neue Interpretation des Legasthenie-Phänomens kreiert, die als sogenannte *Diskrepanzdefinition* viel Aufsehen erregte. Wörtlich hieß es:

„Unter Legasthenie verstehen wir eine spezielle und aus dem Rahmen der übrigen Leistungen fallende Schwäche im Erlernen des Lesens (und indirekt auch des selbständigen orthographischen Schreibens) bei sonst intakter (oder im Verhältnis zur Lesefertigkeit) relativ guter Intelligenz“ (Linder 1951, S. 100).

Mit einem Schlag war der Legastheniker zu einem intelligenten Kind geworden, „das unter normalen Schulverhältnissen und trotz aller Bemühungen der Erwachsenen das Lesen oder Schreiben nicht oder nur mit größter Anstrengung erlernen kann, während es in den anderen Fächern in der Regel keine entsprechenden Schwierigkeiten hat“ (Linder 1963, S. 34).

Die Ursache dieses partiellen Leistungsausfalls wurde dann insbesondere von Lotte Schenk-Danzinger (1968) in ererbten und funktionellen Teilleistungsstörungen des Gehirns[5] gesehen. Legasthenie wurde damit zu einer Krankheit, die sich an typischen Symptomen erkennen ließ:

---

5 Der medizinische Terminus lautet: Minimale cerebrale Dysfunktion =MCD

- Reversionsfehler, d.h. Vertauschen optisch ähnlicher Buchstaben wie b-d, p-q, ie - ei auf horizontaler Ebene
- Inversionsfehler, d.h. Vertauschen optisch ähnlicher Buchstaben auf vertikaler Ebene wie M-W, u-n
- Umstellungs- oder Sequenzfehler wie bald-blad, lief - fiel
- Buchstabenauslassungen
- Verwechselungen harter und weicher Konsonanten wie d-t, g-k, b-p
- Raum-Lage-Labilität und Rechts-Links-Unsicherheit

Aufgrund derartiger Fehler wurde auf einen typischen Entwicklungsverlauf rückgeschlossen, an dessen Anfang eine Schädigung vor, während oder nach der Geburt angenommen wurde (MCD) bzw. eine ungünstige genetische Disposition, die zu einer verspäteten bzw. von der Norm abweichenden Hemisphärenspezialisierung des Gehirns führte.

Weder die primäre Störung, noch die Abweichung von der homogenen Rechtsdominanz wurden aber aufgrund einer neurologischen Diagnostik erschlossen, sondern sie wurden wegen der Fehlerphänomene, den Reversionen, und auch infolge der vermeintlichen Beobachtung, dass insbesondere Linkshänder Legastheniker seien, gleichsam hypothetisch erschlossen.

Das medizinisch-neurologische Funktionsmodell der „klassischen Legasthenie" beruhte also auf folgender Argumentationskette (Schenk-Danzinger 1984, S. 79):

Teilleistungsstörungen ↓ Mangelhafte cerebrale Interaktionsprozesse ↓ Verspätete oder von der Norm abweichende Hemnisphärenspezialisierung ↓ MCD und/oder ungünstige genetische Konstellation bei Abweichungen von der reinen bzw. homogenen Rechtsdominanz

Die Annahme eines kausalen Zusammenhangs zwischen Linkshändigkeit, Raum-Lage-Labilität und Lese-Rechtschreibschwäche wurde zwar im angloamerikanischen Forschungsbereich schon bald widerlegt (vgl. Vernon 1960, S. 81-110, Malmquist 1958, S. 258-262) in Deutschland blieb man aber zunächst damit beschäftigt, die Diskrepanzdefinition praxiswirksam zu operationalisieren. Konkret ging es um die Frage: Wer genau ist eigentlich Legastheniker? Hierauf war bald eine exakte Antwort gefunden:

„Wir bezeichnen Kinder mit einem Prozentrang von 15 und weniger in einem Lese- und/oder Rechtschreibtest als Legastheniker, wenn ihre Intelligenz mindestens durchschnittlich ist. Als mindestens durchschnittliche Intelligenz gilt ein IQ von 90 und darüber..." (Angermaier 1974, S.)

Heute kaum noch vorstellbar, war mit dieser Festsetzung etwas Unglaubliches geschehen: Während zunächst mit der Diskrepanzdefinition für die betroffenen Kinder etwas sehr Positives geschehen war, weil sie den Makel des Dummen verloren hatten, wurde jetzt eben diese Diskrepanzprämisse dazu benutzt, gleichsam eine Zweiklassen-Gesellschaft von lese-/rechtschreibschwachen Kindern zu gründen: Die einen, die als intelligent und damit besonderer Förderung würdig erschienen und die anderen, die nicht nur Probleme beim Schreiben hatten und deshalb den üblichen schulischen Selektionsmechanismen weiterhin ausgesetzt waren. Denn nur jene Schüler durften an LRS-Förderkursen teilnehmen, denen auch zuvor im Sinne der Diskrepanzdefinition eine hinreichende Intelligenz bescheinigt worden war.

Die „klassische" Grenzwertfestlegung erhielt gewisse Variationen bzw. Untergruppierungen, nach denen Schweregrade von Legasthenie festgesetzt wurden, wobei auch diese Grenzwertfestlegungen letztlich willkürlich waren:

„... es hat ja keinen Sinn, diese Grenzwerte so festzulegen, dass man mehr Legastheniker erhält, als im Rahmen der Schule zu fördern sind" (Angermaier 1976, S. 346).

Während im pädagogischen Kontext mit dieser Entwicklung des Legasthenie-Konstrukts eine gezielte „Anti-Legasthenie-Bewegung" einsetzte, blieb dieses Konzept im medizinisch-psychologischen Forschungskontext erhalten, wenn auch in modifizierter Form.

8.2 Die pädagogische „Anti-Legasthenie-Bewegung"

Innerhalb der Pädagogik setzte Anfang der 1970er Jahre eine scharfe Kritik an den Implikationen des Legastheniebegriffs ein, die – wenn auch mit wechselnden Argumenten – bis heute aufrecht erhalten wird. Während zunächst darauf hingewiesen wurde, dass das Konzept einer angeborenen oder vererbten Legasthenie fragwürdig sei, weil Kinder mit Lese- Rechtschreibschwierigkeiten überproportional häufig aus depravierten Verhältnissen kommen (Valtin 1972), gerieten auch bald die Unterrichtsmethoden als Auslöser von Legasthenie in die Kritik (Sirch 1975). Fast noch gravierender war aber die detaillierte Kritik an den damaligen Forschungsinstrumenten (Schlee 1974/1976) und der Nachweis, dass selbst die Auswahl der Untersuchungspopulation divergierte (Valtin 1973). Die gesamte Forschungsrichtung geriet damit in Misskredit, was nachhaltig dadurch unterstützt wurde, dass die in diesem Forschungskontext propagierten Therapiemodelle keine entsprechenden Erfolge erzielten (vgl. Klicpera/Gasteiger-Klicpera 1993, S. 265ff.). Legasthenie galt als Erfindung und das Phänomen der Lese- Rechtschreibschwierigkeiten wurde mit dem LRS-Begriff nicht nur neu benannt, sondern auch inhaltlich neu verstanden:

Lese-Rechtschreibschwierigkeiten wurden nicht mehr primär als ein individuelles Defizit interpretiert, sondern als ein Syndromkomplex mit vielfältiger Genese und auch individuell unterschiedlichen Erscheinungsformen.

Das problematische Diskrepanzkriterium „Intelligenz" wurde durch ein im pädagogischen Kontext einfacher zu handhabendes Kriterium, die Schulleistung, ersetzt. Es wurde auch nicht mehr von „Legasthenikern", sondern von Schülern mit „besonderen Schwierigkeiten im Lesen und Rechtschreiben" gesprochen, für die laut KMK-Beschluß von 1978 dann „besondere Fördermaßnahmen" vorgesehen werden, wenn sie „die Ziele des Lese- und/oder Rechtschreibunterrichts der Jahrgangsstufe 2 noch nicht erreicht haben, sowie für Schüler der Jahrgangsstufen 3 und 4, deren Leistungen im Lesen und /oder Rechtschreiben über einen Zeitraum von mindestens drei Monaten hinweg schlechter als ausreichend bewertet werden" (KMK-Beschluß 1978).

Damit wurde zwar eine schriftsprachspezifische Förderung für alle leistungsschwachen Schüler ermöglicht, wenn auch die praktische Umsetzung auf Länderebene unterschiedlich lange auf sich warten ließ. Auch eine gleichsam pädagogische Rahmung der Fördermaßnahmen, wurde von der KMK empfohlen:

- ein sorgfältiger Erstlese- und Rechtschreibunterricht als Prävention und
- innere Differenzierung und Förderung im Klassenverband anstelle von Ausgliederung.

In die Umsetzung dieses Beschlusses hatten die Kultusminister große Hoffnungen gesetzt, dass nämlich

„in dem Maße, wie der Erstlese- und Schreibunterricht in den Anfangsjahrgängen der Grundschule systematisch und sachgerecht erteilt wird, die Anzahl derjenigen Schüler sich verringert, die nach der Jahrgangsstufe 2 besonderer Fördermaßnahmen bedürfen".

Dass sich diese Hoffnung nicht bestätigt hat, wissen wir alle, so dass sich mehr als 20 Jahre nach der Initiierung dieses Förderkonzepts, die Frage stellt: Ob Unterricht wirklich „systematisch und sachgerecht erteilt" worden ist oder ob andere Faktoren ausschlaggebend sind?

8.3 Lese-Rechtschreibschwierigkeiten in der Interpretation kognitions- und entwicklungspsychologisch orientierter Ansätze

Nicht nur die Kritik an der klassischen Legasthenieforschung, sondern auch die Bezugnahme auf die kognitive Entwicklungspsychologie führten Ende der 1970er Jahre zu einer völligen Umorientierung der grundschulpädagogischen Diskussion. Lese-Rechtschreibschwierigkeiten wurden nicht mehr als ein Problem von Wahrnehmung und Gedächtnis interpretiert, sondern als ein kognitives. Renate Valtin (1981, S. 145) vermutete, dass Legastheniker im Vergleich zu Nicht-Legasthenikern das Prinzip der Buchstabenschrift nicht oder nur ungenügend verstanden haben, sie also nicht zu einer „kognitiven Klarheit" hinsichtlich des Aufbaus und der Struktur der Schriftsprache gelangt sind. Welche Phoneme beispielsweise für das Schreiben eines Wortes relevant sind, ist also nicht nur ein Problem der Lautdiskrimination, sondern auch eine Frage der regeladäquaten Zuordnung. Damit aber war das Augenmerk nicht mehr auf das Funktionieren einzelner Wahrnehmungsbereiche gerichtet, sondern auf die Frage, wie Kinder auf Sprache zugreifen. Lesen- und Schreibenlernen *aller* Kinder wurde als Entwicklungsprozess gesehen.

Für die Einschätzung der Kinder mit besonderen Schwierigkeiten des Schriftspracherwerbs bedeutete dies, dass sie nicht mehr als irgendwie besonders beachtet wurden, da die Prämisse gilt, *alle* Kinder durchlaufen dieselben Entwicklungsstufen, wenn auch in unterschiedlichem Tempo.

Der Fortschritt gegenüber der traditionellen Sicht auf die besonderen Lernschwierigkeiten einiger Kinder, liegt darin, dass auch diese Kinder nicht mehr als „passive Defektträger", sondern als zwar langsame, aber aktiv Lernende gesehen werden.

Hans Brügelmann hat diese didaktische Wende zum Kognitiven Paradigma in der Formel: „Von der Teilchen- zur Wellentheorie" anschaulich auf den Punkt gebracht. Während also in der klassischen Legasthenie-Debatte Lernen als eine Addition von Teilleistungen gesehen wurde, soll jetzt Lernen als eine Neuorganisation des Denkens verstanden werden. Wie das Kind sein Denken jeweils neuorganisiert, wird in der Zugriffsweise der entsprechenden Entwicklungsstufen beschrieben.

Aber reicht dieses Interpretationsmodell, um auch jenen Kindern gerecht werden zu können, deren schriftsprachlichen Leistungen am Ende der Regelschulzeit auf dem Niveau eines „regulären" Drittklässlers stehen? Lassen sich unter dieser theoretischen Brille Fördervorschläge entwickeln, die diesen Kindern wirklich helfen? Zweifel an dem Konzept der Stufenmodelle des Schriftspracherwerbs hat es unter verschiedenen Aspekten gegeben:

Zunächst ist empirisch in Frage gestellt worden, ob die Grundstruktur des dreistufigen Schriftspracherwerbs, die in der angloamerikanischen Forschung erarbeitet wurde, überhaupt auf deutsche Verhältnisse übertragbar ist.

In der Tat konnte nachgewiesen werden, dass eine ausgeprägt logographische Phase beim Erwerb des Englischen aufgrund der Unregelmäßigkcit der Phonem-Graphem-Korrespondcnz zwar zutreffend ist, im Erlernen des Deutschen aber diese Phase nicht notwendig vorausgesetzt werden muss. Hier spielt die Methode des Anfangsunterrichts eine Rolle. Mit anderen Worten: Wenn man, wie in den 1950er Jahren üblich, die Kinder mit der Ganzheitsmethode unterrichtete, also zunächst auf das Memorieren ganzer Wörter Wert legte, dann gab es natürlich eine logographische Phase. Damit hat man aber eigentlich nicht „den eigenaktiven Zugriff der Kinder auf Schrift“, ihre Denkstrategie beschrieben, sondern den Effekt einer bestimmten Unterrichtsmethode. Geht man aber, wie heute üblich, von Anfang an, konsequent analytisch-synthetisch vor, dann gibt es bei deutschsprachigen Kindern praktisch keine logographische Phase (vgl. Klicpera/Gasteiger – Klicpera 1996).

Bemerkenswerter ist allerdings eine Kritik, die Mechthild Dehn bereits 1990 (S. 305) äußerte:

> „Worauf es in pädagogischer Perspektive ankommt, ist, Kategorien zu benennen, die geeignet sind, die Zugriffsweisen der Kinder zu verstehen; denn das kann Grundlage sein für Anregung und Unterweisung und für die Verständigung mit dem Kind. Ob es jedoch pädagogisch sinnvoll ist, solche Kategorien zu einem Modell der Entwicklungsstufen zu komponieren und dem Lehrer an die Hand zu geben, erscheint mir fraglich.“

Die von Dehn vorgestellten Unterrichtssituationen zeigen sehr deutlich, wie wenig konkrete Hilfestellung die Stufenmodelle bieten, um im Alltag lernförderliche Interaktionen zu initiieren:

Anja (Nov. 1. Klasse) soll das Wort „rosa“ im Bild- und Satzkontext („Uta malt ein rosa Rad“ vgl. Dehn 1988, S. 243f.) erlesen.

Anja	Lehrerin
	Ein...
(1) r:	o
(2) o	s
(3) s-a	richtig
(4) ra:	ro
(5) ro:	ja, was?
(6) ro:	ro ist kein Wort, geht noch weiter, ro:
(7) s:-a	aha
(8) ra	ne, rosa
(9) rosa, rosa	
(10) rosa	geht weiter

Die Lehrerin, die mit der alphabetischen Phase im Hinterkopf, ihrer Schülerin Anja ein buchstabenweises Erlesen anbietet, scheitert, denn Anja eignet sich die Informationen nicht an. So kann es auch nicht verwundern, dass Anja in den weiteren Lernbeobachtungen, Ausweichstrategien einschlägt und Ablenkungsmanöver versucht. Ihre Zugriffsweisen erscheinen gerade nicht systematisch, sie „rät unkontrolliert“, sie wechselt auch die einmal eingeschlagenen Zugriffsweisen und ihr Lernprozess scheint zu stagnieren. Ob Anja überhaupt etwas lernt, scheint fraglich (Dehn 1990, S. 308).

Interpretiert man Anjas Schwächen nach dem Teilleistungsmodell, dann würde man „Unsicherheiten in der Buchstabenform“, eine „unzureichende Durchgliederung des gesprochenen Wortes“ aber auch „Wortruinen“ entdekken, allesamt Fehler, die nach und nach ausgeschaltet werden müssten. Das Teilleistungsmodell ist also ein hierarchisches Modell, in dem davon ausgegangen wird, dass eine Teilleistung auf der anderen aufbaut. Anjas Zugriff wäre also defizitär.

Nach dem Entwicklungsmodell, wäre Anja „zum falschen Zeitpunkt normal“ (Brügelmann 1987, S. 113). Aber, so lässt sich fragen: Ist Anja nur langsam oder zu langsam? Dehn entscheidet sich in ihrer Antwort für eine „Metalösung“, indem sie auf das Konzept der „kognitiven Schemata“ von Neisser (1979, S. 19) rekurriert und auf die fehlende Stringenz und Flexibilität des Leseverhaltens von Anja hinweist. Hier greift sie auf Überlegungen von May (vgl. 1986, S. 277) zurück, der gute und schwache Leser dadurch unterschieden sieht, wie sie das zu erlesende Wort strukturieren:

„Demgegenüber ist zweitrangig, ob die Kinder die richtige Buchstaben-Laut-Zuordnung vollziehen können, wichtig ist vielmehr, ob sie sich mit ihren Operationen am Wort Erfahrungsmöglichkeiten eröffnen oder der Situation auszuweichen suchen.“

Natürlich ist es besser, Fehler zu machen und daran zu lernen, als gar nichts zu tun, aber warum, kann man fragen, weichen manche Kinder schon zu Beginn der 1. Klasse der Lernaufgabe aus? Könnte es nicht sein, dass sie mit der gestellten Aufgabe überfordert sind? Erscheint nicht die Vermutung gerechtfertigt, dass sie sich anders verhalten würden, wenn ihnen die richtige Buchstaben-Laut-Zuordnung verfügbar wäre? Dann wäre aber dieses Wissen kaum „zweitrangig“. Wird nicht mit dem Hinweis auf Ausweichstrategien eine Sekundärproblematik der lernschwachen Schüler beschrieben, die aufgrund geringer bzw. negativ verlaufender Spracherfahrungssituationen in der Vorschulzeit, bereits eine instabile Selbstwirksamkeitserwartung im Hinblick auf Sprachlernsituationen aufgebaut haben?

Unter der Prämisse eines kognitiv-entwicklungsorientierten Schriftsprachlernprozesses setzt an dieser Stelle ein pädagogisches Vertrauen in die metakognitiven Kompetenzen des Lernanfängers ein:

„Die lernenden Kinder streben auch zum Zeitpunkt, an dem sie noch nicht lesen können, von sich aus zur Regel- und Begriffsbildung, d.h. sie suchen ihre kognitiven Schemata zu erweitern“ (Dehn 1990, S. 311) .

Aber ist Regel- und Begriffsbildung etwas anderes als die Vernetzung von Wahrnehmungsinterpretationen aus verschiedenen Teilbereichen? Zwar können schlechte Leser ihre vorhandenen Möglichkeiten weniger nutzen als gute Leser, aber dieses Phänomen wird nicht auf „irgendwelche Defizite in der Denkfähigkeit selbst", sondern auf „das geringere Zutrauen in die eigene Denkfähigkeit gekennzeichnet" (May 1986, S. 232). Mit dieser Bezugnahme auf das Modell einer kognitionstheoretischen Interpretation des Leseprozesses, weist Dehn den Ansatz der Teilleistungsschwächen zurück, da die beobachtbaren Leseprobleme nicht als Fähigkeitsdefizite interpretierbar seien. Ihre Argumentation könnte man so zusammenfassen:

Die besonderen Leseschwierigkeiten mancher Schüler lassen sich deshalb nicht in einem Modell der Teilleistungsschwächen adäquat beschreiben, weil das Gelingen des Leseprozesses neben dem Beherrschen von visuellen und akustischen Teilfertigkeiten auch ein *komplexes Wechselspiel der einzelnen Teiloperationen voraussetzt, die kognitiv gesteuert* sind.

Derartige kognitive Integrationsprozesse gehören, wenn auch in anderer Begrifflichkeit, zu den Basisannahmen neurologischer Beschreibung von Lernprozessen. Die zellulären Mechanismen des Lernens werden durch den Aufbau neuer synaptischer Verbindungen zwischen Nervenzellen und in der Organisation neuronaler Netzwerke beschrieben. So gesehen wirkt aus heutiger Perspektive die Opposition zwischen dem Modell der Teilleistungsschwächen und dem kognitiven Entwicklungsmodell des Schriftspracherwerbs etwas konstruiert.

Aber zurück zu Anjas Schwächen und ihrer Lehrerin. Ist es für sie hilfreich das Entwicklungsmodell zur Grundlage des Erstunterrichts zu machen? Genau in diesem Sinne sind die Stufenmodelle der Schriftsprachentwicklung in der praxisorientierten Ratgeberliteratur aber auch in der Lehrerbildung vertreten worden. Die Stufenfolge wird fälschlicherweise zur didaktischen Maxime, wenn Kinder sich in einer Sequenz „ausleben" müssen, bevor man ihnen die nächste anbieten darf. Gerade dies wird in dem Konzept „Lesen durch Schreiben" unterstellt, da die Kinder zunächst nur auflautierend anhand der Anlauttabelle schreiben dürfen und die Frage des orthographisch richtigen Schreibens systematisch ausgeklammert bleibt. Hier wird die alphabetische Stufe für die gesamte erste Klasse zum normativen Fixpunkt der Unterrichtsmethode.

Empirische Analysen haben aber gezeigt, dass die strikte Sequenzierung der Entwicklungsstufen schlichtweg falsch ist, da Analysen der Schreibproben von Kindern ergeben haben, dass sie zu *einem* Zeitpunkt durchaus unterschiedlichen Strategien folgen. Der frei geschriebene Text eines Kindes kann also sowohl phonetische als auch orthographische Zugriffsweisen offenbaren.

Die Interpretation des Schriftspracherwerbs in Form von Stufenmodellen birgt eine weitere Gefahr (vgl. Marx 2000):

Entwicklungsstufen des Schriftspracherwerbs suggerieren eine Automatik von Entwicklung, die gerade im Hinblick auf den Sprung von der alphabetischen zur orthographischen Strategie empirisch problematisch ist. Die Rechtschreibentwicklung der rechtschreibschwachen Kinder ist gerade durch einen Stillstand auf der Stufe lautgetreuen Verschriftens gekennzeichnet. Stufenmodelle der Rechtschreibentwicklung basieren ferner auf einer impliziten Annahme: Orthographische Schreibschemata von Kindern werden als Folge struktureller Einsichten in den Aufbau von Schrift interpretiert, obwohl die Strategien, denen ein Schreiber faktisch folgt, nicht erhoben worden sind. Es ist also eigentlich unklar, ob eine orthographisch korrekte Schreibweise wirklich auf impliziter oder explizit gelernter Regelbildung basiert oder schlicht darauf, das mit zunehmender Beschulung auch Gedächtniseinträge mobilisiert werden können. In diesem Fall würde eine morphemorientierte Rechtschreibstrategie einem Schreiber attestiert werden, der vielleicht nur über korrekte Gedächtniseinträge verfügt.

Unklar ist auch, ob eine morphemorientierte Strategie überhaupt als generelle Strategie angenommen werden kann, ob die Einsicht in dieses Prinzip wirklich von allen Kindern nicht nur wortspezifisch erworben, sondern auch generalisiert werden kann. Wenn also beispielsweise in einem morphemorientierten Rechtschreibunterricht, an dem „Fahrrad“-Beispiel die „h“ Schreibung eingeführt worden ist, so bleibt doch die Frage, ob Kinder diese Einsicht dann auch auf die Schreibung „Gehweg“ transferieren bzw. wie häufig die Schreibweise der „gehen“-Familie eigentlich wiederholt werden muss, damit sie als „morphematische Strategie“ oder vielleicht doch eher als Gedächtniseintrag zur Verfügung steht?

Ein weiteres Argument ist immer wieder von Praktikern vorgetragen worden, die sich mit den Rechtschreibschwierigkeiten gerade lernschwacher Schüler beschäftigt haben: Morphemorientiertes Rechtschreibtraining setzt ein Sprachstrukturwissen voraus, dass gerade rechtschreibschwachen Schülern häufig fehlt. Morpheme kann nur der „entdecken“, der Begriffe semantisch interpretieren kann. Gerade für Kinder mit Lernschwierigkeiten scheint daher die Silbe als Bezugseinheit für rechtschrifliche Problemlösungen (vgl. Hinney 1997) leichter zugänglich als morphemorientiertes Rechtschreiblernen.[6]

Diese kurzen Hinweise machen aber eines zumindest deutlich, „von allein“ fangen rechtschreibschwache Schüler wohl nicht an, die höheren Strategiestufen zu erklimmen.

Dies gilt auch für die Leseentwicklung, die *oberhalb* der Wortebene gerade das Problem leseschwacher Schüler ist. Auch hier gibt es empirische Evidenz dafür, dass Leseschwäche sich gerade dadurch auszeichnet, dass eben nicht das Einzelwortverständnis problematisch ist, sondern der Sprung zum Textlesen, das eine automatisierte Integration der Teilleistungen voraussetzt. (vgl. Kap.4)

6 Für ein morphemorientiertes Rechtschreiblernen gerade für leistungsschwache Schüler plädiert aber Walter (1996).

Trotzdem macht die Bezugnahme auf Stufenmodelle Sinn, denn der heutige Forschungsstand lässt erkennen, dass zumindest zwei Grundannahmen richtig sind:

Erstens hat sich der entwicklungspsychologische Grundsatz bestätigt, dass Schriftspracherwerb nicht voraussetzungslos in der 1. Klasse beginnt und auch die Abfolge des Erwerbsprozesses ist zumindest im Hinblick auf die jeweilige *Dominanz* der Strategien zutreffend (vgl. Scheerer-Neumann 1998, S. 56f.). Kinder, die schon orthographische Strategien zur Verfügung haben, werden also nicht plötzlich wieder logographisch schreiben. Insofern kommt dieser Modellvorstellung insbesondere diagnostische Kraft zu, um *in den Anfängen* des Schriftspracherwerbs die individuellen Zugriffsweisen der Kinder wahrnehmen und interpretieren zu können. Weniger aussagekräftig erscheint dagegen dieser Interpretationsrahmen für den weiteren Verlauf der Lernentwicklung: Mit zunehmender Beschulungsdauer stellt sich immer mehr das Problem, inwieweit nicht auch freie Verschriftungen von Kindern die jeweilige Rechtschreibdidaktik ihres Unterrichts widerspiegeln und weniger ihre individuellen Zugriffsweisen auf Schrift. Uneindeutig ist auch wie sich das Verhältnis von deklarativem Wissen (Gedächtniseinträge im inneren Lexikon) und prozeduralem Wissen (rechtschriftliches Strategiewissen) im Erwerb von Rechtschreibkompetenz verändert. Insofern ist eine ausschließlich strategieorientierte Interpretation von Textproduktionen irrtumsbelastet.

In Hinblick auf die Interpretation der Leseentwicklung stellt sich das Problem etwas anders. Hier bleiben die Stufenmodelle einem eingeschränkten Begriff von Lesefähigkeit verhaftet. Erweiterungen wären nötig, wie sie seit der PISA-Studie mit dem Begriff von „reading literacy“ verbunden sind (vgl. Kap.1).

Aufgrund der heute verfügbaren Testverfahren zur Früherkennung von Lese-Rechtschreibschwierigkeiten hat sich insgesamt das Forschungsinteresse an der LRS-Problematik wieder verschoben: Heute steht die Frage der Prävention von Lese-Rechtschreibschwierigkeiten und damit auch die möglichst frühzeitige Erkennung von Risikokindern im Mittelpunkt. Intention der in diesem Kontext durchgeführten Tests ist nicht nur die Identifikation der förderbedürftigen Kinder, sondern auch ein Hinweis auf geeignete Förderstrategien und die Kontrolle ihrer Effektivität, insofern spricht man auch von „Förderdiagnostik“, die von der „Differenzialdiagnostik“ einer Legastheniediagnose zu unterschieden ist. Differenzialdiagnostik bedeutet ganz im Kontext des traditionellen Legastheniebegriffs, jene Kinder zu identifizieren, die im Rahmen der Eingliederungshilfe nach §35a SGB VIII Leistungsansprüche haben.[7] Mit diesem Hinweis soll ins Bewusstsein gerufen werden, dass ganz

7 Eingliederungshilfe für die Behandlung einer Legasthenie ist zu gewähren, wenn eine zumindest drohende seelische Behinderung fachärztlich festgestellt wird. Nach einem entsprechenden Gutachten wird die Eingliederungshilfe nach §35a KJHG durch das zuständige Jugendamt gewährt.

unabhängig von der Exkommunizierung der Legastheniedebatte im pädagogischen Kontext, dieser Begriff, aber auch die mit diesem Begriff angesprochene Symptomatik, in der schulpsychologischen Alltagspraxis und zunehmend im Aufgabenbereich der Kinder- und Jugendpsychiatrie weitergelebt hat. Nicht zuletzt der *Bundesverband Legasthenie* sorgt auch für eine Weiterführung der medizinischen Diskussion dieses Problems.

8.4. Der gegenwärtige Status des medizinisch-psychologischen Konzepts einer LRS: Die umschriebene Lese-Rechtschreibstörung als Entwicklungs- und Teilleistungsstörung

Zwischen dem gegenwärtigen Theoriestatus des medizinischen Modells von LRS und der pädagogischen Interpretation einer kognitionspsychologischen Entwicklung des Schriftspracherwerbs ist eine Annäherung erkennbar. Um diese sichtbar zu machen, sind die heute gültigen Eckpunkte einer medizinischen Interpretation der Lese-Rechtschreibstörung deutlich zu machen.

In den beiden international anerkannten Klassifikationsschemata psychischer Störungen, ICD-10 und DSM-IV, ist die „umschriebene Lese-Rechtschreibstörung“ als diagnostischer Begriff anerkannt und als Entwicklungsstörung schulischer Fertigkeiten (F 81.0) bzw. als „Lernstörung“ (im DSM-IV) klassifiziert. Im ICD-10 werden zwei Störungsbilder unterschieden, einerseits die „Lese- und Rechtschreibstörung“ (F 81.O), die weitgehend dem im angloamerikanischen Sprachraum häufig verwendeten Störungsbegriff der „Dyslexia“ und dem traditionellen Legastheniebegriff entspricht. Davon abgegrenzt wird die „Isolierte Rechtschreibstörung“ (F 81.1), die durch eine eindeutige Störung der Entwicklung der Rechtschreibung *ohne* eine parallel vorliegende Lesestörung charakterisiert ist. Im DSM-IV wird zwischen einer Lesestörung (315.00) und einer „Störung des schriftsprachlichen Ausdrucks“ (315.20) unterschieden. Da beide Klassifikationssysteme im wesentlichen übereinstimmen, soll im Folgenden eine Beschränkung auf die klinisch-diagnostischen Leitlinien des ICD-10 erfolgen.

Als Hauptmerkmal des Störungsbildes wird eine Beeinträchtigung in der Entwicklung der Lesefertigkeiten gesehen, die sich *nicht* durch neurologische Störungen, unangemessene Beschulung oder Defizite im Hören und Sehen erklären lassen. Die Leseleistungen des Kindes müssen unter dem Niveau liegen, das aufgrund des *Alters, der allgemeinen Intelligenz und der Beschulung* zu erwarten ist. Allerdings liegt das Ausschlusskriterium mit einem *nonverbalen* IQ-Wert von <70 sehr niedrig, so dass man eigentlich davon ausgehen kann, dass fast alle Kinder dieses Diskrepanzkriterium erfüllen. Zur Symptomatik der Lesestörung heißt es:

In den frühen Stadien des Erlernens einer alphabetischen Schrift kann es Schwierigkeiten geben, das Alphabet aufzusagen, die Buchstaben korrekt zu benennen, einfache Wortreime zu bilden und bei der Analyse oder der Kategorisierung von Lauten (trotz normaler Hörschärfe). Später können dann Fehler beim Vorlesen auftreten, die sich zeigen als:

- Auslassen, Ersetzen, Verdrehungen oder Hinzufügen von Worten oder Wortteilen
- Niedrige Lesegeschwindigkeit
- Startschwierigkeiten beim Vorlesen, langes Zögern oder Verlieren der Zeile im Text und ungenaues Phrasieren
- Vertauschung von Wörtern im Satz oder von Buchstaben in den Wörtern

Ebenso zeigen sich Defizite im Leseverständnis z.B. in:

- Einer Unfähigkeit, Gelesenes wiederzugeben.
- Einer Unfähigkeit, aus Gelesenem Schlüsse zu ziehen oder Zusammenhänge zu sehen.
- Im Gebrauch allgemeinen Wissens als Hintergrundinformation anstelle von Information aus einer Geschichte beim Beantworten von Fragen über die gelesene Geschichte.

Weiter wird davon ausgegangen, dass Lesestörungen häufig mit Rechtschreibstörungen einhergehen. Auch hierfür gibt es eine Symptombeschreibung, ohne dass diese aber als diagnosespezifische Fehlertypologie gesehen wird. Im Gegenteil: Rechtschreibfehler werden als Spiegel des schulischen Entwicklungsstandes eines Kindes gesehen (vgl. Warnke/Roth 2000, S. 454). Hier ist also ein *deutliches Absetzen von der Theorie legasthenietypischer Fehler* vollzogen worden.

Auch die Einschätzung des Entwicklungsverlaufs einer Lese-Rechtschreibstörung entspricht grundschulpädagogischen Einsichten. Im ICD-10 heißt es:

„In der späteren Kindheit und im Erwachsenenalter sind die Rechtschreibprobleme meist größer als Defizite in der Lesefähigkeit. Charakteristischerweise zeigen die Rechtschreibschwierigkeiten Fehler in der phonetischen Genauigkeit, und es scheint, dass Lese- wie Rechtschreibstörungen sich zum Teil von einer Störung in *der phonologischen Analyse* herleiten.(...). Umschriebenen Entwicklungsstörungen des Lesens geht meist eine Vorgeschichte von *Entwicklungsstörungen des Sprechens oder der Sprache* voraus. In anderen Fällen kann das Kind die Sprachentwicklung im normalen Alter durchlaufen haben, jedoch noch Schwierigkeiten bei der Informationsverarbeitung akustischer Reize haben, die sich in Problemen der Klangkategorisierung, beim Reimen und möglicherweise in Defiziten der Sprachlautunterscheidung, beim Behalten akustischer Sequenzen und der akustischen Assoziation zeigen. In einigen Fällen können darüber hinaus Probleme bei der visuellen

Informationsverarbeitung bestehen (der Buchstabenunterscheidung) und bei der akustischen Differenzierung; jedoch sind diese Probleme bei Kindern, die gerade damit beginnen, lesen zu lernen, häufig, und aus diesem Grunde wahrscheinlich nicht ursächlich mit der mangelnden Lesefähigkeit verknüpft. Aufmerksamkeitsschwierigkeiten, oft begleitet von Überaktivität und Impulsivität, sind ebenfalls häufig. Das genaue Muster von Schwierigkeiten in der Entwicklung im Vorschulalter variiert stark von Kind zu Kind, ebenso ihr Schweregrad; dennoch sind solche Probleme meist vorhanden.
Begleitende emotionale und Verhaltensstörungen sind ebenfalls während des Schulalters vorhanden. Emotionale Probleme kommen häufiger während der frühen Schulzeit vor, Störungen des Sozialverhaltens und Hyperaktivitätssyndrome treten eher in der späteren Kindheit und in der Adoleszenz auf. Ein niedriges Selbstwertgefühl ist häufig, ebenso wie Anpassungsprobleme in der Schule und in der Beziehung zu Gleichaltrigen."

Damit fokussiert der ICD-10 nicht nur die Sekundärproblematik einer LRS, sondern stellt auch die Bedeutung sprachlich-kognitiver Informationsverarbeitung heraus. Als sekundäre Begleitstörungen der LRS-Problematik gelten dabei (vgl. Esser/Schmidt 1994, Martinius 1996, Warnke u.a. 1989, Warnke 1996):

- Hyperkinetisches Syndrom
- Konzentrationsstörungen
- Allgemeine Lern- und Leistungsstörungen
- Emotionale Symptome (Schulangst, Depression)
- Psychosomatische Symptome
- Störungen im Sozialverhalten und Disziplinschwierigkeiten
- Hausaufgabenkonflikte

Diese Sekundärproblematik ist erwartbar, da das Niveau der Lese- und Rechtschreibentwicklung hochgradig stabil ist. Die meisten Kinder, die in der Wiener Verlaufsstudie (von Klicpera/Gasteiger-Klicpera 1993) zum Ende der ersten Klasse als lese-rechtschreibschwach diagnostiziert worden waren, zeigen diese Schwächen auch noch zum Ende der Volksschulzeit.

Die medizinische Sicht auf eine *isolierte Rechtschreibstörung* gemäß dem ICD-10 (F 81.1) hat eine weiter differenzierende Perspektive, indem anders als bei den umschriebenen Lesestörungen, die *Rechtschreibfehler als „meist phonetisch akkurat"* angenommen werden. Unter Zurhilfenahme der Entwicklungsmodelle des Schriftspracherwerbs könnte man hier noch präziser formulieren: die Lese-Rechtschreibschwäche zeigt sich insbesondere im Verharren in der alphabetischen Stufe, auf der eine Plateaubildung erfolgt, von der aus der Sprung in die orthographische Phase aber äußert schwer fällt. Der *Aufbau* eines inneren orthographischen Lexikons ist also erschwert.[8]

8 Vgl Kap. 4 über „Lesen und Leseschwierigkeiten", in denen auf der 2. Ebene des Leseprozesses der Aufbau eines Sichtwortschatzes als zentrales Problem der leseschwachen Kinder herausgestellt worden war.

Neurologische, psychiatrische oder anderen Krankheiten werden als Störungsursache gemäß ICD-10 explizit ausgeschlossen.

Das medizinische Modell ist heute insgesamt durch zwei übergeordnete Erklärungsansätze einer LRS gekennzeichnet:

„Erstens eine somatogene Begründung, die von konstitutionellen Faktoren ausgeht, die aus einer Veranlagung und prä-, peri- und postnatal entstandenen Hirnfunktionsstörungen resultieren.

Zweitens eine psychogene und soziokulturelle Begründung, die psychosozialen Einflüssen, psychogenen Lernhemmungen und einer defizitären Förderung Effekte zuschreiben." (Warnke/Roth 2000, S. 462)

Damit wird die Lese-Rechtschreibstörung als ein *interaktives Konzept* gesehen, indem von einem heterogenen Syndrom mit entsprechend mehrdimensionalen Ursachengeflecht ausgegangen wird (vgl. Remschmidt u.a. 1998). Bedingungen des Störungsbildes werden auf biologischer und kognitiver Ebene, der Verhaltensebene und auch im Bereich äußerer Einflussfaktoren wie beispielsweise unzulänglicher Unterrichtung gesehen (Morton/Frith 1995) .

In den letzten 20 Jahren haben insbesondere durch die Entwicklung diagnostischer Verfahren der Hirnforschung, die neurologisch begründbaren Ursachen an Gewicht gewonnen. Neurobiologische Erklärungsansätze gehen davon aus, dass es primär biologische Bedingungen sind, die zu Besonderheiten der kognitiven Informationsverarbeitung führen, wobei allgemeine Intelligenz, Persönlichkeitsentwicklung und Umwelteinflüsse eine variierende Rolle spielen. Anlass für die Herausstellung der Bedeutung einer genetischen Disposition für die Lese-Rechtschreibstörung ist nicht zuletzt der Befund, dass Jungen zu 60 bis 80% häufiger von einer LRS betroffen sind als Mädchen.

Im Detail neuropsychologischer Erklärungsansätze sind heute zwei Erklärungsansätze für eine umschriebene Lese-Rechtschreibschwäche dominant:

1. Die Annahme einer Dysfunktion visueller Informationsverarbeitung
2. Die Annahme einer Dysfunktion sprachlicher Informationsverarbeitung

Gerade der letzte Punkt hat in der grundschulpädagogischen Diskussion unter dem Stichwort „phonologische Bewusstheit" ebenfalls besondere Beachtung gefunden, wenn auch nicht unter der Perspektive, hierbei einer Ursache der LRS auf der Spur zu sein, sondern unter der Argumentation, hiermit eine zentrale Voraussetzung des Schriftspracherwerbs entdeckt zu haben. Wenn auch manche Grundschulpädagogen das Phänomen „phonologischer Bewusstheit" eher als Folge der schriftsprachlichen Unterrichtung ansehen wollen, so ist doch die pädagogische Bedeutung dieser Grundfähigkeit unbestritten. Insbesondere der Erfolg von Fördermaßnahmen zur phonologischen Bewusstheit hat zu einer breiten Akzeptanz dieses Konzepts geführt, zumal die Verfahren zur Erfassung dieser Grundkompetenz und auch die vorgeschlagenen Trainingsaufgaben eigentlich dem entsprechen, was sowieso zum Methodenrepertoire grundschulpädagogischer Praxis gehört. Insofern kann man eher von einer Neufokussierung von Aufgabenstrukturen sprechen, indem für den Anfangsunterricht die Bedeutung des visuellen Aspekts des Schriftspracherwerbs zugunsten einer stärkeren Beachtung der phonologischen Informationsverarbeitung zurückgedrängt worden ist.

Die entscheidende Bedeutung eines rechtzeitigen Einsatzes von Fördermaßnahmen im Bereich der phonologischen Bewusstheit im engeren Sinne, ist auch durch die Evaluationsstudie von Roth (1999) herausgestellt worden, in der sie die Wirksamkeit eines kombinierten Trainingsprogramms überprüfte. Hierbei ergab sich, dass bereits im Vorschulalter eine Ergänzung des phonologischen Trainings durch die Einführung von 12 häufig vorkommenden Buchstaben die Effektivität der Intervention bei LRS-Risikokindern deutlich steigert.

Im Kontext des medizinischen Modells einer LRS werden seit längerem Förderkonzepte[9] praktiziert, deren Effizienz unumstritten ist. Anders als die frühen Legasthenie-Förderprogramme, die offensichtlich an ihrer Sprachferne scheiterten, sind diese Trainingsprogramme sprachnah und systematisch aufgebaut. Als allgemeine methodische Prinzipien dieser Programme gelten:

1. Exakte Analyse der Lernausgangslage (individuelle Fehleranalyse)
2. Ansetzen an dem Punkt, der der Lernausgangslage des Kindes entspricht (ggf. Nullausgang)
3. Isolierung der Schwierigkeiten
4. Vom Leichten zum Schweren
5. Mehrkanaliges, kleinschrittiges Üben („Nullfehlergrenze")
6. Konsequente Erfolgsrückmeldung
7. Kombination des Trainings mit Behandlung von Begleitsymptomen wie Förderung der Konzentration, der Sprachentwicklung etc. je nach Ausgangsbefund
8. ggf. Elterntraining, um sie als Co-Therapeuten des Trainings einsetzen zu können

Im Großen und Ganzen findet sich hier die klassische Methodik der Sonderpädagogik wieder. Eine derartig lehrgangsorientierte Konzeption der Vermittlung von Lesen und Schreiben wird von den Vertretern eines entwicklungsorientierten Schriftspracherwerbs vehement abgelehnt wie man in einer sehr informativ geführten Kontroverse zwischen Lisa Dummer, der Verfasse-

9 Vgl. die Förderprogramme von Kossow 1979, 1991; Betz/Breuninger 1996, Reuter-Liehr 1993, Dummer-Smoch/Hackethal 1993, Schulte-Körne u.a. 1998

rin eines speziellen Lese-Rechtschreibtrainings für Legastheniker,[10] und Hans Brügelmann nachlesen kann. Dummer weist hier darauf hin, dass die Fortschritte bei Kindern mit gravierenden Schwierigkeiten des Schriftspracherwerbs eben *nicht* durch kognitive Sprechanweisungen oder gedankliche Auseinandersetzungen mit dem Gegenstand Schrift erzielt worden seien, sondern durch den Einsatz von Silbengliederung, durch Mitklatschen beim Schreiben etc. eben durch Einüben psychomotorischer Fertigkeiten in allerkleinsten Schritten (Dummer/Brügelmann 1987, S. 119).

Die Auseinandersetzung verlöre sofort an Schärfe, wenn man sich darauf verständigen würde, den Geltungsbereich der jeweiligen methodischen Konzeption zu beschränken, eben einmal auf die Methode der Wahl für einen „normalen" Entwicklungsgang und einmal für einen „erschwerten". Aber diesen Kompromiss würden die Kontrahenten nicht mitmachen und damit kämen wir an den Anfang zurück. Die den grundschulpädagogischen Mainstream bestimmende Position lautet nach wie vor: Es gibt keine irgendwie besonderen Lernprozesse im Erwerb der Schriftsprache und insofern brauchen wir auch keine irgendwie besonderen Methoden. Empirisch ist diese Position auch insofern abgesichert, als dass es genügend Belege dafür gibt, dass die Art der Schwierigkeiten, Ursachenkonstellationen und der Erfolg von Fördermaßnahmen bei allen Kindern mit Lese-Rechtschreibschwierigkeiten vergleichbar ist. Also: business as usual?

8.5 LRS und Unterricht: Leerstellen zwischen Theorie und Empirie

Wenn man sich die letzten Überlegungen sorgfältig durchliest, wird man merken, dass hier eigentlich zwei Argumentationsebenen zu unterscheiden sind:

Einmal werden Teilgruppierungen von LRS-Kindern abgelehnt.

Ein anders Mal geht es darum, für Nicht-LRS-Kinder und LRS-Kinder ein vergleichbares Unterrichtsarrangement zu begründen.

Ersterem kann man zustimmen, bei letzterem sind jedoch Zweifel angebracht, denn die unterrichtsmethodische Prämisse ist zumindest empirisch nicht abgesichert.

Wenn es heute hinreichende Belege dafür gibt, dass alle Kinder mit Lese-Rechtschreibschwierigkeiten vergleichbare Schwierigkeiten zeigen, kann man dies als Argument dafür verwenden, nicht zwischen verschiedenen Gruppen von LRS-Kindern zu trennen. Wenn man aber Intelligenz als Dis-

10 zugleich Vorstandsmitglied des Bundesverbandes Legasthenie

krepanzkriterium ablehnt, folgt daraus auch bereits eine Entscheidung über die Unterrichtsmethodik? Denn auf der zweiten Argumentationsebene bedeuten die obigen Ausführungen, dass nicht nur die LRS-Kinder untereinander als gleich angesehen werden, sondern sie werden unter unterrichtsmethodischer Brille auch als gleich im Verhältnis zu allen anderen Kindern angesehen. Lernprozesse von LRS-Kindern werden nach streng entwicklungstheoretischer Argumentation, wie sie der Spracherfahrungsansatz vertritt, mit denen anderer Kinder gleichgesetzt und insofern wird für sie auch kein anderes Unterrichtsarrangement oder ein spezielles Förderkonzept entwickelt.

Es fragt sich nur, ob diese Argumentation nicht den Blick verstellt, für eine Optimierung der Unterrichtsgestaltung. Selbst wenn es richtig ist, dass die Lernentwicklung beim Erwerb des Lesens und Schreibens für alle Kinder einer vergleichbaren Entwicklungslogik folgt, so bleibt doch die Tatsache, dass manche Kinder hierfür nicht nur sehr viel mehr Zeit brauchen, sondern letztlich auch nicht das Niveau erreichen, dass heutigen Anforderungen der Berufs- und Arbeitswelt entspricht. Das Fehlen einer Unterscheidung zwischen Spracherfahrungsdefiziten und ineffektiven Lernstrategien, die aus anregungsarmen häuslichem Umfeld oder schlechtem Unterricht resultieren mögen und umschriebenen Entwicklungsstörungen, die auch eine neurologisch-physiologische Ursache haben können, verstellt den Blick auf eine konsequent förderdiagnostische Wahrnehmung von Kindern. Erfahrungsdefizite, für deren Kompensation es reichhaltige Angebote gibt, werden nicht getrennt von Defiziten, deren Genese neuropsychologisch beschreibbar ist.

Man kann heute davon ausgehen, dass es ein Basis-Set von Fähigkeiten gibt, deren möglichst reibungsloses Funktionieren Entwicklung und Lernen bestimmen. Psychische Funktionen wie Sprache, Denken, Bewegung und Emotionen basieren auf funktionellen cerebralen Funktionen, deren Beeinträchtigung zu Entwicklungs- und Lernproblemen führen kann. Wohlgemerkt „kann“, nicht „muss“, denn die Plastizität des menschlichen Gehirns kann Schwierigkeiten oft kompensieren und es geht hier auch nicht um organische Defekte. Derartige Störungen wären so schwerwiegend und in ihren Folgen für das Erlernen von Lesen und Schreiben so massiv, dass man wohl nicht mehr bloß von Schwierigkeiten des Schriftspracherwerbs sprechen würde. Es geht hier vielmehr um äußerst subtile Störphänomene, die im alltäglichen Umgang bis zum Schulanfang eben häufig gar nicht bemerkt werden und selbst mit Schulanfang in der Regel nicht erkannt werden, sondern allenfalls in ihrer Sekundärproblematik, eben den Schwierigkeiten des Schriftspracherwerbs, offenkundig werden. Es handelt sich um Leistungsminderungen einzelner Faktoren oder Aspekte innerhalb eines größeren funktionellen Systems, das zur Bewältigung einer bestimmten komplexen Aufgabe erforderlich ist.

Ein derartiges Verständnis von Teilleistungsstörungen (vgl. Graichen 1973) lässt offen, ob Teilleistungsstörungen reifungs- oder entwicklungsbedingt sind oder auf neurophysiologisch fixierbaren Defekten beruhen. Viele Lernschwierigkeiten sind Folge solcher Schwächen in der Wahrnehmung, in der Verarbeitung und Integration von Wahrnehmungsleistungen sowie in der Sprache, der Motorik und den produktivkonstruktiven Leistungen wie der Schriftsprache. Insofern wird hier ganz pragmatisch dafür plädiert, das neurologische Konzept der Teilleistungsstörungen ins pädagogische Visier zu nehmen, nicht um damit auf ein medizinisches Erklärungsmodell von Lese-Rechtschreibschwierigkeiten zurückzufallen, sondern um die subtilen Schwierigkeiten des Schriftspracherwerbs differenzierter wahrnehmen zu können.

Es geht darum, für die „Risikokinder" des Schriftspracherwerbs, jenes Lernangebot bereitstellen zu können, dass *empirisch begründet* Lerneffektivität erwarten lässt. Genau hier gibt es aber Defizite grundschulpädagogischer Forschung. All jenes, was in der aktuellen grundschulpädagogischen Fachliteratur unter Stichworten wie Öffnung des Unterrichts, Schülerorientierung oder Freiarbeit gefordert wird, ist zwar deduktiv schlüssig aus zugrundeliegenden pädagogischen Orientierungen gewonnen und normativ begründet worden, es steht aber teilweise im Gegensatz zu dem, was bisher in der empirischen Lehr-Lernforschung über die Effektivität von Unterricht festgestellt wurde.

Zwar ist es heute selbst im sonderpädagogischen Diskurs üblich geworden, auch lernschwache Kinder als aktive Lerner zu sehen, die sich in konstruktiver Eigenaktivität entwickeln, aber empirisch überprüft sind diese Annahmen nicht. Im Gegenteil: Gerade Schüler mit Lernschwierigkeiten brauchen offensichtlich viele Phasen intensiver Instruktion, in denen sie beim Erwerb bestimmter Qualifikationen direkt angeleitet werden und sie brauchen ausreichend Zeit und Gelegenheit, das einmal Gelernte durch systematisches Üben zu sichern (vgl. Becker 1977, Gersten u.a. 1987, Maggs/Maggs 1979, Gersten 1985, White 1988). Auch die einschlägigen deutschsprachigen Studien (vgl. Weinert u.a. 1989, 1996, Helmke/Weinert 1997, Einsiedler 1997) sprechen dafür, dass insbesondere die leistungsschwachen Schüler auf effektives Unterrichtsarrangement angewiesen sind. Sieht man sich daher die Kriterien an, die für effektiven Unterricht gelten, so wird man unschwer die Differenzen zu dem sehen, was vielfach unter „offenen Unterrichtskonzepten" verstanden wird.

Die Bedeutung der Effektivität des Unterrichts für die schulische Leistungsentwicklung wurde im Wesentlichen durch die am Prozess-Produkt-Paradigma orientierten Untersuchungen aus dem anglo-amerikanischen Forschungsansatz zur Lehrer-Effektivität nachgewiesen. Hierzu wurde gezielt nach Merkmalen effektiven Unterrichts gesucht, um diese dann wiederum zum Gegenstand von Trainings- und Fortbildungsmaßnahmen zu machen. Die Kernelemente effektiven Unterrichts sind von Rosenshine (1979) in dem Unterrichtskonzept der „Direkten Instruktion" zusammengefasst worden, das sich auszeichnet durch:

- Ein hohes Maß an Lehrerlenkung

- Intensive Übungsphasen und Kontrolle des Lernfortschritts
- Klarheit und Strukturiertheit der Anforderungen
- Disziplin
- Hilfestellung bei der Überwindung von Lernschwierigkeiten
- Maximierung der aktiven Lernzeit

Lehrer, die in dieser Form „direkt" unterrichten, erreichen bei ihren Schülern den höchsten Lernzuwachs. Nun kann man gegen derartige Überlegungen einwenden, dass „guter Unterricht" nicht nur im Hinblick auf das Leistungskriterium zu definieren ist (vgl. Oser u.a. 1992, Einsiedler 1999). Sicherlich gibt es auch andere Kriterien wie Förderung des sozialen Lernens und der Persönlichkeit des Kindes, Lernen des Lernens usw., aber dennoch gibt es gute Gründe, insbesondere bei der Vermittlung der Basiskompetenz Schriftsprache, einem zielerreichenden Lernen (mastery learning[11]) für lernschwache Schüler Priorität einzuräumen. Und – zumindest empirisch – spricht vieles dafür, dass dieses nur über direkte Instruktion leistbar ist.

Aufgrund der großen Heterogenität der Eingangsvoraussetzungen in einer 1. Klasse kann ein derartiger Unterricht aber nicht für alle Kinder angemessen sein, denn leistungsstarke Kinder würden so systematisch unterfordert. Wie aber eine konkrete Umsetzung dieser divergierenden Unterrichtskonzepte in der Praxis geleistet werden kann, ob kooperative und integrative Förderung durch Teamteaching und Binnendifferenzierung oder externe Förderung in unterrichtsbegleitenden „Förderstunden" der Lern- und Persönlichkeitsentwicklung der Kinder zuträglicher sind, ist bisher kaum erforscht.[12]

8.6 Literatur

Akademie für Lehrerfortbildung und Personalführung Dillingen : Lese-Rechtschreib-Schwierigkeiten. Diagnose, Förderung, Materialien. Projektleitung und Gesamtredaktion: Bernd Ganser, Donauwörth 2000.

Angermeier, M.: Legasthenie – Verursachungsmomente einer Lernstörung, Weinheim, Basel 1974.

11 Zielerreichendes Unterrichten oder mastery learning : Nach der Festlegung von Unterrichtszielen, der Aufteilung des Stoffes in kleine und aufeinander bezogene Teileinheiten ist die unterrichtliche Umsetzung vorgesehen, gefolgt von Überprüfungen des Gelernten. Ein besonderes Ziel ist es, für das zu erreichende gemeinsame Lernziel individuell erforderliche Lernzeiten zu gewähren, um vorhandene Leistungsunterschiede zwischen den Schülern auszugleichen.

12 Vgl. hierzu das PLUS-Projekt von Peter May in Hamburg (einige Aufsätze des Autors über verschiedenen Formen des Klassen- und Förderunterrichts und ihre Evaluation sind unter der Homepage www.peter-may.de zum download freigestellt).

Barth, K.: Lernschwächen früh erkennen im Vorschul- und Grundschulalter, München/Basel 1997.
Barth, K.-H.: Zur Prävention von Lese-Rechtschreibschwierigkeiten: Zeitliche Verarbeitungsprozesse und ihr Zusammenhang mit phonologischer Bewusstheit und der Entwicklung von Lese-Rechtschreibkompetenzen. Diss. Leipzig 1999.
Beckenbach, W.: Lese- und Rechtschreibschwäche, diagnostizieren und behandeln. Lengerich 1998.
Becker, W.C.: Teaching reading and language to the disadvantaged: What we have learned from field research. In: Harvard Educational Review 47 (1977), S. 518-543.
Behrndt, S. M./Steffen, M.: Lese-Rechtschreibschwäche im Schulalltag. In: Pehnke, A. (Hg.): Greifswalder Studien zur Erziehungswissenschaft (Vol. 3). Frankfurt am M. 1996.
Blumenstock, L.: Handbuch der Leseübungen. Vorschläge und Materialien zur Gestaltung des Erstleseunterrichts mit Schwerpunkt im sprachlich-akustischen Bereich, Weinheim/Basel 1983.
Böhm, O.: Situations- und sinnorientiertes Lesenlernen bei lernschwachen Schülern, Heidelberg 1993.
Brinkmann, E.: Alle Kinder sind Legastheniker. Ein Beitrag zu einem längst überflüssig geglaubten Diskurs. In: lernchancen 11 (1999), S. 2-5.
Bundesverband Legasthenie: http://www.legasthenie.net hier zum download die Legasthenie-Erlasse aller Bundesländer.
Dehn, M.: Zeit für die Schrift. Lesenlernen und Schreibenkönnen, Bochum 1988.
Dehn, M.: Die Zugriffsweisen „Fortgeschrittener“ und „langsamer“ Lese- und Schreibanfänger: Kritik am Konzept der Entwicklungsstufen? In: Muttersprache 1990, S. 305-316.
Deutsche Gesellschaft für Kinder- und Jugendpsychiatric und Psychotherapie, der Bundesarbeitsgemeinschaft leitender Klinikärzte für Kinder- und Jugendpsychiatrie und Psychotherapie und dem Berufsverband der Ärzte für Kinder- und Jugendpsychiatrie und Psychotherapie (Hg.):Leitlinien zu Diagnostik und Therapie von psychischen Störungen im Säuglings-, Kindes- und Jugendalter, Köln 2000.
Dilling, H. u.a.. (Hg.):Internationale Klassifikation psychischer Störungen – ICD-10 Kapitel V (F). Bern 1993.
Dummer, L./Brügelmann, H.: Vom „3lft“ zum „elefant“. Was heißt hier Leseschwäche? In: Balhorn, H./Brügelmann, H. (Hg.): Welten der Schrift in der Erfahrung der Kinder, Konstanz 1987, S. 110-121.
Eberle, G.: Schriftspracherwerbsstörungen und Lernbehinderung. In: Günther, H./ Ludwig, O. (Hg.): Schrift und Schriftlichkeit. Ein interdisziplinäres Handbuch internationaler Forschung. Zweiter Halbband. Berlin, New York 1996, S. 1351-1367.
Einsiedler, W.: Unterrichtsqualität und Leistungsentwicklung: Literaturüberblick. In: Weinert, F.E./Helmke, A. (Hg.): Entwicklung im Grundschulalter, Weinheim 1997, S. 25-240.
Einsiedler, W.: Von Erziehungs- und Unterrichtsstilen zur Unterrichtsqualität. (Berichte und Arbeiten aus dem Institut für Grundschulforschung Nr. 90). Nürnberg 1999.
Esser, G. :Was wird aus Kindern mit Teilleistungsschwächen? Der langfristige Verlauf umschriebener Entwicklungsstörungen. Stuttgart 1992.

Esser, G./Schmidt, M..H.: Children with specific reading retardation-early determinants and long-term outcome. In: Acta paedopsychiatrica 56 (1994), S. 229-238.
Ganser, B./Wenger, O.: Juristische Aspekte zur LRS in der Schule. In: Akademie für Lehrerfortbildung und Personalführung (Hg.): Lese-Rechtschreib-Schwierigkeiten, Donauwörth 2001, S. 192-203.
Graf, E.: Lese-Rechtschreibschwäche. Ein prozessanalytischer Ansatz, Bern 1994.
Graichen, J.: Teilleistungsschwächen, dargestellt an Beispielen aus dem Bereich der Sprachbenutzung, Zeitschrift für Kinder- und Jugendpsychiatrie 1, (1973), S. 113-143.
Graichen, J.: Störungen der Integration. In: Remschmidt & Schmidt (Hg.): Neuropsychologie des Kindesalters, Enke 1981.
Graichen, J.: Neuropsychologische Aspekte bei Lese- und Rechtschreibschwächen. In: Niemeyer, W. (Hg.): Kommunikation und Lese-Rechtschreibschwäche. Beiträge der Internationalen Bremer Arbeitstagung des Wissenschaftlichen Instituts für Schulpraxis, Bremen 17.-20.9.1991. Bochum 1995 , S.71-87.
Grissemann, H.: Von der Legasthenie zum gestörten Schriftspracherwerb, Bern 1996.
Hasselhorn, M.u.a. (Hg.): Diagnostik von Lese-Rechtschreibschwierigkeiten. Jahrbuch der pädagogisch-psychologischen Diagnostik (Vol. 1), Göttingen 2000.
Helmke, A./Weinert, F.E. (Hg.): Entwicklung im Grundschulalter, Weinheim 1997.
Hinney, G.: Neubestimmung von Lerninhalten für den Rechtschreibunterricht. Ein fachdidaktischer Beitrag zur Schriftaneignung als Problemlöseprozess, Frankfurt a.M. usw. 1997.
Hofmann, B.: Lese-Rechtschreibschwäche Legasthenie. Erscheinungen, Theorieansätze, Prävention. Eine systematische Einführung in die Gesamtproblematik. München 1998.
Klasen, E.: Legasthenie – umschriebene Lese-Rechtschreib-Störung. London 1997.
Kleinmann, K.: Verstehen, Beobachten und gezieltes Fördern von LRS – Schülern, Dortmund 1999.
Klicpera, Ch./Gasteiger-Klicpera, B.: Lesen und Schreiben – Entwicklung und Schwierigkeiten. Die Wiener Längsschnittuntersuchungen über die Entwicklung, den Verlauf und die Ursachen von Lese- und Schreibschwierigkeiten in der Pflichtschulzeit, Bern 1993.
Klicpera, Ch./Gasteiger-Klicpera, B.: Psychologie der Lese- und Schreibschwierigkeiten. Entwicklung, Ursachen Förderung, Weinheim 1995.
Kniest, G.: Prävention von Leselernstörungen, Frankfurt a.M. 1993.
Kretschmann, M.:So lernst du lesen und schreiben – Hilfe für Legastheniker. München 1993.
Linder, M.: Über Legasthenie (spezielle Leseschwäche). 50 Fälle, ihr Erscheinungsbild und Möglichkeiten ihrer Behandlung. In: Zeitschrift für Kinderpsychiatrie 18 (1951), S. 97-143.
Linder, M.: Lesestörung bei normal begabten Kindern, Zürich 1962.
Maggs, A./Maggs. R.K.: Direct instruction research in Australia. In: Journal of Special Education Technology 81 (1979), 3, S. 26-34.
Malmquist, E.: Factors relates to reading disabilities in the first grade of the elementary school, Diss: Uni. Stockholm 1958.
Mann, Ch.: LRS – Legasthenie: Prävention und Therapie, Weinheim 2001.

Mannhaupt, G.: Deutschsprachige Studien zur Intervention bei Lese-Rechtschreibschwierigkeiten: Ein Überblick zu neueren Forschungstrends. In: Zeitschrift für Pädagogische Psychologie 8 (1994), S. 123-138.

Martinius, J.: Legasthenie und Auffälligkeiten des Verhaltens. In: Behrndt, S.-M./Steffen, M. (Hg.): Lese- und Rechtschreibschwäche im Schulalltag, Frankfurt 1996, S. 45-53.

Martinius, J./Amorosa, H. (Hg.):Teilleistungsstörungen. München 1994.

Marx, P. u.a.: Profitieren Legastheniker und allgemein lese-rechtschreibschwache Kinder in unterschiedlichem Ausmaß von einem Rechtschreibtraining? In: Psychologie in Erziehung und Unterricht 49 (2002), S. 56-70.

Marx, P. u.a.: Legasthenie versus allgemeine Lese-Rechtschreibschwäche. In: Zeitschrift für Pädagogische Psychologie 2 (2001), S. 85-98.

May, P.: Schriftaneignung als Problemlösen. Analyse des Lesen(lernen)s mit Kategorien der Theorie des Problemlösens, Frankfurt a.M. 1986.

Milz, I.: Sprechen, Lesen, Schreiben. Teilleistungsschwächen im Bereich der gesprochenen und geschriebenen Sprache, Heidelberg 1994.

Möckel, A.: Lese- und Rechtschreibschwäche als didaktisches Problem. Bad Heilbrunn 1997.

Morton, J./Frith, U.: Causal modelling: a structural approach to developmental psychopathology. In: Cicchetti, D./Cohen, D.J. (Hg.): Developmental psychopathology, Vol.1, New York 1995, S. 357-390.

Naegele, I./Valtin, R.: Hürden beim Schriftspracherwerb. Von der Legasthenie zur LRS. In: Haarmann, D. (Hg.): Handbuch Grundschule. Band 2. Fachdidaktik: Inhalte und Bereiche grundlegender Bildung. Weinheim, Basel 1997, S. 151-163.

Naegele, I./Valtin, R. (Hg.): LRS in den Klassen 1-10. Handbuch der Lese- und Rechtschreibschwierigkeiten. Bd. 1: Grundlagen und Grundsätze der Lese-Rechtschreib-Förderung, Weinheim/Basel 1997. Bd.2: Schulische Förderung und außerschulische Therapien, Weinheim/Basel 2000.

Neisser, U.: Kognition und Wirklichkeit, Stuttgart 1979.

Niemeyer, W. (Hg.): Kommunikation und Lese-Rechtschreibschwäche. Bremer Arbeitstagung des Wiss. Instituts für Schulpraxis, Bochum 1995.

Osburg, C.: Gesprochene und geschriebene Sprache. Aussprachestörungen und Schriftspracherwerb. Baltmannsweiler 2000.

Oser, F. u.a. (Hg.): Effective and responsible teaching: The new synthesis, San Francisco 1992.

Ramacher-Faasen, N.: Lese-Rechtschreibschwierigkeiten frühzeitig erkennen gezielt helfen, Heinsberg 1999.

Ranschburg, P.: Die Leseschwäche (Legasthenie) und Rechenschwäche (Arithmasthenie) der Schulkinder im Lichte des Experiments, Berlin 1916.

Ranschburg, P.: Die Lese- und Schreibstörung des Kindesalters, Halle 1928.

Remschmidt, H. u.a.: What is specific about the specific reading disorder? In: Rispens, J.u.a. (Hg.): Perspectives on the classification of specific developmental disorders, 1998.

Riezinger B.: Legasthenieprävention. Fördermaßnahmen im Schuleingangsbereich, Frankfurt a. M. 1998.

Rosenkötter, H.: Neuropsychologische Behandlung der Legasthenie, Weinheim1997.

Rosenshine, B.: Content, time and direct instruction. In: Peterson, P.L./Walberg, H.J. Hg.): Research on teaching, Berkeley 1979, S. 28-56.

Roth, E. : Prävention von Lese- und Rechtschreibschwierigkeiten. Evaluation einer vorschulischen Förderung der phonologischen Bewusstheit und der Buchstabenkenntnis. Frankfurt a. M. 1999.

Scheerer-Neumann, G.: Störungen des Erwerbs der Schriftlichkeit bei alphabetischen Schriftsystemen. In: Günther, Hartmut/Ludwig, Otto (Hg.): Schrift und Schriftlichkeit. Ein interdisziplinäres Handbuch internationaler Forschung. Zweiter Halbband. Berlin, New York 1996, S. 1329-1351.

Scheerer-Neumann, G.: Stufenmodelle des Schriftspracherwerbs – Wo stehen wir heute? In: Balhorn, H. u.a. (Hg.): Schatzkiste Sprache 1, Frankfurt a.M. 1998, S. 54-62.

Schenk, Ch.: Lesenlernen vorbereiten. Förderung des auditiven Differenzierungsvermögens im sprachlichen Bereich, Baltsmannsweiler 1990.

Schenk-Danzinger, L.: Handbuch der Legasthenie im Kindesalter, Weinheim 1968.

Schenk-Danzinger, L.: Legasthenie. Zerebral-funktionelle Interpretation. Diagnose und Therapie. München 1991.

Schlee, J.: Zur Erfindung der Legasthenie. In: Bildung und Erziehung 27 (1974), S. 289.

Schlee, J.: Legasthenieforschung am Ende? München 1976.

Schneider, W. u.a..: Auswirkungen eines Trainings der sprachlichen Bewusstheit auf den Schriftspracherwerb in der Schule. In: Zeitschrift für Pädagogische Psychologie 8 (1994), S. 177-188.

Schulte-Körne, G.: Lese-Rechtschreibstörung und Sprachwahrnehmung. Psychometrische und neurophysiologische Untersuchungen zur Legasthenie, Münster/New York/München/Berlin 2001.

Sirch , K.: Der Unfug mit der Legasthenie, Stuttgart 1975.

Sommer-Stumpenhorst, N.: Lese- und Rechtschreibschwierigkeiten: vorbeugen und überwinden, Frankfurt a. M. 1991.

Stengel, I.: Sprachschwierigkeiten bei Kindern, Stuttgart 1990.

Valtin, R.: Empirische Untersuchungen zur Legasthenie, Hannover 1972.

Valtin , R.: Einführung in die Legasthenieforschung, Weinheim 1973.

Valtin, R.: Zur „Machbarkeit" der Ergebnisse der Legasthenieforschung. In: Valtin, R. u.a. (Hg.): Legasthenie in Wissenschaft und Unterricht, Darmstadt 1981, S. 88-182.

Vernon, M.D.: Backwardness in reading. A study of its nature and origin, New York 1960.

Walter, J.: Förderung bei Lese- und Rechtschreibschwäche, Göttingen 1996.

Warnke, A.: Legasthenie und Hirnfunktion – Neuropsychologische Befunde zur visuellen Informationsverarbeitung, Berlin 1990.

Warnke, A./Roth, E.: Umschriebene Lese- Rechtschreibstörung. In: F. Petermann (Hg.): Lehrbuch der Klinischen Kinderpsychologie und -psychotherapie. Göttingen 2000, S. 454-477.

Warnke, A. u.a.: Legasthenie, sekundäre Symptome und Hausaufgabenkonflikte. In: Dummer-Smoch, L. (Hg.): Legasthenie. Hannover: Bericht über den Fachkongress 1988, Hannover 1989, S. 311-331.

Warnke, A.: Umschriebene Lese- und Rechtschreibschwäche aus kinder- und jugendpsychiatrischer Sicht. In: Behrndt, S.-M./Steffen, M. (Hg.): Lese- und Rechtschreibschwäche im Schulalltag, Frankfurt 1996, S. 45-53.

Warnke, A., u.a.: Legasthenie – Leitfaden für die Praxis. Begriff – Erklärung – Diagnose – Behandlung – Begutachtung. Göttingen 2002.

Weinert, F.E : Für und Wider die „neuen Lerntheorien“ als Grundlagen pädagogisch-psychologischer Forschung. In: Zeitschrift für Pädagogische Psychologie 10 (1996), S. 1-12.
Weinert, F.E.u.a.: Quality of instruction ans achievement outcomes. In: International Journal of Educational Research 13 (1989), S. 895-914.
White, W.A.T.: A meta-analysis of the effects of direct instruction in special education. In: Education and Treatment of children 11 (1988), 4, S. 364-374.

Diagnostische Instrumente

Barth, K.: Die Diagnostischen Einschätzskalen (DES) zur Beurteilung des Entwicklungsstandes und der Schulfähigkeit, München 2002.
Breuer, H./Weuffen, M.: Lernschwierigkeiten am Schulanfang. Schuleingangsdiagnostik zur Früherkennung und Frühförderung (DP I und DP II), Weinheim/Basel 1993.
Ingenkamp, K./Müller, R.: Diagnostischer Rechtschreibtest für 1. Klassen (DRT 1), Göttingen 1990.
Jansen, H. u.a..: Bielefelder Screening zur Früherkennung von Lese-Rechtschreibschwierigkeiten (BISC). (Vorschule) Göttingen 1999.
Kretschmann, R. u.a.: Prozessdiagnose der Schriftsprachkompetenz in den Schuljahren 1 und 2, Horneburg 1998.
Küspert, P./Schneider, W.: Würzburger Leise Leseprobe, (Klasse 1-4)Göttingen 1998.
Landerl, K. u.a. Salzburger Lese- und Rechtschreibtest. Verfahren zur Differenzialdiagnose von Störungen des Lesens und Schreibens für die 1. bis 4. Schulstufe, Göttingen 1997.
Lehmann, R.H. u.a.: Hamburger Lesetest für 3. und 4. Klassen, Göttingen 1997.
Martschinke, S. u.a.: Der Rundgang durch Hörhausen. Erhebungsverfahren zur phonologischen Bewusstheit, (1. Halbjahr –1.Klasse) Donauwörth 2001.
Marx, H.: Knuspels Leseaufgaben, (Klasse 1-4) Göttingen 1998.
May, P.: Die Hamburger Leseprobe (HLP 1-4), Göttingen 2002.
May, P.: HSP-Diagnose orthographischer Kompetenz. Zur Erfassung der grundlegenden Rechtschreibstrategien, (Klasse 1-9) Hamburg 2002.

Präventive und therapeutische Instrumente bei LRS-Risiko

Betz, D./Breuninger, H.: Teufelskreis Lernstörungen. Theoretische Grundlegung und Standardprogramm. Weinheim 1996.
Dummer-Smoch, L.: Laute, Silben, Wörter, Kiel 1996. (Übungsheft für leseschwache Erst- und Zweitklässler zum Einüben der phonologischen Bewusstheit; zusätzlich Lautgebärden)
Dummer, L./Hackethal, R.: Kieler Leseaufbau – Handbuch und Anweisungen, Kiel 1999. (Schwerpunkt des Programms liegt auf der systematisch gestuften Einführung in die GPK-Korrespondenz unter Rückgriff auf Lautgebärden)
Dummer-Smoch, L./Hackethal, R.: Kieler Rechtschreibaufbau, Kiel 1987.

Findeisen, U. u.a.: Lesen lernen durch lauttreue Leseübungen, Bochum 1995. (das Programm führt über die Einübung der GPK-Korrespondenz zur Silbengliederung bis zum Lesen kleiner Geschichten)

Findeisen, U. u.a.: Lauttreue Diktate für die 1. bis 5. Klasse. Kopiervorlagen zur Selbstkontrolle und ein Lehrerbegleitheft, Bochum 1991 .

Grissemann, H./Roosen, H.: Lesen, denken schreiben. 2 Bde., Rangendingen 1997. (Übungssammlung für die Förderung von LRS Kindern der 2-7 Klasse)

Hackethal, R.: Praxis zum Kieler Leseaufbau und zum Kieler Rechtschreibaufbau. Erfahrungsbericht aus 6 Jahren Lese-Intensivmaßnahmen mit dem Kieler Leseaufbau und Kieler Rechtschreibaufbau, Kiel 1995.

Kleinmann, K.: Lese-Rechtschreibschwäche? Das Basistraining – anschaulich und systematisch, Horneburg 2002.

Kossow, H.-J.: Zur Therapie der Lese-Rechtschreibschwäche, Berlin 1979.

Kossow, H.J.: Leitfaden zur Bekämpfung der Lese-Rechtschreibschwäche, Berlin 1995.

Kossow, H.-J.: Zur Therapie der Lese-Rechtschreibschwäche. Aufbau und Erprobung eines theoretisch begründeten Therapieprogramms. Berlin 1997.

Küspert, P./Schneider, W.: Hören, lauschen, lernen – Sprachspiele für Kinder im Vorschulalter – Würzburger Trainingsprogramm zur Vorbereitung auf den Erwerb der Schriftsprache, Göttingen 1999.

Küspert, P. u.a. : Würzburger Trainingsprogramm zur phonologischen Bewusstheit und Sprachprogramm zur Buchstaben-Laut-Verknüpfung (Multimediaversion 1.0). Dielheim: Laier & Becker Psychologie & Multimedia GbR 2001.

Löffler, I../Meyer-Schepers, U.: Richtig lesen und schreiben durch Lautanalyse, Bochum 1984

Reuter-Liehr, C.: Lautgetreue Rechtschreibförderung. Stundenplanungen und Materialien, Bochum 1992. (Das Programm bietet u.a. ausgearbeitete Planungen für doppelstündige Fördereinheiten, die etwa ab der 5. Klasse durchführbar wären).

Reuter-Liehr, C.: Behandlung der Lese-Rechtschreibschwäche nach der Grundschulzeit. Anwendung und Überprüfung eines Konzeptes. In: Zeitschrift für Kinder- und Jugendpsychiatrie 21 (1993), S. 135-147.

Scheerer-Neumann, G.: Rechtschreibtraining mit rechtschreibschwachen Hauptschülern auf kognitionspsychologischer Grundlage: Eine empirische Untersuchung, 1988.

Schulte-Körne,G./Mathwig, F.: Das Marburger Rechtschreibtraining – ein regelgeleitetes Förderprogramm für rechtschreibschwache Schüler, Bochum 2001. (Training von Orthographieregeln für Schüler der 3. und 4. Klasse)

Schulte-Körne, G. u.a.: Das Marburger Eltern-Kind-Rechtschreibtraining – Verlaufsuntersuchung nach zwei Jahren. In: Zeitschrift für Kinder- und Jugendpsychiatrie 26 (1998), S. 167-173.

Sommer-Stumpenhorst, N.: Richtig Schreiben lernen – Schritt für Schritt. Unter: www.richtig-schreiben-lernen.de gelangt man zur Homepage des Autors auf der sich neben einer Darstellung seines Rechtschreibkonzepts auch eine Dokumentation eines computerunterstützten Rechtschreibtrainings für LRS-Schüler findet.

Tacke, G.: Flüssig lesen lernen. Übungen, Spiele und spannende Geschichten. Ein Leseprogramm für den differenzierenden Unterricht, für Förderkurse und für die Freiarbeit. Je ein Heft für Klasse 1-2, 2-3 und 4-5, Donauwörth 1999a.

Tacke, G.: Mit Hilfe der Eltern: Flüssig lesen lernen. Übungen, Spiele und eine spannende Geschichte. Je ein Heft für Klasse 1-2, 2-3 und 4-5, Donauwörth 1999b.

Elternratgeber

Breuninger, H./Betz, D.: Jedes Kind kann schreiben lernen. Ein Ratgeber für Lese-Rechtschreibschwäche, Weinheim/Basel 1991.
Dummer-Smoch, L.: Mit Phantasie und Fehlerpflaster – Hilfen für Eltern und Lehrer legasthenischer Kinder, München 1994.
Küspert, P.: Wie Kinder leicht lesen und schreiben lernen. Neue Strategien gegen Legasthenie, Ratingen 2001.
Naegele, I.M.: Schulversagen in LRS (Lesen, Rechtschreiben, Rechnen und Schreiben). Elternratgeber, Weinheim 2001.
Warnke, A., u.a.: Ratgeber Lese-Rechtschreibstörung. Informationen für Betroffene, Eltern, Lehrer und Erzieher, Göttingen 2002.

9. Schwierigkeiten des Schriftspracherwerbs rechtzeitig erkennen und gezielt helfen

9.1 Voraussetzungen für das Erlernen von Lesen und Schreiben

Gelingender Schriftspracherwerb ist nach heutigem Kenntnisstand von einem Bündel von Bedingungen abhängig, die weit über die individuellen Lernvoraussetzungen eines Kindes hinausgehen. Die familiäre Situation, die elterlichen Erziehungspraktiken, die peer-group, der Migrationsstatus, der Unterricht, die Art der Lernangebote, das Lehrer-Schüler-Verhältnis, das Schul- und Klassenklima usw. sind Einflussfaktoren, die sich gegenseitig beeinflussen und sich ihrerseits auf die Entwicklung von Lese-Rechtschreibschwierigkeiten auswirken. Mit Schuleintritt werden mit einem Male Verhaltensmuster von einem Kind verlangt, die es bis dahin nicht kannte oder zumindest nur in weitaus geringerem Maße erbringen musste. Am leichtesten fällt natürlich dieser Übergang jenen Kindern, die schon in ihrem häuslichen Milieu Regelbewusstsein, Verbindlichkeiten, Ordnung und vor allem Schreib- und Lesekultur[1] erlebt haben. Uns allen ist die Heterogenität dieser Ausgangsbedingungen bei Schulbeginn bewusst. Trotz dieser Varianz der Bedingungen, unter denen Schriftspracherwerb stattfindet, soll hier der Blick auf die kindliche Persönlichkeit gerichtet werden. Das bedeutet nicht, Probleme der Schriftsprachentwicklung als individuelle Defizite interpretieren zu wollen, sondern es ist das Votum für eine förderdiagnostische Wahrnehmung des Kindes. Nur eine genaue Kenntnis jener Bereiche kindlicher Entwicklung, die für das Lesen- und Schreibenlernen relevant sind, ermöglicht es der Lehrerin, lernförderliche Hilfestellungen in der unmittelbaren Lehrer-Kind-Interaktion anzubieten.

Schriftspracherwerb ist eine so hochkomplexe Anforderung, dass dafür nicht nur Sprache und Kognition, sondern spezielle Fähigkeiten in fast allen Wahrnehmungsbereichen und sensorische Integrationsleistungen erforderlich sind, die ohne weitere psychische Leistungen wie Motivation, Selbstwirksamkeitserwartung, Gedächtnis, Aufmerksamkeit und Konzentration nicht leistbar sind. Die hohe Zahl von Analphabeten, das Klagen über die schlechten Lese-Rechtschreibkenntnisse von Schülern zeigen – bei aller Problematik

1 30-60% des späteren Leseerfolgs von Kindern sind auf die vorschulischen Erfahrungen der Kinder mit Schrift und Schriftproduktion zurückzuführen (vgl. Mason/McCormick 1979, Wells/Raban 1978)

der Debatte[2] – dass Schriftspracherwerb offensichtlich hohe Lernfähigkeit voraussetzt, um ein Niveau zu erreichen, das heutigen gesellschaftlichen Anforderungen genügt. Aber: Was versteht man eigentlich unter „Lernfähigkeit"?

Unter Lernfähigkeit versteht man die Fähigkeit, die interne Organisation von Wissen und informationsverarbeitenden Strategien effektiv auf Problemsituationen anzuwenden (vgl. Lauth/Holtz 1993). Störungen der Lernfähigkeit können allgemein, umfänglich und langandauernd sein und werden dann als allgemeine Entwicklungsverzögerung oder Lernbehinderung bezeichnet (vgl. Kanter 1977, S. 47). Je nach Schweregrad der Ausprägung wird dann von „schwachbegabt", „lernbehindert" oder „geistig behindert" gesprochen, wobei heute zumeist von „Kindern mit einem sonderpädagogischen Förderbedarf" gesprochen wird. Als Integrationskinder einer Regelklasse erhalten sie dann – je nach Dimension des Problems – das Etikett „zielgleicher" bzw. „zieldifferenter" Unterrichtung. Es gibt also „zwei Sorten" von Förderkindern: Erstens solche, bei denen es für möglich gehalten wird, dass sie aufgrund der integrativen Förderung über kurz oder lang den Anschluss an das Leistungsniveau der Klasse finden können und deshalb auch „zielgleich" unterrichtet werden können und zweitens solche, bei denen davon ausgegangen wird, dass eine Annäherung an das Klassenniveau sowieso nicht möglich ist und deshalb auch „zieldifferent" unterrichtet werden müssen. In der Sonderpädagogik wird heute vielfach für eine Abkehr von diesen typologischen Begriffsbildungen votiert, weil von *fließenden Übergängen* zwischen den verschiedenen Formen von Lernschwierigkeiten ausgegangen wird. Klauer und Lauth (1997, S.703) haben deshalb ein klar dimensionsanalytisch ausgerichtetes Klassifikationssystem vorgeschlagen, indem die Lese-Rechtschreibschwäche ausgewiesen wird als „eine partielle, bereichsspezifische Beeinträchtigung, die trotz Behandlung meist nicht gänzlich überwunden werden kann." Diese pessimistische Prognose sollte aber nicht lähmen, sondern nochmals an die Notwendigkeit der Prävention erinnern. Wie aber erkennt man überhaupt die Kinder, für die der Schriftspracherwerb das Risiko des Scheiterns in sich trägt?

Im allgemeinen fallen Kinder mit Teilleistungsschwächen bereits im Kindergarten auf, wenn man denn genau hinsehen würde und nicht für alles den Kommentar hätte „das wächst sich schon aus", „mein Sohn ist auch ein Spätentwickler" oder „wie niedlich der spricht", „Jungs sind eben meist ungeschickt". Diese Alltagsempirie kann zwar im Moment beruhigen, sie mag sich auch im Einzelfall bewahrheiten, aber eben nur im Einzelfall. In der Regel lassen sich gerade die Schwierigkeiten des Schriftspracherwerbs in einer Entwicklungslinie früher auftretender Entwicklungsschwierigkeiten

2 Das Klagen über schlechte Schulleistungen insbesondere hinsichtlich der Lese-Rechtschreibkenntnisse hat es immer gegeben. Einige wenige empirische Vergleichsstudien gibt es zu diesem Thema (vgl. Brügelmann 1998).

einordnen. Kein Kind ist freiwillig ungeschickt, sondern das Verschütten der Milch, das Verfehlen des Balls beim Fangen, das Scheitern beim Knöpfe zumachen, das späte Fahrradfahren, das Fallen beim Balancieren, das Umkippen beim Einbeinstand, das Stolpern, usw. sind manchmal nicht bloß Zufall. Die ungelenke Schrift, das nur mühsame Einprägen von Schreibbewegungsmustern, das undeutliche Sprechen, die verwaschene Artikulation, die träge Mundmotorik, die schwere Zunge, der häufig offene Mund, das Fehlen visueller Fixierungen von Buchstaben und Wörtern, das Nicht-Nachsingen-Können von Kinderliedern, das unrhythmische Klatschen, das sprunghafte Spiel, das nicht zu Ende geführt wird, das Nicht-Zuhören-Wollen bei Geschichten und Aufforderungen, die überschießende Aktivität oder schnelle Ermüdbarkeit alles das sind Einzelphänomene, die für sich genommen völlig unbedeutend sein mögen, wenn aber mehrere Auffälligkeiten zusammenkommen, sollte man aufmerksam werden.

9.2 Zentrale Wahrnehmungsbereiche und ihr Risikopotential

9.2.1 Visuelle Wahrnehmung

Um Lesen und Schreiben lernen zu können, muss man optische Reize aufnehmen, unterscheiden, einordnen, interpretieren und mit früheren Erfahrungen vergleichen können. Folgende Teilaspekte lassen sich unterscheiden:

- Figur-Grundunterscheidung
- Formkonstanzbeachtung
- Visuell-motorische Koordination
- Raumlageerkennen
- Visuelles Gedächtnis

Figur-Grundunterscheidung beinhaltet die Fähigkeit, sich auf den jeweils wichtigsten visuellen Reiz zu konzentrieren bzw. einzelne Formen auf zunehmend komplexeren Grund wahrzunehmen. Aus einer Vielzahl visueller Reize müssen diejenigen ausgewählt werden, die jeweils relevant sind. Für die Wahrnehmung von Schrift bedeutet dies insbesondere die Fähigkeit, Reihen bzw. Symbolfolgen fixieren zu können. Für den Leseanfänger zeigen sich die Unsicherheiten in diesem Bereich z.B. darin, dass er ohne entsprechende Hilfsmittel noch oft die Schriftzeile beim Lesen verliert. Es gelingt ihm also nicht, in einem Textblock die für unser Lesen typische Links-Rechts-Richtung beizubehalten und die eine waagerechte Buchstabenfolge zu fixieren, die er gerade liest. Auch die Nicht-Beachtung von Wortabständen und Interpunktionszeichen gehört hierzu, d.h. manche Kinder übersehen sozusagen die Wortzwischenräume und auch die Satzgrenzen und haben so Probleme, Sinnhypothesen zu bilden, da sie visuell keine Segmentierungen vornehmen bzw. die für unsere Schrift typischen optischen Differenzierungen und Strukturierungen nicht beachten. Wie man an der Formulierung sieht, sind diese Schwierigkeiten natürlich nicht nur visueller Natur, sonder weisen auch auf Aufmerksamkeits- und Konzentrationsprobleme hin. Aber – was kann man tun?

Zunächst einmal sollte man Leseanfänger dazu anhalten, „mit dem Finger zu lesen“. Der Finger gehört unter die gerade erlesenen Buchstaben und Wörter und wandert mit beim Erlesen. Für manche Kinder ist dies aber zu schwierig, weil ihre visuell-motorische Koordination damit bereits überfordert ist. Mal ist der Finger zu langsam, mal zu schnell und dann schlägt das vermeintliche Hilfsmittel ins Gegenteil um, denn jetzt wird auch noch Aufmerksamkeit für die adäquate Steuerung des Fingers verlangt. Wenn man also merkt, dass der Finger nicht der Artikulation folgt, visuelle Wahrnehmung und Motorik nicht automatisch synkronisiert werden, dann braucht dieses Kind erst einmal einen Lesepfeil[3], den es selbst oder mit Hilfe weiterschieben kann. Selbst Kinder, die derartige Hilfsmittel nicht brauchen, verlieren aber, sobald es um das Lesen etwas längerer Texte geht, leicht die Zeile. Dem kann man dadurch begegnen, das man z.B. durch ein Lineal oder einen Pappstreifen die Lesezeile unterlegt.

In Anbetracht dieser Schwierigkeiten sollte man die vermeintlich spielerischen Leseübungen weglassen, die mit Silbensalat, Purzelwörtern oder Ähnlichem für sich werben.

Beispiel für kontraproduktive Leseübungen:

Lö	Mo	Na	Sche	So	Vo
fa	fa	gel	gel	re	we

Derartigen Leseübungen liegt ein rein technisches Leseverständnis zugrunde, wobei selbst dieser Aspekt durch die Art der Darstellung unnötig erschwert wird. Gleiches gilt für die Purzelwörter, die den Aufbau einer Links-Rechtsorientierung beim Lesen verunmöglichen (vgl. Valtin u.a. 2000, S. 154):

3 Lesepfeile sind besser als Lesefenster, weil sie den Blick auf das bereits Erlesene frei lassen. Nur so ist es möglich, den bereits erlesenen Satzzusammenhang auch optisch präsent zu halten.

(Purzelwörter für das 6. Schuljahr)

(Purzelwörter für das 1. Schuljahr)

Auch dieser Übungstyp ist zu vermeiden:

Wörterschlange 1

Was kann ein Leseanfänger an diesen Wörterschlangen lernen? Hier sind keine Sinnhypothesen möglich, die ein Erkennen der Wortgrenzen ermöglichen würden. Entweder man kennt das Wort bereits, dann braucht man aber diese Übung nicht oder man kennt die Wörter nicht und dann stellt das Fehlen der Wortzwischenräume eine zusätzliche Hürde da, die das leseschwache

Kind eigentlich nur zum Aufgeben zwingen kann. Denn allein der Anblick dieses Wortungetüms lässt die Leseaufgabe doch grenzenlos erscheinen.

Auch solche Aufgaben sind ungeeignet :

Dieses ist genau ein Beispiel dafür, wie man die Figur-Grundwahrnehmung abtesten kann. Solche Aufgaben verbinden sich in der Regel mit der Aufforderung, die Buchstaben zu finden und nachzumalen. Eine derartige Aufgabenstellung kann nur von einem Kind gelöst werden, dass eine gute Figur-Grund-Wahrnehmung hat und natürlich auch schon sicher die Buchstaben kennt, denn sonst würde es sie nicht herausfinden. Mit anderen Worten, dies ist eine Aufgabe und von dieser Sorte lassen sich viele finden, die eigentlich nur lösbar ist, wenn man schon kann, was verlangt wird. Insofern bringt die Durchführung derartiger Aufgaben auch keinen Lernfortschritt, sie mag Spaß machen, wie alles was man kann und unter leicht erschwerten Bedingungen vorführen darf. Man sollte sich dies beim Einsatz derartigen Materials bewusst machen, denn zuviel Variation des bereits Gekonnten verschenkt auch Zeit, in der Neues gelernt werden könnte.

Formkonstanzbeachtung beinhaltet die Fähigkeit, geometrische Formen unabhängig von ihrer Größe und Lage als gleich zu erkennen. Die Wahrnehmung einer geometrischen Figur muss auch dann vom Kind als konstant wahrgenommen werden, wenn diese in verschiedener Größe oder Lage gezeigt wird. Wiedererkennen muss also unter maximaler Variation von Größe und Lage eines Objekts möglich sein. Genau diese Anforderung stellt das Erlernen eines Schriftsystems. Buchstaben müssen wiedererkannt werden, egal in welcher Druckschrift oder Schreibschrift sie präsentiert werden. Schriftanfänger brauchen natürlich zunächst einmal die Regelmäßigkeit von Buchstabenformen, um überhaupt lernen zu können, was z.B. ein „B“ ist. Dann aber brauchen sie die Variation von Schriftdarstellungen, denn um wirklich zu kompetenten Lesern werden zu können, müssen sie lernen, was sozusagen ein „generalisiertes B“ ist. Nicht nur die eine Druckschriftform des „Fibel-Bs“ bedeutet „B“, sondern auch das „B“ in der Tageszeitung, auf dem Plakat etc. Hier brauchen Kinder vielfältige Anregungen, um ein inneres Muster für alle möglichen „B“ zu entwickeln. Buchstaben sollten aber nicht als isolierte optische Phänomene dargestellt werden, sondern in der Regel im Wortkontext.

Visuell-motorische Koordination ist die Fähigkeit, Sehen und Bewegungen des Körpers zu integrieren und zu koordinieren. Eine gute Auge-Hand-Koordination ist notwendige Voraussetzung für das Schreiben. Probleme, die hierbei auftreten, zeigen sich auch beim Malen, Schneiden mit der Schere, Flechten, Ball-Fangen, Auffädeln von Perlen, Würfeln etc. Insofern wird in vielen Grundschulklassen viel geknetet, ausgemalt, nachgespurt usw. und natürlich hilft es diesen Kindern zunächst auf möglichst großer Lineatur schreiben zu dürfen, sobald der Schreibfluss als Bewegungsablauf internalisiert ist. Dieser Hinweis auf die Reihenfolge ist wichtig. Denn eines ist doch klar, wenn ein Kind einen Bewegungsablauf in einer bestimmten (Buchstaben)form und dann auch noch unter Begrenzungslinien vollziehen soll, dann muss es den zugrundeliegenden Bewegungsfluss zunächst genau kennen, bevor es ihn unter erschwerten eben „Lineaturbedingungen“ reproduzieren kann. Andernfalls würde ein „Schreibstottern“ provoziert, weil es immer nur darauf achten würde, die Linien nicht zu übermalen. Die Herausbildung eines flüssigen Schreibflusses, eben die Automatisierung visuell-motorischer Koordination, ist aber Ziel aller Schreibübungen.

Andererseits lässt sich die Lineatur selbst aber auch als ein Hilfsmittel interpretieren, das den Bewegungsfluss in der Form rahmt, der für die Lesbarkeit der Schrift wichtig ist. Insbesondere das Mittelband der Buchstaben ist entscheidend für die Lesbarkeit einer Schrift, insofern ist hier große Sorgfalt angesagt, zumal die Spätfolgen einer vermeintlichen Freiheit bei der Herausbildung einer individuellen Schrift für rechtschreibschwache Kinder bekannt sind. Gerade diese Kinder zeichnen sich oft durch ein Schriftbild aus, dass sie selbst kaum noch lesen können und allein hierdurch viele Fehler provoziert. In höheren Schulklassen gibt es aber keine Bereitschaft mehr – und eingeschliffene Bewegungsabläufe lassen sich auch nur schwer ändern – am Schriftbild zu arbeiten. Es ist zwar auch richtig, dass das schlechte Schriftbild nicht nur auf mangelnde Sorgfalt und Geduld des Erstunterrichts zurückzuführen ist, aber eben auch. Insofern hier also das eindeutige Votum, Kinder von Anfang an zu einem sorgfältigen und vielfältigen Umgang mit Schrift anzuhalten, insbesondere jene, die hier Probleme zeigen. Gerade Zeitdruck wirkt sich hier besonders fatal aus.

Raumlageerkennen hat für das Erlernen der Schrift eine besondere Bedeutung, denn Kinder müssen Buchstaben unterscheiden können, die sich nur in ihrer Raumlage unterscheiden, wie z.B. d-b-p-q, m-w, M-W. Das Verdrehen dieser Buchstaben galt denn auch lange Zeit als Indiz für eine Legasthenie, die eben vornehmlich auf eine optische Differenzierungsschwäche zurückgeführt wurde. Als Therapie für diese vermeintliche Schwäche wurden und werden dann auch derartige Aufgaben angeboten, mit der diese „Raumlagelabilität“ kuriert werden soll.

Negativbeispiel 1:

Negativbeispiel 2:

Ff Tt

t	t	t	t	f	t	f	t	f	t	f	t	t	t	t
f	f	f	t	t	f	t	f	t	f	t	t	f	f	f
f	f	f	f	t	t	f	t	f	t	t	f	f	f	f
f	t	f	f	f	t	t	f	t	t	f	f	f	t	f
t	t	t	f	f	f	t	f	t	f	f	f	t	t	t
t	t	t	t	f	f	f	f	f	f	f	t	t	t	t

Heute wissen wir, dass die Unterscheidung dieser Buchstaben für alle Kinder nicht leicht ist und dass ihnen nicht mit derartigen Übungen geholfen werden kann. Viele Schulanfänger haben noch Unsicherheiten in der Rechts-Links-Unterscheidung und die Differenzierung zwischen den vielen ähnlich aussehenden Buchstaben und auch Ziffern ist objektiv nicht leicht. Jeder Lernende hat da Schwierigkeiten, aber nicht aufgrund einer undifferenzierten Wahrnehmung oder einer Raumlagelabilität, sondern weil die Ähnlichkeit des zu Lernenden so groß ist. Dies aber ist ein allgemeines und für jeden Lernenden zutreffendes Lernproblem: immer wenn etwas zu ähnlich ist, neigen wir dazu, es zu verwechseln. Der Neurologe Ranschburg hat dies schon vor langer Zeit erkannt und vor den mentalen Überlappungen gewarnt, die eintreten, wenn zwei zu ähnliche Lerninhalte gleichzeitig gelernt werden müssen, man spricht hier von der *„Ranschburgschen Hemmung"*. Was folgt nun hieraus für die Didaktik des Schriftspracherwerbs?

Optisch ähnliche und man könnte hier bereits vorgreifend feststellen – natürlich auch akustisch ähnliche – Buchstaben, sollten nicht unmittelbar neben- oder nacheinander gelernt werden. Wenn also beispielsweise „d" der Buchstabe der Woche ist, dann sollte sich nicht das „b" anschließen. Buchstaben sollten in der Einführungsphase immer so präsentiert werden, dass ihre Raumlage eindeutig erkennbar ist, z.B. könnten die Buchstabenkarten mit einer dunklen Linie als Basis markiert sein. Man kann den Buchstabenbauch, der nach rechts zeigt, in einer anderen Farbe ausmalen oder Markierungen für „rechts" auf den Schülertisch kleben etc. Völlig unsinnig sind aber die oben gezeigten Übungen, denn das Nebeneinander der optisch ähnlichen Buchstaben aktiviert geradezu die „Ranschburgsche Hemmung": Kinder die eigentlich schon t und f unterscheiden können, werden wieder so verunsichert, dass es zu Verwechselungen kommt. Also sollten gerade diese Buchstaben nicht isoliert miteinander verglichen werden, sondern nur im Wortkontext, so dass die optische Ähnlichkeit aufgrund von Sinnbezügen auflösbar ist. Mit anderen Worten:

Lerngegenstände, die ähnlich sind,
müssen
zeitlich versetzt
und durch
inhaltlich unterschiedliche Sinnbezüge
vermittelt werden.

Diese Prinzipien sollte man sich klar machen, denn leider werden vielfach Rechtschreibübungen angeboten, die genau hiergegen verstoßen. Denn natürlich stellt sich das Problem der „Ranschburgschen Hemmung" nicht nur auf der Buchstabenebene, sondern auch auf der Wortebene. Wenn also beispielsweise die Schreibung von v und f durch Übungen begleitet wird, in denen Wörter zu sortieren sind wie, „von", „viele", „fallen", „Vase", „Futter" etc., dann muss man sich nicht wundern, wenn die Kinder nach der Durcharbeitung derartiger Arbeitsblätter mehr Fehler machen als vorher. Alle Rechtschreibsicherheit, die sie vielleicht schon bei diesen Wörtern gewonnen hatten, ist wieder verflogen, wenn sie mit der Fülle der unterschiedlichen Schreibungen auf einmal konfrontiert werden.

Auch diese vermeintlichen Übungen verunsichern nur (vgl. Valtin u.a. 2000, S. 154):

Füge i oder ie ein:

- Eine Waschmasch*ne
- Die Schlagermelod*
- Im Baust*l der alten Gr*chen
- Eine Pr*se Salz
- Eine Lokomot*ve ist ein Sch*nenfahrzeug
- V*le Klav*re
- Sie l*st Bücher über T*ger und Löwen ....

Das *visuelle Gedächtnis* wurde lange Zeit im Sinne eines visuellen Wortspeichers als zentral für den Schriftspracherwerb angesehen. Es ist zwar richtig, dass Kinder diese Fähigkeit zum Schriftspracherwerb brauchen, aber die Bedeutung dieser Wahrnehmungsfunktion wird im Kontext von Schriftspracherwerb heute sehr differenziert gesehen. Eigentlich ist das reguläre Scheitern des visuellen Gedächtnisses Ausgangspunkt der Fehlertoleranz im Anfangsunterricht. Man halte sich einmal vor Augen mit wie viel an richtig Geschriebenen ein Kind konfrontiert worden ist, wenn es in der 6. Grundschulklasse immer noch 40 oder mehr Fehler in einem Diktat macht. Auch die Korrekturpraxis, man schreibe dreimal das Richtige unter das Diktat, hat in der Regel wenig Erfolg. Immer wieder werden die gleichen Fehler gemacht bzw. viele Wörter werden auch manchmal falsch, dann mal richtig und wieder falsch geschrieben. Die Verlässlichkeit des visuellen Gedächtnisses scheint im Hinblick auf den Erwerb der Schriftsprache sehr instabil und fehlerträchtig zu sein.

Außerdem zeigen neueste Untersuchungen des visuellen Gedächtnisses von lese-rechtschreibschwachen Kindern, dass sie sich in diesem Punkte auch gar nicht von den visuellen Fähigkeiten anderer Kinder unterscheiden. Solange es nämlich um das Abspeichern genereller optischer Eindrücke handelt, schneiden lese-rechtschreibschwache Kinder nicht schlecht ab, erst dann, wenn es konkret um die visuelle Speicherung von Buchstaben geht, kommen sie zu schlechten Ergebnissen. Dieses Ergebnis ist unmittelbar plausibel, wenn man verstanden hat, dass das Erinnern eines Buchstabens eben mehr voraussetzt als das Abrufen eines Wortbildes. Die Schwierigkeit des LRS-Kindes besteht eben nicht in der visuellen Speicherung einer isolierten optischen Information, sondern in der notwendigen Verknüpfung optischer, akustischer *und* semantischer Information, die erst den Gedächtniseintrag eines Buchstabens ermöglicht. Was also tun?

Alle Schreibanfänger brauchen vielfältige Unterstützung, um die Mängel des visuellen Gedächtnisses ausgleichen zu können. Zunächst gibt es einige Möglichkeiten durch die Art der Präsentation von Schrift wie Schriftgröße,

Schrifttyp, farbige Hervorhebungen oder Unterstreichungen. Aber das reicht keineswegs, denn unserer Gedächtnis arbeitet hoch selektiv, so dass es weitere Ankerpunkte neben dem Visuellen braucht. Also muss man immer überlegen, welche zusätzlichen Verknüpfungen den Kindern angeboten werden können: Bei der Einführung der Buchstaben sind es vielleicht die Geschichten, Reime oder Lieder, die den Kindern die Erinnerung an den Buchstaben leichter machen sollen. Für manche Kinder sind es die Erinnerungen an die Fühlbuchstaben und für andere Fingerzeichen oder auch bestimmte Körperstellungen. Es gibt also neben Fingeralphabeten auch Ganzkörperalphabete, mit denen eine motorische Erinnerungsstütze aufgebaut werden kann. Die Effektivität derartiger Hilfssysteme ist jedoch umstritten und im Rahmen des Regelschulsystems sicherlich nicht notwendiger Weise einzusetzen. Trotzdem ist es hilfreich, diese Systeme zu kennen, um *im Einzelfall* entscheiden zu können, ob z.B. *ein spezieller* Buchstabe, der immer wieder vom Kind vergessen wird, durch Rückgriff auf die Körpermotorik besser behalten werden kann. Gerade Förderkinder partizipieren gern an solchem „Geheimwissen" und allein dies kann schon helfen, endlich das „b" und das „d" auseinander zu halten.

Beispiel für Lautgebärden und Handzeichen (vgl. Rittmeyer 1993, S. 9).

Ein weiteres grundsätzliches Problem ist die geringe Speicherkapazität des visuellen Kurzzeitgedächtnisses. Wie man heute weiß, können nur sieben

Wahrnehmungseinheiten auf einmal gespeichert werden. Insofern erscheint auch der Vorschlag von Christine Mann plausibel, lernschwache Kinder zunächst nur mit maximal sieben Buchstaben, Wörter bilden zu lassen und zwar so lange, bis sie das Leseprinzip verstanden haben. Nach ihrer Erfahrung führt eine weitere Erhöhung der Buchstabenzahl nur zu Verwechselungen, da die Kinder keine Möglichkeit haben, diese optischen Einheiten in sinnvollen Zusammenhängen zu strukturieren. Derartige mentalen Clusterbildungen sind aber die entscheidende Voraussetzung, das optische Gedächtnis partiell zu entlasten, indem es durch *sinnorientierte* Neustrukturierung größere Verarbeitungseinheiten dem Gedächtnis anbietet. Man kann diesen Unterschied selbst ausprobieren, indem man sich z.B. folgende Buchstabenfolgen abwechselnd zu merken versucht:

1. Beispiel:

Y
W
F
M
J
R
L

2. Beispiel:

FENSTER

Ein weiterer praktikabeler Vorschlag von Christine Mann besteht darin, das Speichern von rechtschriftlichen Besonderheiten dadurch mental fester zu verankern, indem Lernwörter mit „kognitiven Zusätzen“ versehen werden. Das Prinzip ist eigentlich altbekannt, es geht um den Aufbau von „Eselbrücken“, die dem Kind helfen sollen, sich an spezifische Wortschreibungen zu erinnern. Das berühmteste Beispiel ist wohl „wer ‚nämlich‘ mit ‚h‘ schreibt ...“. Christine Mann hat aber ein ausgeklügeltes System derartiger – auch linguistisch begründeter – Zusätze entwickelt. Dabei scheint es wichtig zu bedenken, dass ähnlich wie bei dem Einsatz der Lautgebärden, eine gezielte Auswahl besser ist als eine „flächendeckende“ Umsetzung derartiger Systeme, weil ansonsten das Gedächtnis durch all die Zusätze überlastet wird. Gerade bei der Einführung „kognitiver Zusätze“ ist auch zu bedenken, ob das Kind nicht besser den entsprechenden Ankerpunkt selbst finden und für sich festhalten sollte. Derartige, individuell entdeckte „Merksätze“ stünden dann am Ende von Sammel- und Sortieraufgaben von Wörtern, so dass sie als Erinnerungshilfen an einen *verstandenen* Zusammenhang abgespeichert werden. Damit dies aber gelingen kann, muss das Wortmaterial auch rechtschriftlich relevante Ordnungsstrukturen enthalten, so dass die Empfehlungen von Mann für den Kopf der Lehrerin hilfreich sind.

Für die Herstellung bzw Beurteilung von Lesetexten für schwache Lernanfänger sollte man folgende Kriterien berücksichtigen:

Gestaltung	– Keine Schreibschrift – Große Schrift mit großem Zeilenabstand – Zeilen unterschiedlich lang (Flattersatz nicht Blocksatz) – Illustrationen, die das Erschließen der Wortbedeutung erleichtern – Weitgehender Verzicht auf sonstige optische Reize – Klare Wortgrenzen – Ggf. farbliche Markierungen von Vokalen, Silben (Silbenbögen), Morphemstämmen – Zeilenlänge nicht mehr als sieben bis neun Wörter – 1-3 Sätze pro Seite – keine Worttrennungen am Zeilenende
Buchstabenauswahl	– Verzicht auf unbekannte Grapheme – Verzicht auf zusammengesetzte und seltene Grapheme – Beachtung der individuell bedeutsamen Buchstaben (Vorname des Kindes)
Wortstruktur	– Nicht mehr als 5-7 Buchstaben bzw. 2-3 Silben – Keine Konsonantenhäufungen – Einfache Konsonant-Vokal-Strukturen
Satzbau	– Kurze Sätze mit einfachen, kurzen Wörtern – Wiederholungen der häufigen Funktionswörter – Beachtung des vertrauten Wortschatzes (Sprechwortschatz)
Text	– Kurze, spannende oder lustige Texte (Rätsel, Witze, Auftragstexte z.B. Lese-Mal-Blätter) – Unkomplizierte Erzählstruktur (einfache „und-dann-Geschichten“, klare Geschichtenschemata) – Durch Wiederholungen die Anzahl verschiedener Wörter im Text niedrig halten

9.2.2 Auditive Wahrnehmung

Auditive Wahrnehmung kann verstanden werden als die Aufnahme von akustischen Reizen und ihre Verarbeitung. Ein intaktes Gehör und eine gute auditive Verarbeitung des Gehörten sind grundlegende Voraussetzungen für die Entwicklung von Sprache und den Erwerb von Schriftsprache. Auditive Verarbeitung bezieht sich dabei auch auf die Geschwindigkeit mit der akustische Reize verarbeitet werden können. Beim Hören von Sprache und Musik entnimmt die zentrale Hörverarbeitung nur etwa 30 mal pro Sekunde eine bewusst wahrnehmbare Hörprobe, die zum Erkennen eines Lautes bzw. Tones ausreicht. Laut- bzw. Tonnuancen, die unterhalb dieser Zeitspanne liegen, können nicht wahrgenommen werden. Diese Zeitspanne, die zwischen zwei Hörreizen liegen muss, damit sie überhaupt wahrnehmbar sind, bezeichnet man als „Ordnungsschwelle". Die Geschwindigkeit der Ordnungsschwellen ist entwicklungsabhängig und für die Verarbeitungsgeschwindigkeit von Sprache bedeutsam. Insbesondere die nur kurz hörbaren Verschluss- bzw. Explosivlaute wie b, d, g, k, p, und t, sind für Kinder mit einer geringen auditiven Ordnungsschwelle schwer identifizierbar und können sich in Sprachauffälligkeiten und auch entsprechenden Rechtschreibproblemen zeigen (vgl. Barth 1997, 88f.). Diese Kinder haben also eigentlich ein intaktes Gehör, aber die auditive Verarbeitung ist erschwert, was sich oft auch in anderen Phänomenen zeigt. Folgende auditive Wahrnehmungsstörungen lassen sich unterscheiden (vgl. Breitenbach 1989):

Die *Schall-Lokalisierung* kann erschwert sein, was beispielsweise in Gruppengesprächen oder Spielsituationen zu Desorientierungen führen kann.

Die *Lautdiskriminationsfähigkeit* kann ungenau sein, so dass ähnlich klingende Wörter wie Nadel – Nagel oder Glas – Gras in ihrer Differenz akustisch nicht wahrgenommen werden. Diese Kinder sprechen häufig selbst verwaschen und ungenau. Ihnen kann es dann natürlich auch nicht gelingen, Laute aus einem Wort zu analysieren oder Silben zu einem Wort zusammenzuziehen. Eine Beeinträchtigung im Differenzieren von Lauten führt zu Schwierigkeiten des Wortverständnisses und verzögert damit auch die Sinnerfassung von Sätzen. Die Kinder haben dann die Neigung, auf einzelne, zufällig verstandene Wörter zu reagieren und diese erfahrungsbezogen nicht kontextbezogen zu interpretieren. So kommt es zu z.T. willkürlich erscheinenden Interpretationen oder auch zu unangemessenen Reaktionen, weil dieses Reaktionsverhalten sich auch auf die gesprochene Sprache bezieht.

Auch die rhythmisch – melodische Differenzierung gelingt weder produktiv noch reproduktiv, d.h. diese Kinder können Lieder nicht Mitklatschen, sie hören keine Reime, das rhythmische Sprechen von Versen gelingt nicht und natürlich auch nicht die Produktion von Wörtern, die sich reimen. Auch die emotionale Interpretation von Gehörtem ist erschwert. Ob Musik lustig oder traurig klingt, ob eine Stimme wütend oder ernst ist, kann nicht präzise entschlüsselt werden. Die Folgen für das Sozialverhalten sind offensichtlich.

Die *Differenzierung der Figur-Grundwahrnehmung*, die bereits bei der visuellen Wahrnehmung angesprochen wurde, stellt sich auch im auditiven Bereich als Problem. Hier ist es das Unvermögen in geräuschvoller Umgebung bzw., wenn mehrere Personen durcheinander sprechen, sich hinreichend präzise auf die sprachrelevanten Informationen zu konzentrieren. Diese Kinder kostet es folglich sehr viel Mühe, im normalen Unterrichtsalltag die Stimme der Lehrerin aus allen Nebengeräuschen herauszufiltern.

Eine Beeinträchtigung des *auditiven Gedächtnisses* führt dazu, dass Schwierigkeiten auftreten, wenn nacheinander eintreffende akustische Informationen wie z.B. Silben, Wörter, Sätze oder Klatschrhythmen im auditiven

Kurzzeitgedächtnis gespeichert werden müssen. Diese Kinder verlieren schnell das Interesse beim Vorlesen von Geschichten, komplexe Handlungsaufforderungen werden schlecht verstanden bzw. teilweise vergessen, in Diktaten fehlen ganze Wörter. Dieser erschwerte Zugriff auf auditive Gedächtnisinhalte führt natürlich auch dazu, dass die lautlichen Repräsentationen der verschiedenen Buchstaben immer wieder vergessen werden. In Diktaten fällt es diesen Kindern schwer, auch am Satzende noch den Satzanfang zu erinnern.

Das Erkennen auditiver Sequenzen kann erschwert sein, was sich darin zeigt, dass einzelne Laute oder auch Silben oder Wortteile nicht in der richtigen Reihenfolge verarbeitet werden. Die Wörter werden also richtig gehört, aber die mentale Verarbeitung oder auch die aktive Reproduktion des Gehörten ist fehlerhaft, z.B. wird ein Wort wie *Bootshaus* als *Hausboot* reproduziert oder *Anemone* wird zu *Amenone*.

Störungen der *simultanen Produktion* verschiedener Wahrnehmungsmodalitäten zeigen sich darin, dass z.B. gleichzeitiges Sprechen und Klatschen eines Verses nicht möglich ist oder auch Vorlesen und gleichzeitiges Sinnverständnis. Diese Kinder werden oft als unaufmerksam oder als Träumer angesehen, denn die Umgebung weiß, dass die Kinder richtig hören können und versteht nicht die Probleme der auditiven Verarbeitung. Die intermodale Integration verschiedenartiger Stimuli ist erschwert, was sich immer dann zeigt, wenn zwei Aufnahmekanäle gleichzeitig aktiv sein müssen.

Eine pädagogische Antwort auf all diese Probleme zu finden ist sicher nicht leicht, aber ein erster Schritt ist vielleicht schon damit getan, wenn im Alltagsstress diese Schwierigkeiten nicht als Böswilligkeit des Kindes interpretiert werden, sondern als Detailprobleme, die mehr oder minder stark ausgeprägt uns allen bekannt sind. Folgende Reaktionsmöglichkeiten gibt es, um den kindlichen Verarbeitungsschwierigkeiten im auditiven Bereich zu begegnen:

- Verbesserung des Sprachverständnisses z.B. durch Sammeln von Wörtern einer „Bedeutungsfamilie“
  Üben der auditiven Differenzierung an sprachlichem Material (Anlautübungen, silbisches Sprechen, Klatschen und Silbenschreiten, Unterscheidung von Reim und Nicht-Reim, Training der Pilotsprache d.h. der bewussten Artikulation jedes einzelnen Lautes in einem Wort)
- bewusstes Hören trainieren (z.B. aus einer Geschichte immer ein bestimmtes Wort auslassen, aus Wörtern immer einen bestimmten Buchstaben, Zählen von Wörtern in Sätzen und für jedes gezählte Wort einen Baustein hinlegen,)
- Angebote zur Kompensation der auditiven Leistung (Kopfhörer, Sprachkassetten, überdeutlicher Sprechinput, farbige Markierung von schwerhörbaren Lauten, motorische Hilfen zur Erkennung langer und kurzer

Vokale: Handbewegungen für die Unterstreichung langer Vokale, kurze Vokale durch Klopfen bewusst machen)

- Verbesserung der Hörbarkeit der eigenen Sprache durch taktilkinästhetische Übungen (Artikulation von Lauten mit dem Handspiegel, Mundgymnastik, Bewusstmachen von Artikulationsstellen der Laute, Fühlen der Artikulationsstellen)
- Organisation der „Hörsituation" (Kind sollte so sitzen, das es die Sprechenden sieht, Reduktion des Lärmpegels, Stilleübungen)

9.3 Schreiben lernen mit der linken Hand

Nach heutigem Kenntnisstand ist die Händigkeit des Menschen in der Hirnstruktur festgelegt und deshalb nicht zu verändern! Da aber immer noch manche Eltern ihre Kinder anhalten, auf jeden Fall mit rechts zu schreiben, muss sich eine Lehrerin mit Schulbeginn zunächst Gewissheit darüber verschaffen, welche Hand ein Kind bevorzugt. Als besonders aussagekräftig hierfür gelten alle jene Tätigkeiten, die nur mit einer Hand ausgeführt werden und in der Regel spontan erfolgen wie z.B. würfeln, melden im Unterricht, Perlen zählen, ausschneiden etc. Aber auch beidhändige Tätigkeiten lassen sich daraufhin beobachten, welche Hand die jeweils dominante bzw. flexibler eingesetzte ist: Mit welcher Hand wird das Obst abgeschält und mit welcher gehalten, welche Hand hält die Flasche, welche Hand öffnet sie etc. Nicht selten gibt es Kinder mit einer ausgeprägten Beidhändigkeit bzw. Kinder, die auch häufig wechselnde Händigkeitspräferenzen zeigen. Im Zweifelsfall sollte man sich fachkundigen Rat holen, da die Folgen einer falschen Händigkeitserziehung gravierend sind (vgl. Sattler 1995, 2000, 2002).

Gerade für das linkshängige Kind ist eine methodische Hilfestellung notwendig, die von Anfang an eine unverkrampfte Schreibhaltung ermöglicht. Das heißt nicht, dass das Schreiben mit der linken Hand als etwas besonders Schwieriges herausgestellt werden sollte, sondern nur, dass dem Kind seiner Ausgangslage entsprechende Hilfsmittel zur Verfügung gestellt werden. Dazu gehört zunächst ein geeigneter Sitzplatz und zwar links neben einem rechtshändig schreibenden Kind. Geeignetes Schreibmaterial, Linkshänderfüller, -scheren, Schreibunterlage etc. sind zu beachten. Auf der Schreibunterlage kann auch die richtige Heftlage in Umrissen markiert werden, da linkshängige Kinder durch die Heftlage der rechtshändigen Kinder immer wieder mit einem für sie falschen Modell konfrontiert sind. Die richtige Schreibhaltung eines linkshändigen Kindes kann man der nachfolgenden Abbildung (Sattler 1995, S. 271) entnehmen, wobei die rechte Hand das Heft festhalten sollte. Hierbei kann die ganze Hand auf die rechte Heftseite gelegt werden, möglichst in Höhe der gerade beschriebenen Zeile. Dem Schreibverlauf entsprechend „wandert“ dann diese Hand mit nach unten, die immer wieder dafür Sorge tragen muss, dass das Heft beim Schreiben nicht verrutscht.

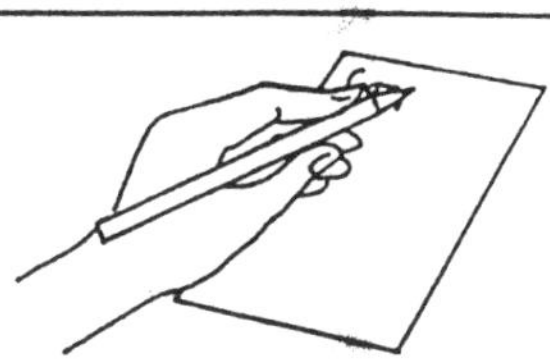

a) mit der linken Hand

Richtige Lage des Papiers beim Schreiben und korrekte Haltung des Schreibgerätes

Die häufigsten Fehler in der Schreibhaltung von Linkshändern sind den nachfolgenden Abbildungen (Sattler 1995, S. 271) zu entnehmen.

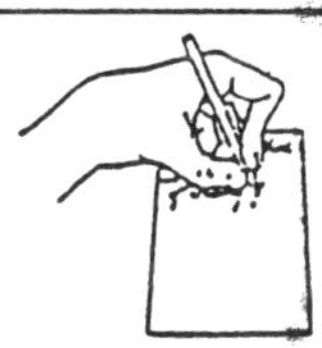

b) Arm hakenförmig über der Schrift

Falsche Haltung beim linkshändigen Schreiben

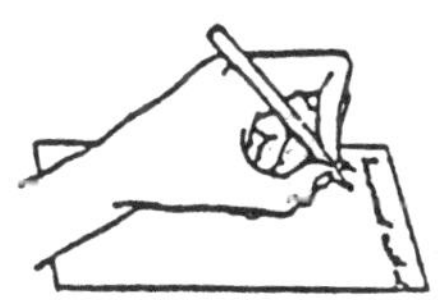

c) Schreiben gegen den Körper hin

Falsche Haltung beim linkshändigen Schreiben

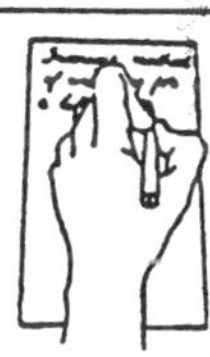

d) Arm krampfhaft an die Seite gepreßt

Falsche Haltung beim linkshändigen Schreiben

Linkshändige Kinder brauchen bei Abschreibübungen spezielle Materialangebote, die das Schreibvorbild auch rechts anzeigen, wie dies bereits in einigen Fibelmaterialien geschieht (vgl. Auszug aus dem Druckschriftlehrgang der Tobi-Fibel):

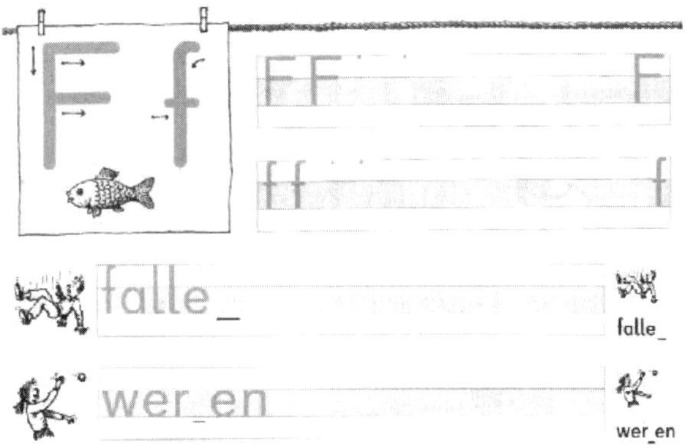

9.4 Sprache und kognitive Strategiedefizite als Risikofaktoren

9.4.1 Sprachliche Entwicklungsverzögerungen

Eine wesentliche Voraussetzung des Schriftspracherwerbs, die im Zusammenhang mit LRS in der Literatur dennoch wenig Beachtung findet, ist die Sprach- und Kommunikationskompetenz eines Kindes. Eigentlich sollte ein Kind mit Schuleintritt alles dies können:

- klar, deutlich und weitgehend grammatisch korrekt sprechen
- Sprechfreude zeigen
- Zuhören, fragen, singen, Gedichte aufsagen
- einfach formulierte Aufforderungen verstehen
- den Inhalt einer Geschichte verständlich wiedergeben
- sich mit anderen unterhalten

Es erscheint verständlich, dass Kinder mit entwicklungsbedingten Sprachstörungen beim Erwerb des Lese- und Rechtschreibprozesses gegenüber normal sprachentwickelten Kindern benachteiligt sind. Sprachauffällige Kinder im Grundschulalter haben sowohl Schwierigkeiten bei der Informationsaufnahme als auch eine eingeschränkte Gedächtniskapazität. Im Unterschied zu sprachunauffälligen Kindern gelingt es ihnen weniger gut, Wortlisten zu lernen und den Lernprozess gegen Ablenkungen aufrecht zu erhalten. Mangelnde Wortkenntnisse und geringere Lesefertigkeit führen bei den sprachauffälligen Kindern zu geringerer Lernleistung. Die geringere Fähigkeit, einmal Gelerntes zu behalten, ist unter anderem auf ineffiziente Gedächtnisstrategien zurückzuführen. Auffälligkeiten im sprachlichen Bereich zeigen sich insgesamt in der Artikulation, im Redefluß, im Wortschatz und der Grammatik. Die häufigsten Artikulations- oder Sprechstörungen sind:

- Lispeln (Sigmatismus) d.h. die fehlerhafte Aussprache der s-Laute, die sich in der Unfähigkeit zeigt, Laute oder Lautverbindungen richtig auszusprechen („ein doßer Metterling"). Hierbei kann es sich um eine phonetische Entwicklungsstörung handeln, die sich in der Planung, Steuerung und Kontrolle der Artikulationsmotorik zeigt (Dyslalie).

Als Redeflussstörungen werden folgende Phänomene unterschieden:

- Stottern, wobei zu bedenken ist, dass gerade im Einschulungsalter ein sogenanntes „entwicklungsbedingtes Stottern" auftreten kann, das normalerweise von allein verschwindet[4].
- Poltern, worunter eine Überstürzung der Rede verstanden wird, die dem Stottern oberflächlich ähnlich ist. Trotzdem gibt es Unterschiede, denn das Poltern entsteht gerade nicht aus einer Sprechhemmung, sondern aus übergroßer Mitteilsamkeit und kann ebenfalls altersbedingt auftreten.

Derartige Sprachprobleme sind offensichtlich und brauchen hier deshalb nicht weiter zu interessieren. Es gibt aber auch einen Typus von Sprachstörung, der für den Laien schwer erkennbar ist, die *Sprachentwicklungsstörung*.

Unter linguistischer Betrachtung vollzieht sich der Spracherwerb auf vier Ebenen: auf der phonetisch-phonologischen, der morphologisch-syntaktischen, der semantisch-lexikalischen und der kommunikativ-pragmatischen Ebene. Weisen diese Ebenen der Sprache ein komplexes Störungsbild auf, spricht man von einer Spracherwerbsstörung. Spracherwerbsstörungen – oft gleichgesetzt mit Sprachentwicklungsstörungen – bahnen sich bereits auf vorsprachlicher Ebene an und stehen deshalb in einer wechselseitigen Beeinflussung zum allgemeinen Entwicklungsgeschehen (Zollinger 1996, S. 19).

Je nach Ausmaß und Betroffenheit der Bereiche manifestieren sich die Störungen in unterschiedlichen Erscheinungsbildern. Spracherwerbsstörungen beinhalten grundlegende Schwierigkeiten im Aufbau der sprachlichen Kommunikation. Ein eingeschränkter Wortschatz mit Lautfehlbildungen alleine stellt noch keine Spracherwerbsstörung dar. Der entscheidende Punkt ist, ab wann ein Kind der Sprache eine repräsentative und kommunikative Bedeutung geben kann. Im Normalfall erfasst dies ein Kind im zweiten Lebensjahr. Spracherwerbsstörungen werden jeweils in Abhängigkeit vom Alter definiert. Eine Sprechweise, die bei einem zweijährigen Kind altersgemäß ist, würde bei einem Vierjährigen als Störungsbild bezeichnet werden. Von einer

4 Zwischen Stottern und LRS besteht außerdem kein nachweisbarer Zusammenhang.

Störung der Sprachentwicklung wird dann gesprochen, wenn die Sprachentwicklung nicht voranschreitet bzw. auf einem Sprechstadium stehen bleibt. Dieser Rückstand der Sprachentwicklung muss mindestens ein halbes Jahr betragen (Wendlandt 1995, S. 36).

Sprachentwicklungsstörungen können in unterschiedlichen Formen[5] auftreten, müssen aber nicht notwendig zu einer LRS führen. Allerdings sind Schwierigkeiten des Schriftspracherwerbs relativ häufig und zeigen sich zumeist auch dann, wenn mit Schuleintritt die frühkindliche Sprachentwicklungsverzögerung fast überwunden scheint. Erklären lässt sich dieses Phänomen, das gerade für leichte sprachliche Entwicklungsverzögerungen typisch ist, dadurch, dass Schriftsprache und Sprechsprache auf einer gemeinsamen Basiskompetenz aufruhen. Infolge dieser Gemeinsamkeit vollziehen sich im Erwerb der Schriftsprache erneut die Fehlerstrukturen, die auch den Erwerb der Sprechsprache gekennzeichnet haben.

Ein Typus von Sprachentwicklungsstörung ist im Kontext der LRS-Prävention von besonderem Interesse: der *Dysgrammatismus*. Hierunter wird die Unfähigkeit verstanden, das morphologische und syntaktische Regelsystem der Muttersprache altersadäquat zu erwerben und zu gebrauchen. Diese Form einer Entwicklungsdysphasie hat zunächst einmal gar keine offenkundigen Gründe. Weder sind es Kinder aus sozial benachteiligten Familien, noch sind sie minder intelligent. Grimm (1994, S.18-27) weist insgesamt auf folgende charakteristischen Merkmale:

- verspäteter und verlangsamter Spracherwerb (late talkers)
- Sprachverständnis ist besser ausgeprägt als Sprachproduktion
- Formale Merkmale der Sprache (Syntax/Morphologie) sind gestörter als Semantik/Pragmatik
- fehlende sprachliche Flexibilität
- Langsamkeit des sprachlichen Verarbeitungsprozesses
- nonverbale Intelligenz im Normbereich
- keine Hörschädigung und keine schwerwiegenden neurologischen Schädigungen
- keine auffällig gestörte emotionale/soziale Entwicklung
- normale Umwelt

Dysgrammatismus lässt sich damit an drei Diskrepanzen festmachen:

1. Nonverbaler IQ > als die Sprachfähigkeit
2. Verstehen > Sprechen
3. Grammatik < Pragmatik

5 Z.B. Dyslalie, verbale Apraxie oder Agnosie

Noch im Vorschulalter sprechen diese Kinder in stark vereinfachten Sätzen, bei denen das Verb häufig in Infinitivform gebraucht wird und die Satzstellung „durcheinander" wirkt: *„Ich in Schule gehen." „Die Sonne scheint nach immer regne."* (Die Sonne scheint, nachdem es immer geregnet hatte.) Die Kinder können auch grammatisch korrekt vorgesprochene Sätze *nicht nachsprechen*. Im Gegenteil: Sie formen das korrekt Vorgesprochene „in ihre Sprache" um. Sie verweigern auch die Korrektur, obwohl die Bedeutung des Satzes ihnen eigentlich geläufig ist.

Mit einer entsprechend fachkundigen und intensiven Betreuung kann dieses Störungsbild abgemildert werden, vorausgesetzt mit einer Sprachtherapie wird bereits sehr früh begonnen. Lässt man die sprachlichen Auffälligkeiten hingegen unbeachtet, so wirkt sich die zunächst nur auf Sprache bezogene Beeinträchtigung bald umfassender aus. Zum Beispiel lässt sich immer wieder das Phänomen des abrutschenden IQ beobachten (Dannenbauer 2001, S.106). Die Fähigkeit, Sprache zu produzieren und zu verstehen, steht in direkter Wechselwirkung mit der Ausbildung der Intelligenz. Ist nun die Sprachentwicklung bereits im Kindesalter gestört, folgt daraus häufig eine Beeinträchtigung im kognitiven Bereich. Insofern ist es gerade für diese Kinder wichtig, eine *Kombination* von Sprachförderung und Lese-Rechtschreibförderung durchzuführen, denn letztlich kann die Schriftsprachentwicklung nicht schneller vorangebracht werden als die sprechsprachliche Entwicklung.

Bei scheinbar unerklärlichen Schriftsprachproblemen sollte man also im Elterngespräch nicht nur abklären, ob eine HNO-Untersuchung bzw. eine augenärztliche Kontrolle stattgefunden hat, sondern auch, wie die Sprachentwicklung verlaufen ist und ob ggf. logopädische Hilfestellung in Anspruch genommen wurde oder werden sollte.

9.4.2 Arbeitstechniken und Selbstorganisation

Schwierigkeiten des Schriftspracheerwerbs können auch dadurch entstehen, dass Kinder aufgrund von Sozialisationsdefiziten aber auch aufgrund einer allgemeinen Leistungsschwäche nicht in ausreichendem Maße zu planvollem Lernhandeln in der Lage sind. Gerade Kinder mit leichten Leistungsschwächen zeichnen sich weniger durch dauerhafte Fähigkeitsdefizite als vielmehr durch die Art ihrer Lernorganisation aus[6]. Typisch für diese Kinder sind folgende Verhaltensweisen:

---

6 Für die Entstehung von Lernbeeinträchtigungen hat es in der Sonderpädagogik verschiedene Erklärungsmodelle gegeben: Die älteren neurophysiologischen Störungsmodelle erklärten Lernstörungen als Folgeerscheinung einer MCD. Ab Ende der 1960er Jahre setzte sich eine Theorie der Entwicklungsverzögerung im sonderpädagogischen Diskurs durch. Heutige Erklärungsmodelle favorisieren gestörte Verarbeitungsprozesse der Informationsverarbeitung als eigentliche Ursache. Es wird also davon ausgegangen, dass defizitäre mentale Verarbeitungsprozeduren sich negativ auf die spontane Produktion strategischer Gedächt-

- sie beachten die Aufgabenstellung einer Aufgabe nur oberflächlich,
- sie folgen spontanen Lösungsideen, ohne verschiedene Lösungsmöglichkeiten gegeneinander abzuwägen,
- die Ratestrategie bzw. das trial-and-error-Verfahren erfreuen sich besonderer Beliebtheit,
- sie beginnen mit der Aufgabe, bevor sie die Arbeitsanweisung zu Ende gehört bzw. gelesen haben,
- sie übersehen möglicherweise vorhandene Lösungshinweise,
- sie unterteilen einen Arbeitsauftrag nicht in einzelne Arbeitsschritte,
- sie sichern keine Zwischenergebnisse,
- sie kontrollieren keine Arbeitsergebnisse,
- sie denken nicht darüber nach, wie sie zu einem Ergebnis gekommen sind, so dass jede Aufgabe selbst des gleichen Typs wieder „von Null" an durchdacht wird;
- sie verfolgen eine einmal eingeschlagene Lösungsstrategie auch dann weiter, wenn sie offensichtlich falsch ist;
- sie bringen Arbeitsergebnisse nicht in Zusammenhang mit vorher erarbeiteten Lernergebnissen ,
- sie gestehen sich nur kurze Zeit für die Lösung einer Aufgabe zu, wenn diese abgelaufen ist, brechen sie ab;
- sie wenden seltener regelhafte Vorgehensweisen bei der Lösung einer Aufgabe an, selbst wenn sie ihnen beigebracht worden sind;
- sie schätzen ihren Erfolg entweder unrealistisch hoch oder besonders niedrig ein, d.h. eine der individuellen Lernausgangslage entsprechende Wahrnehmung der Aufgabenschwierigkeit gelingt nicht.

Interventionsstudien haben aber gezeigt, dass sich die Handlungsmöglichkeiten der Kinder dann verbessern, wenn man ihnen lernstrategische Hilfen anbietet (Hussy 1983, Lauth 1992, Meichenbaum 1979, Wagner 1975). Die Effektivität lernstrategischer Hilfen ist aber insbesondere davon abhängig, wie gegenstandsnah sie vermittelt werden. Es macht also keinen Sinn, Kindern global irgendwelche Arbeitsstrategien vermitteln zu wollen, sondern sie müssen konkret an dem Gegenstand gelernt werden, für den sie gelten sollen. Selbst dann brauchen die Kinder aber noch Unterstützungssysteme, denn sie neigen dazu, auch bekannte Lernstrategien nicht anzuwenden. Lernprozessbegleitende Kontrolle ist also unverzichtbar. Welche lernstrategischen Hilfen sind nun für den Erwerb der Schriftsprache zentral?

---

nisaktivitäten, die flexible und reflexive Lernüberwachung und -regulation, das Wissen über die Möglichkeiten und Grenzen des eigenen Gedächtnisses und die Grundgeschwindigkeit der Informationsverarbeitungsprozesse auswirken. Basis dieser Überlegungen sind neuere hirnphysiologische Einsichten über Lernprozesse, in denen davon ausgegangen wird, dass das menschliche Verarbeitungssystem die sensorisch wahrgenommenen Informationen zuerst verschiedenen Transformationen und Operationen unterwirft, bevor sie bewusster Wahrnehmung und Speicherung überhaupt zugänglich sind.

Eine erste zentrale Hilfestellung wird durch die „*Vergegenständlichung von Handlungen*" ermöglicht. Diese in der Tradition der sowjetischen Psychologie stehende Unterstützung von Lernprozessen ist gerade für jüngere Kinder wichtig. So lässt sich beispielweise die Lautanalyse von Wörtern durch das Legen von Plättchen in Handlung umsetzen: Das Kind legt also für jeden gesprochenen Laut ein Plättchen. So wird das Sprechen quasi automatisch verlangsamt, kein Laut wird vergessen bzw. es lässt sich leicht kontrollieren, ob man einen Laut vergessen hat. Die Lautfolge wird auch visuell sichtbar. Ein anderes Beispiel wäre das Gummiband, das beim Dehnsprechen von Wörtern auseinandergezogen wird und zwar so lange bis der nächste Laut folgt. Ein weiteres Beispiel wäre das sogenannte „Beweislesen", das Christine Mann (2001, S. 74) von Kindern fordert, wenn sie Lesefehler produzieren, die nicht durch die Sinnerwartung korrigiert werden können. Das „Beweislesen" funktioniert so:

> „Das Kind spricht das genannte Wort langsam, sorgfältig in Silben gegliedert aus und zeigt mit einem spitzen Gegenstand als Zeigestab (...) zu jedem Laut den dazugehörigen Buchstaben. Dabei muss wirklich die Druckerschwärze des Buchstaben(s) mit der Spitze des Zeigestabs berührt werden. Nur so erreicht man, dass die Kinder die Buchstabenfolge mit der Lautfolge vergleichen und die Korrespondenz zwischen beiden wirklich wahrnehmen."

Der kognitiven Impulsivität von Kindern wird in verhaltenstherapeutischen Trainingsprogrammen immer wieder durch das „*Kognitive Modellieren*" begegnet. Der Lehrer sollte dementsprechend als Modell dienen, dass eine gelingende Lernorganisation zunächst vormacht. Die üblicherweise bei einem Lernprozess verdeckt laufenden Prozesse und handlungssteuernden Gedanken werden also explizit formuliert und nacheinander durchgeführt. Beispielsweise könnte der Lehrer, um ein korrektes Abschreiben einzuführen, folgende Handlungsschritte aussprechen:

- Ich lese das Wort genau.
- Ich drehe die Wortkarte um.
- Ich spreche das Wort in der Pilotsprache.
- Ich lege für jeden Laut, den ich höre einen Muggelstein.
- Ich schreibe zu jedem Stein den passenden Buchstaben.
- Ich vergleiche das Wort mit der Rückseite der Wortkarte.

Wie man an dem Beispiel sieht, ist der Umfang der Teilschritte, die ein Lehrer vorspricht, natürlich vom jeweiligen Lernentwicklungsstand eines Schülers abhängig, entscheidend ist nur, dass der gewählte Algorithmus auch zu einem sinnvollen Ergebnis führt.

In einem nächsten Schritt führt das Kind die Handlung so aus, wie der Lehrer sie zuvor beschrieben hat. Der Lehrer spricht also die einzelnen Etappen der Handlung langsam vor und das Kind führt sie parallel durch.

Wenn dies problemlos gelingt, wird das Kind aufgefordert, sich selbst die verbalen Instruktionen zu geben und dabei die Handlung auszuführen. Der Lehrer hat jetzt nur noch die Rolle des Beobachters.

Ist auch dieses Arbeitsverhalten gesichert, braucht das Kind sich selbst nur noch flüsternd die jeweilige Handlungsanweisung zu geben bis auf der letzten Stufe nur noch ein „inneres Sprechen“ seine Handlungen begleitet.

Dieses Verfahren wird auch als *„verbale Selbstinstruktion“* bezeichnet.

Im Prinzip kann man jeden Lernprozess in einen derartigen Ablauf bringen, das praktische Problem besteht eher darin, wie man derartige therapeutische Strukturen in der Schule realisieren kann. Dass aber auch dieses möglich ist, zeigt ein Beispiel aus dem Förderprogramm der „Hexe Susi“, indem das Schema einer verbalen Selbstinstruktion durch Bildkarten visualisiert wurde. Die Kinder erhalten die Arbeitsanweisungen als „Leitkarten“, wobei die Bilder (oder graphischen Symbole) jeweils als Gedächtnisstützen dienen.

Instruktionsplan nach Forster/Martschinke (2001, S. 49)

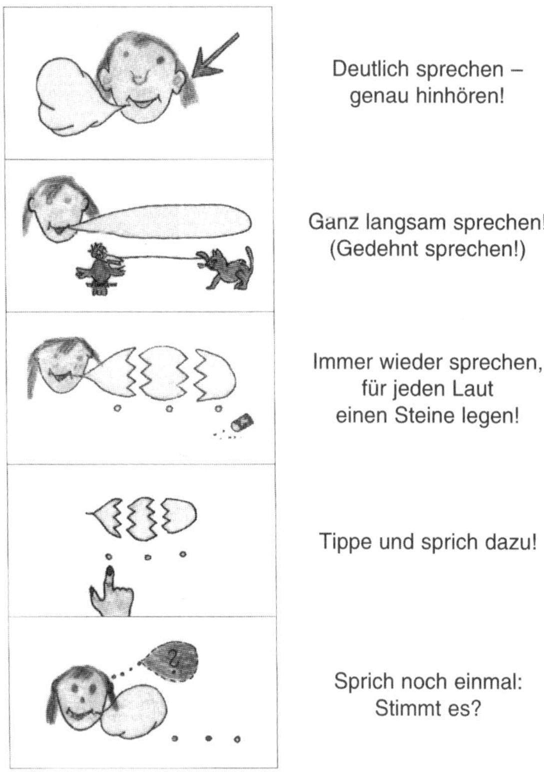

Ein Medium zur Begleitung und Unterstützung selbstreflexiver Lernprozesse kann auch ein Lerntagebuch (Gallin/Ruf 1998) sein, in dem Schüler ihre Lernprozesse beschreiben und auswerten.

Lernen setzt immer üben voraus. Eine besonders nützliche Arbeitstechnik ist dabei das *Üben mit einer Lernkartei*, das sich insbesondere für den Aufbau eines Grundwortschatzes bewährt hat. Das Prinzip ist recht einfach und benötigt außer den Karteikarten noch einen Kasten, der in 5 Fächer aufgeteilt ist, die von vorn nach hinten größer werden.

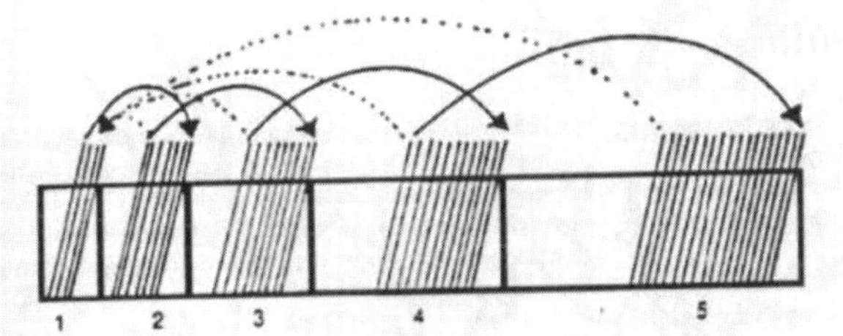

Die Arbeitsweise ist folgende: In das erste Fach kommen alle Karten, auf denen die jeweils zu übenden Lernwörter stehen. Das Wort wird gelesen, verdeckt, aufgeschrieben und verglichen. Wenn das Wort richtig geschrieben wurde, darf die Karte in das zweite Feld wandern, wenn nicht, muss sie in das erste Fach zurückgestellt werden. Das erste Fach sollte regelmäßig, aber jeweils nur kurz bearbeitet werden. Das zweite Fach wird bearbeitet, sobald es voll ist. Dies gilt auch für das dritte Fach, was allerdings länger dauert, weil es größer ist als die vorherigen Fächer. Gleiches gilt für das vierte und fünfte Fach. Wird nun in den Fächern 2-5 ein Wort falsch geschrieben, muss es ins erste Fach zurückgestellt werden. Jede Wortschreibung wird auf diese Weise mindestens fünfmal geübt, wobei die schwierigen Wörter das System mehrmals durchlaufen. Wenn ein Kind das Übungsprinzip verstanden hat, kann es mit einer solchen Kartei selbständig arbeiten und das Fächersystem ist auch motivierend, weil der Lernerfolg unmittelbar sichtbar ist.

Gerade für den Rechtschreibunterricht gibt es fast grenzenlos erscheinende Vorschläge an Übungsmöglichkeiten. An dieser Stelle können daher nur einige Grundüberlegungen benannt werden, die für jene Kinder besonders wichtig sind, die bei Schuleintritt risikobelastet sind:

1. Üben sollte immer *zu Kompetenzerlebnissen führen,* d.h. die Aufgaben müssen so gestaltet sein, dass sie auch vom Kind lösbar sind.
2. Üben kann nicht Selbstzweck sein, sondern sollte *in sinnvolle Handlungsbezüge eingebettet sein.*
3. Üben ist der Schlüssel, *das Lernen selbst zu lernen* und sollte deshalb so strukturiert sein:
   klar zielorientiert,
   systematisch und verständnisintensiv,
   variabel und motivierend,
   regelmäßig und kontrolliert.

Zum therapeutischen Standardsetting gehören auch die „*Tokensysteme*“, nach klaren Regeln vergebene Bonuspunkte, die für gelungene Verhaltensmodifikationen vergeben werden. Bei Erreichen einer vereinbarten Anzahl von Token (z.B. Murmeln oder Perlen für angemessenes Verhalten) werden diese in einen vom Kind selbst gewählten oder vorher vereinbarten Verstärker (Bonbons, Bilder, soziale Aktivitäten) eingetauscht. Eigentlich geht es hier um die „Fleißkärtchen“ von früher, nur dass sie heute multifunktional eingesetzt werden.

Dieses System ist besonders dann hilfreich, wenn es um die „notwendigen Erinnerungsstützen“ für bestimmte Arbeitsmaterialien geht. Denn gerade die Kinder, die Lernschwierigkeiten haben, „vergessen“ besonders häufig ihr notwendiges Arbeitsmaterial. Auch andere Schwierigkeiten wie ständiges „Trödeln“, Dazwischenreden, nicht ordentliches Schreiben oder Ähnliches, können durch Bonuspunkte auf ein Maß gebracht werden, das Lernen wieder möglich macht. Entscheidend ist dabei aber folgender Punkt: Das Kind muss einsehen, dass sein Arbeitsverhalten ineffektiv ist. Geschichten und Visualisierungen (vgl. Abb. 1) können dabei die Einsicht in lernförderliches Verhalten stützen. Zumindest muss das Kind bereit sein, eine Veränderung einmal probeweise zu versuchen. Der Zeitraum für eine solche, erste Probe muss unter Umständen sehr kurz gewählt sein, denn es muss sicher sein, dass die erste Probe auch bestanden wird. Es kann für einen Schüler schon sehr anstrengend sein, auch nur für einen Tag ein anderes Verhalten zu zeigen. Insofern ist es auch sinnvoll, ggf. nur graduelle Annäherungen an das gewünschte Verhalten bereits positiv zu belohnen.[7] Außerdem sollte man sich nicht die Probleme heraussuchen, die einen persönlich am meisten stören, sondern wirklich jene, bei denen man sicher ist, dass sie für das Kind selbst besonders problematisch sind. Aber auch diese „Problemfelder“ muss man klein arbeiten, damit sie lösbar werden.

7 In der Psychologie spricht man hier von „Shaping“, d.h. der Aufbau von komplexen Verhaltensweisen durch Verstärkung von Verhaltenselementen, die in Richtung des Zielverhaltens weisen.

Abb. 1.: „Teufelsrutsche und Engelsleiter" (Lauth/Schlottke 1997, S. 57)

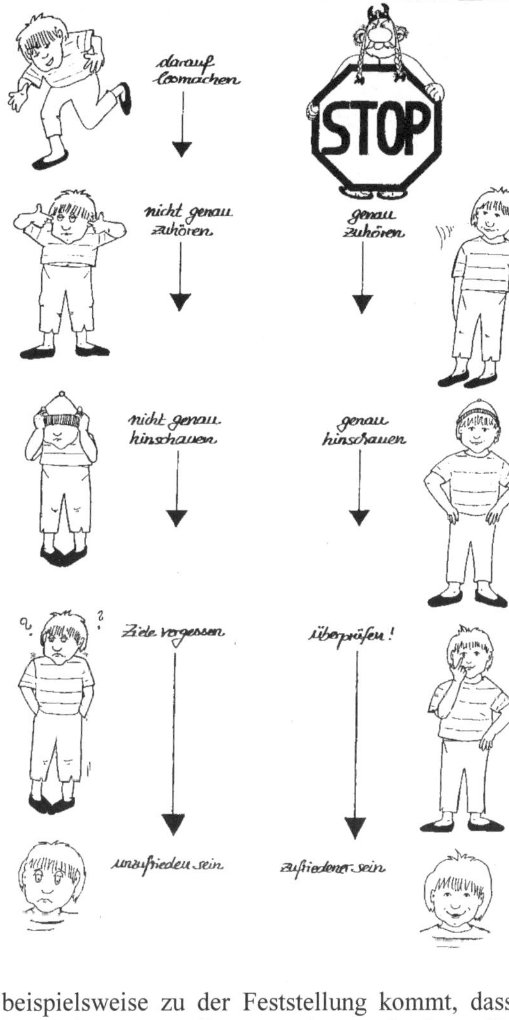

Wenn man beispielsweise zu der Feststellung kommt, dass ein Kind viel „herumtrödelt" und so wertvolle Lernzeit verschenkt, sollte man genauer überlegen, an welcher Stelle dieses Phänomen am Leichtesten in den Griff zu bekommen ist. Vielleicht könnte ein erster Vertrag[8] darauf hinauslaufen, im Morgenkreis nicht mehr ständig der Letzte zu sein, der zur Ruhe kommt. Wenn dies zunächst an einem Tag, dann an mehreren hintereinander klappt,

8 Wie ein solcher „Vertrag" aussieht, muss sich nach Alter und Persönlichkeit eines Kindes richten.

könnte eine ähnliche Abmachung für das Wegräumen von Arbeitsmaterialien getroffen werden, später dann für einen zügigen Arbeitsbeginn. Man sollte also nicht mit dem schwierigsten Problem beginnen, sondern sich eine sinnvolle Hierarchisierung des Abbaus von Problemverhalten überlegen. Im weiteren Verlauf der Problembehandlung kommt es dann bei zunehmender Festigung des gewünschten Verhaltens zu einem langsamen Ausblenden der ausdrücklichen Bestätigung. Das Punktesystem hat einen gleichsam objektivierenden Charakter und entlastet weitgehend von direkten (und zumeist erfolglosen) Ermahnungen des Kindes. Wichtig ist die Ermutigung des Kindes und die Vermittlung von Erfolgszuversicht, dass man es schaffen werde, noch besser das Lernen zu lernen.

Als absolut notwendig erweisen sich solche gezielten Anleitungen zu mehr „Selbstmanagement" bei den sogenannten ADS-Kindern[9], die ein extrem hohes Risikopotential für LRS aufweisen. Für diese Kinder reicht ein durch Regeln und Rituale klar strukturierter Unterricht häufig nicht aus, um Lerneffektivität zu sichern. Diese Kinder brauchen nicht nur permanente Zuwendung, Aufmerksamkeit und Kontrolle, sondern auch von Anfang an ein personbezogenes Management, wie mit ihren Verhaltensproblemen umgegangen wird.

9.5 Lernwegbegleitende Diagnose der Schriftsprachentwicklung

Obwohl es heute wissenschaftlich abgesicherte Instrumente zur Früherkennung von Schulleistungsproblemen gibt, ist die Notwendigkeit von Schuleingangsdiagnostik in Deutschland nach wie vor umstritten. Gerade im Zusammenhang mit der Forderung nach einem integrativen Schulanfang wird stattdessen die Lernwegbeobachtung vorgezogen. Hierfür gibt es zahlreiche informelle Verfahren, die zumeist aus Beobachtungen oder in Aufgabensammlungen bestehen, die teilweise an entsprechende Fragestellungen stan-

---

9 ADS ist die Abkürzung für „Aufmerksamkeitsdefizit-Syndrom", das auch als „Hyperkinetische Störung" bezeichnet wird. Dieses Störungsbild stellt zusammen mit den aggressiven Verhaltensstörungen die häufigste psychische Störung im Kindesalter dar. Als Kernsymptome von ADS gelten: Beeinträchtigung der Aufmerksamkeit (Ablenkbarkeit), der Impulskontrolle (Impulsivität) und der Aktivität (Hyperaktivität). Unterrichtsnahe Hinweise in: Staatsinstitut für Schulpädaogik und Bildungsforschung München: Aufmerksamkeitsgestörte, hyperaktive Kinder und Jugendliche im Unterricht, München 1999, bes. S. 18-59. Einen guten Überblick über die medizinische Interpretation dieses Phänomens vermitteln: Döpfner, M. u.a.: Hyperkinetische Störungen, Göttingen usw. 2000. Einen fundierten Einstieg in die teilweise sehr polemisch geführte Diskussion über die Medikation dieser Kinder gibt Reiser, M.L.: Kindliche Verhaltensstörung und Psychopharmaka, München/Basel 1996.

dardisierter Tests angelehnt sind bzw. schlicht jene Fähigkeitsaspekte genauer ins Visier nehmen, die der schulpraktischen Erfahrung entsprechend, in besonderer Weise wegweisend für die weitere Lernentwicklung sind. Diesen subjektiven Verfahren fehlen Aussagen zu statistischen Gütekriterien und es gibt auch keine Untersuchungen zur Erprobung der Instrumente. Gleichwohl werden sie in der Praxis häufig deshalb favorisiert, weil die Ergebnisse unmittelbar in konkrete Förderaufgaben umgesetzt werden können. Gerade für die Feststellung der Eingangsfähigkeiten gibt es zahlreiche Vorschläge, wie sich die Lehrerin bereits zu Beginn der 1. Klasse einen Überblick über die Schriftspracherfahrungen der Klasse machen kann:

Beliebt ist beispielsweise das „KIM-Spiel", bei dem die Kinder aufgefordert werden, sich einige Gegenstände bis zum nächsten Tag zu merken. Kinder, die sich überhaupt keine „Notizen" machen, um sich die Gegenstände zu merken, gelten dabei als gefährdet.

Beim „Memory mit Schrift" werden Bildkarten auf der Rückseite beschriftet, so dass die Lehrerin beobachten kann, ob die Kinder diese zusätzliche Informationsquelle nutzen können. Derartige Bildkarten ließen sich auch für ein Silbenklatschen verwenden, indem das Kind eine Bildkarte erhält, das einen Begriff mit den meisten Silben aufgedeckt hat.

„Ein Besuch im Land der Roboter" (vgl. Jochum-Mann/Schwenke 2002, S. 171) ist demgegenüber bereits ein komplexeres Beobachtungsinstrument, in dem Körpermotorik und -koordination, Feinmotorik und Auge-Hand-Koordination, Gliederung von Wörtern unterschiedlicher Länge in Sprechsilben, Lautunterscheidung, Nachsprechen von Silben etc. überprüft werden.

Zur Prävention von Schwierigkeiten des Schriftspracherwerbs ist das Erkennen einer Förderbedürftigkeit der phonologischen Bewusstheit von besonderer Bedeutung. Mit folgenden Aufgabentypen kann sich eine Lehrerin Klarheit über diese Basisfähigkeit verschaffen (nach Lewkowicz 1980, vgl. Walter 2001, S.77):

- *Laut-zu-Wort-Zuordnung*
  Ein vorweggenannter Laut muss in einem gesprochenen Wort wiederentdeckt werden. Beispiel: „Hörst du ein /f/ in Fisch?"
- *Wort-zu-Wort-Zuordnung*
  Vorgesprochene Wörter müssen hinsichtlich eines Lautes verglichen werden.
  Beispiel: „Beginnen ‚Fisch' und ‚Fahrrad' gleich?"
- *Reime erkennen*
  Bei vorgesprochenen Wörtern muss entschieden werden, ob sie sich reimen oder nicht. Beispiel: „Reimt sich ‚Fisch' und ‚Tisch'?"
- *Isolierung*
  Ein Laut, dessen Stellung im Wort benannt ist, soll isoliert gesprochen werden.
  Beispiel: „Womit fängt ‚Fisch' an?"

- *Phonemsegmentierung*
  Alle Laute eines Wortes sollen isoliert gesprochen werden.
  Beispiel: „Aus welchen Lauten besteht ‚Fisch'?"
- *Phoneme zählen*
  Die Phoneme (Laute) eines Wortes werden entweder numerisch gezählt oder die erfasste Anzahl wird anders identifiziert (durch Kloppen, Plättchenlegen etc.).
  Beispiel: „Wieviele Laute hörst du in ‚Fisch'?"
- *Laute verbinden*
  Isoliert gesprochene Laute sollen zusammengefügt und als Wort wiedergegeben werden. Beispiel: „ Welches Wort ist das: /f/ , /i/, /sch/?"
- *Phonem weglassen*
  Bei einem vorgesprochenen Wort soll ein gekennzeichneter Laut weggelassen werden und das so entstandene Wort wiedergegeben werden.
  Beispiel: „Sag mal ‚Fisch'. – Jetzt sagst du das Wort ohne den ersten Laut". Häufig werden die Items so gewählt, dass wieder reale Wörter entstehen: z.B. Klaus-Laus.
- *Weggelassenes Phonem benennen*
  Angesichts eines vorgegebenen Wortpaares soll entschieden werden, welcher Laut beim zweiten Wort weggelassen worden ist.
  Beispiel: „Sag mal ‚Klaus' ... Jetzt sagst du ‚Laus'. – Welcher Laut fehlt beim zweiten Wort?"
- *Phonem ersetzen*
  In einem vorgegebenen Wort soll ein isoliert gesprochener Laut durch einen anderen, ebenfalls vorgesprochenen, ersetzt werden.
  Beispiel: „ Sag mal ‚Fisch' – Nun sagst du das Wort mit /t/ statt mit /f/."

Aus dem „Rundgang durch Hörhausen" (Martschinke u.a. 2001) ließen sich noch einige Aufgaben ergänzen:

- Silben segmentieren
  Beispiel: Kinder sprechen auf Wortkarten abgebildete Begriffe und klatschen dazu die Silben.
- *Silben zusammensetzen*
  Beispiel: Dem Kind werden mit Bildkärtchen zwei Tiere gezeigt. Jedes Tierbild wird in der Mitte auseinandergeschnitten. Durch Zusammenlegen der ersten Hälfte des ersten Tieres mit der zweiten Hälfte des zweiten Tieres entsteht ein neues Phantasietier, das das Kind benennen soll.
- *Endlaute erkennen*
  Beispiel: „Was hörst du am Ende von ‚Fahrrad'?"
  Umkehrung der Lautsynthese: Das Kind soll hierbei ein Wort nicht nur auflautieren, sondern auch rückwärts die vorher ermittelte Lautfolge sprechen.

Der *Rundgang durch Hörhausen* ist ein Einzeltest von ca. 30-40 Minuten, für den allerdings erst Materialien erstellt werden müssen. Besonders hervorzuheben bei diesem Testverfahren sind seine kindgemäße Gestaltung und motivierenden Aufgaben.

Das den „Rundgang durch Hörhausen" ergänzende Förderkonzept (vgl. Forster/Martschinke 2001) ist in eine Rahmengeschichte eingebettet und umfasst 4 Übungsbereiche, die mit den Lausch- und Reimaufgaben bei Schulanfang begonnen werden können. Ab der 2. Schulwoche bilden Worterfassung und das Segmentieren und Synthetisieren von Wörtern in Silben den Schwerpunkt der Übungen. Aufgaben zur Phonem-Graphem-Zuordnung begleiten ab der 12 Schulwoche das Lese- und Schreibtraining. Für das 2. Schuljahr werden auch Aufgaben zum schnellen Lesen angeboten, wobei die Gliederung von Wörtern nach Silben und Wortbausteinen Berücksichtigung findet.

Die erste Stufe des Schriftspracherwerbs, die Fähigkeit eines quasi logographischen Erkennens, lässt sich durch die Präsentation einiger im Alltag vielfach vorkommender Logos abprüfen (vgl. Richter/Brügelmann 1994, S. 64):

BP	PB	BR	BP	RP
Maggi	Haggi	iggaM	Maqqi	Maggi
FANTA	FHNTA	FANTA	EANTA	ATNAF
ARAL	ARAE	LARA	ARAL	ABAL
Coca-Cola	CocaCola	ColaCoca	OocaCölö	aloCacoC
1 ARD	DRA	ABD	ARO	ARD
Post	Posl	Post	Past	tsoP
OPEL	OPEL	QPEL	LEPO	OPFL
iglo	olgi	jglo	iglo	igto
Langnese	Lampnase	Langnese	esengnaL	Jangnesa

Buchstabendiktate oder auch die Verschriftung „eigener Wörter" werden vorgeschlagen, da bekannt ist, dass die Anzahl aufschreibbarer Buchstaben und der naive Sichtwortschatz zu Beginn der 1. Klasse ein aussagekräftiger Indikator für den Grad vorschulischer Schrifterfahrungen sind.

Eine Schulung der diagnostischen Fähigkeiten der Lehrerin wird insbesondere durch die „Schulanfangsbeobachtung“ von Hüttis-Graff (1996) angeregt.

Eine Fundgrube für Lernbeobachtungen sind auch dic Analysen von Dehn (1990, S. 210ff.), wo sich als Schreibaufgabe auch der berühmte SOFA-Test findet. Den Schülern wird dabei zu drei unterschiedlichen Zeitpunkten des 1. Schuljahres immer wieder die Aufgabe gestellt, nach bestimmten Bildvorlagen (vgl. Abbildung) die dazugehörigen Worte zu verschriften, wobei die Schreibentwicklung im Hinblick auf jeweils bestimmte Zugriffsweisen auf Schrift interpretiert wird.

Der „SOFA-Test“

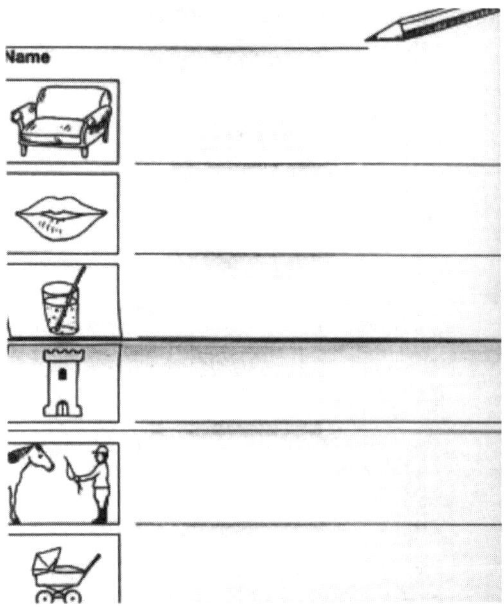

Das Neun-Wörter-Diktat von Brügelmann beruht auf einer vergleichbaren Idee, wobei Richter (2000) darauf hinweist, dass die Lehrerin hierfür sich auch die Begriffe selbst ausdenken kann. Bedingung ist nur, dass die Wörter vorher nicht geübt wurden, so dass wirklich der jeweilige Stand der Rechtschreibentwicklung deutlich wird.

Die Schreibprodukte werden dann einem sechsstufigen Entwicklungsmodell entsprechend interpretiert:

0. Stufe: Kein Buchstabe wird verschriftet bzw. nur ein Buchstabe, der keinen Lautbezug zu dem Wort hat (willkürliche Schreibung)
1. Stufe: ein Laut wird korrekt wiedergegeben
2. Stufe: zwei bis drei Laute werden korrekt verschriftet
3. Stufe: fast lautgetreue Verschriftung, d.h. mehr als drei Buchstaben werden korrekt wiedergegeben; u.U. in falscher Reihenfolge oder vermischt mit nicht lautadäquaten Buchstaben)
4. Lautgetreue Verschriftung ggf. mit „übergenauen" eigentlich überflüssigen Buchstaben, die auf eine orthographische Orientierung hindeuten (z.B. falsches Dehnungs-h)
5. Stufe: orthographisch korrekte Schreibung

Derartige Analysen machen aber nur zu Beginn des Schriftspracherwerbs Sinn, solange die Phase einer alphabetischen Orientierung des Zugriffs auf Schrift noch dominiert. Verfügen Kinder über eine orthographische Rechtschreibstrategie werden Fehleranalysen einzusetzen sein, die Abweichungen von der Schriftnorm systematisch erfassen. Fehlerkategorien wären dementsprechend: Verstöße gegen die Groß- und Kleinschreibung, Dehnung und Schärfung, Formen und Wortbildungsfehler, Verwechselung gleich und ähnlich klingender Konsonanten bzw. Vokale und weitere Regelfehler auch im Bereich von Grammatik und Zeichensetzung, die dann Schwerpunkte individueller Rechtschreibarbeit werden müssten. Rechtschreibübungen sollten grundsätzlich nicht nach dem Gießkannenprinzip ausgeteilt werden, sondern auf individuellen Fehleranalysen basieren, die die jeweils entwicklungsmäßig notwendigen Schwerpunktsetzungen der Rechtschreibarbeit deutlich machen.

Auch für die Beobachtung der Leseentwicklung gibt es praktikable Protokollbögen wie etwa den von Brinkmann/Brügelmann (1993, S. 8f):

Das Kind kann:	Anfang (der 1. Klasse) Halbjahr Ende der ersten Klasse	nicht	In Ansätzen	Mit Hilfe	selbständig	geläufig
Laut-Ebene		n	n	n	n	n
Wörter in Silben sprechen		n	n	n	n	n
Einfach strukturierte Wörter lautieren		n	n	n	n	n
Gedehnt gesprochene Wörter synthetisieren		n	n	n	n	n
Wörter nach einem gegebenen Anlaut unterscheiden		n	n	n	n	n
Reime zu vorgegebenen Wörtern finden		n	n	n	n	n
Buchstabenebene						
Buchstaben in gleicher Schrifttype einander zuordnen		n	n	n	n	n
Buchstaben in verschiedener Type einander zuordnen		n	n	n	n	n
Die häufigen (ca. 15) Buchstaben benennen		n	n	n	n	n
Seltenere Buchstaben benennen		n	n	n	n	n

Das Kind kann: Anfang (der 1. Klasse) / Halbjahr / Ende der ersten Klasse	nicht	In Ansätzen	Mit Hilfe	selbständig	geläufig
Den Buchstabennamen verwenden	n	n	n	n	n
Den Lautwert verwenden	n	n	n	n	n
Buchstaben auch bei kurzzeitiger Darbietung erkennen	n	n	n	n	n
Schrift auch in kleiner Type unterscheiden/lesen	n	n	n	n	n
Buchstaben auch beim Erlesen von Wörtern benennen	n	n	n	n	n
Lautvarianten von Buchstaben beim Erlesen ausprobieren	n	n	n	n	n
Baustein-Ebene					
Den Lautwert mehrgliedriger Schriftzeichen angeben	n	n	n	n	n
Mehrgliedrige Schriftzeichen auf einen Blick erkennen	n	n	n	n	n
Wörter in Silben erlesen	n	n	n	n	n
Wörter in bedeutungstragende Wortteile/Morpheme gliedern	n	n	n	n	n
Häufige Bausteine in Wörtern erkennen	n	n	n	n	n
Graphisch gegliederte drei- und mehrsilbige Wörter erlesen	n	n	n	n	n
Längere Wörter ohne graphische Gliederung erlesen	n	n	n	n	n
Wortebene					
Schriftlich vertraute Wörter erlesen	n	n	n	n	n
Vertraute Wörter auf einen Blick lesen	n	n	n	n	n
Schriftlich unbekannte Wörter mit langem Stammvokal erlesen	n	n	n	n	n
Unbekannte Wörter mit kurzem Stammvokal, aber ohne Konsonantenhäufung erlesen	n	n	n	n	n
In einem Lückenwort (mit Bildstütze) fehlende Buchstaben einsetzen	n	n	n	n	n
Kunstwörter lautgerecht vorlesen	n	n	n	n	n
Die Bedeutung von Wörtern (ohne Kontext) richtig angeben	n	n	n	n	n
Druckfehler bei Wörtern im Text finden	n	n	n	n	n
Satz-Ebene					
Bekannte Wörter auch im Satz lesen	n	n	n	n	n
Unbekannte Wörter im Satz leichter als ohne Kontext erlesen	n	n	n	n	n
Passende Wörter in Lückensätze einfügen	n	n	n	n	n
Zerschnittene Sätze stimmig zuordnen	n	n	n	n	n
Semantisch unpassende Wörter in Sätzen entdecken	n	n	n	n	n
Syntaktische Fehler in Sätzen entdecken	n	n	n	n	n
Text-Ebene					
In einem vorgelesenen Text Fehler entdecken	n	n	n	n	n
Zu einem stumm gelesenen Text Faktenfragen beantworten	n	n	n	n	n
In einem Text Beziehungen zwischen Aussagen herstellen	n	n	n	n	n
Aus einem Text Folgerungen ziehen	n	n	n	n	n
Einen geübten Text sinngestaltend vortragen	n	n	n	n	n

Leseförderung ist vor allem auch in dem Aufbau und der Sicherung einer stabilen Lesemotivation zu sehen, in der Schaffung eines erlebnisorientierten Leseumfelds, das den Schülern „Lust auf Lesen" macht.

Sprachbezogene Wahrnehmungsleistungen von Schülern mit Lernschwierigkeiten im Anfangsunterricht lassen sich mit den Differenzierungsproben (DP I und II) von Breuer/Weuffen (1993) feststellen. Bei diesem Verfahren handelt es sich nicht um Tests zur Klassifizierung des Entwicklungsniveaus oder zur Einordnung der untersuchten Kinder in eine Rangreihe. Es ist vielmehr ein Grobscreening durch das jene Kinder herausgefunden werden sollen, die besonderer Förderung bedürfen. Die DP I ist mit Schulbeginn (eventuell auch früher) und die DP II nach dem ersten Schulhalbjahr einsetzbar. Beide Verfahren sind nur als Einzeluntersuchung in ca. 25-30 Minuten durchführbar. Basis der Testkonstruktion ist die Hypothese, dass Schwierigkeiten des Schriftspracherwerbs Folge sprachbezogener Differenzierungsschwächen sind. Insgesamt werden fünf Wahrnehmungsbereiche unterschieden, die jeweils durch einfache Aufgabenstellungen überprüft werden:

1. *optisch-graphomotorische Differenzierung*: Die Kinder erhalten die Aufgabe, fünf teilweise buchstabenähnliche Zeichen abzumalen.
2. *akustisch-phonematische Differenzierung*: 10 Bildkarten mit ähnlich klingenden Worten wie (Wache-wasche, Nagel-Nadel) werden vom Versuchsleiter hinter vorgehaltener Hand gesprochen und die Kinder müssen das jeweils richtige Bild zeigen.
3. *kinästhetisch-artikulatorische Differenzierung*: Schwierig auszusprechende Worte wie *Postkutsche* oder *Schellfischflosse* müssen vom Kind nachgesprochen werden.
4. *melodische Differenzierung*: Das Kind wird aufgefordert, ein Kinderlied seiner Wahl zu singen.
5. *rhythmische Differenzierung*: Der Versuchsleiter klatscht einen Takt vor, den das Kind allein nachklatschen soll.

Die Auswertung der fünf Aufgaben ist leicht, da es immer nur um richtig oder falsch geht. Aufgrund dieser Verteilung lässt sich dann auch die Förderbedürftigkeit ablesen. Der DP II enthält im Prinzip die gleiche Anforderungsstruktur – nur auf höherem Niveau. Breuer/Weuffen machen auch Vorschläge für die Förderung der einzelnen Wahrnehmungsbereiche.

Das wohl differenzierteste Verfahren einer lernprozessbegleitenden Diagnose des Schriftspracherwerbs ist von Kretschmann u.a. (1999) im Kontext von Schulbegleitforschung entwickelt worden. Die verschiedenen Dimensionen von Schriftsprachkompetenz werden dabei kindnah und dialogisch erhoben, indem die Lehrerin viele der Aufgaben im Gespräch mit dem Kind erarbeitet. Gleichzeitig ist das Verfahren lernwegsbegleitend konzipiert, da unterschiedliche Erhebungsinstrumente für *beide ersten* Schuljahre entwickelt wurden. Entscheidend für dieses Verfahren ist ein systemisch-entwicklungs-ökologisches Verständnis von Diagnostik, indem davon ausgegangen wird, dass Störungen des Schriftspracherwerbs von einer Vielzahl von Wirkfaktoren hervorgerufen werden. Folgende Bereiche sind Gegenstand der Diagnostik:

- Allgemeinentwicklung
- Sozial- und Konfliktverhalten
- Lernverhalten
- Motivation
- Emotionale Einstellung zum Lesen- und Schreibenlernen
- Erfahrungen zum Schriftgebrauch – Verhältnis zu Büchern, Texten, Geschichten
- Sprachentwicklung und Sprechen,
- Phonem-/Graphem-Kompetenz
- Phonologisches Operieren
- Technisches Lesen
- Sinnerfassendes Lernen
- Technisches Schreiben
- Schreiben im Sinnzusammenhang

Für alle hier aufgelisteten Punkte gibt es Kopiervorlagen, Fragebögen und Aufgabensammlungen, die eine Lehrerin leicht handhaben kann und ihr insgesamt helfen, sich ein umfassendes Bild der Lernausgangslage und ihrer Entwicklung zu machen.

In Anlehnung an Kretschmann lassen sich auch die *Prinzipien einer entwicklungsorientierten Förderung* auflisten:

- Passung der Angebote an die Lernausgangslage des Kindes
- Lernen am Gegenstand Schriftsprache
- Bereitstellung subjektiv bedeutsamer Lese- und Schreibangebote
- Ausreichende Lernzeit und Zeit für Wiederholungen zur Automatisierung des Gelernten
- Verringerung von äußerer und innerer Ablenkung
- Vermittlung von Lern- und Arbeitsstrategien
- Sicherstellung von Kompetenzerlebnissen – Ermutigung – Erfolgsrückmeldung – Stärkung des Selbstwertgefühls
- Stärkung der Sozialkompetenz
- Entlastende Hilfestellung bei besonderen Schwierigkeiten
- Aktivierungs- und Entspannungsübungen
- Bei Bedarf: medizinische bzw. psychotherapeutische Behandlung

Insbesondere für den Bereich der Diagnose und Förderung bei Motivationsproblemen haben Kretschmann und Rose (2000) ein umfassendes Konzept vorgelegt.

Zusammenfassend lässt sich damit feststellen, dass alle dargestellten Verfahren der Forderung entsprechen, proximale Voraussetzungen des Schriftspracherwerbs zu erfassen, da immer sprachnahe Fähigkeiten der Kinder thematisch sind. Vielfach gibt es als Antwort auf die jeweils diagnostizierten Problembereiche auch konkrete Vorschläge für eine Förderung.

Pädagogische Diagnostik wird heute als lernwegsbegleitende Aufgabe gesehen, die *die Fortschritte der Kinder sichtbar machen* soll. Damit ergibt sich auch immer wieder eine Neufestlegung von Förderzielen und eine Überprüfung ihrer Zielerreichung. Notwendig für gelingende Förderprozesse ist gleichzeitig eine Transparenz des gesamten Prozesses, die sich auch darin zeigt, dass Förderpläne und ihre Zielerreichung allen an diesem Prozess Beteiligten mitgeteilt werden. Diese Rückmeldung des jeweils erreichten Förderziels ist insbesondere für das Kind selbst von besonderer Wichtigkeit, weil nur so eine Stärkung seines Selbstvertrauens und die für die Aufgabenbearbeitung notwendige Selbstwirksamkeitserwartung erreicht werden kann. Gleichzeitig sind auch Ansätze einer systemischen Perspektive deutlich geworden, denn natürlich ist die Weiterentwicklung einer Lernausgangslage nicht nur von den kognitiv-sprachlichen Ressourcen eines Kindes abhängig, sondern auch abhängig von den sozialen, kulturellen, unterrichtlichen und familialen Rahmenbedingungen und der Gesamtpersönlichkeit des Kindes. Diese individuellen Stärken eines Kindes und die potentiell aktivierbaren Unterstützungskräfte des Umfeldes sollten in einer „Ressourcendiagnostik" immer mitbedacht werden. Aufgrund dieser Überlegungen ergibt sich folgendes Ablaufschema einer lernwegsbegleitenden Diagnose der Schriftsprachentwicklung:

Eingangsdiagnostik
Groberhebung schriftsprachnaher Vorläuferfähigkeiten aller Kinder
↓
Differentialdiagnostik
Detailanalyse der Probleme und des Problemumfeldes der Risikokinder
↓
Ressourcendiagnostik
Analyse individueller Stärken eines Kindes
und weiterer Unterstützungspotentiale
(Freunde, Eltern, Förderunterricht ggf.
außerschulische Therapiemaßnahmen)
↓

Förderplan (a) Feststellen der Förderziele, die in der „Zone der nächsten Entwicklung" liegen (b) Aufstellen und systemische Verankerung (Absprachen mit dem Kind, den Eltern, Förderlehrer bzw. weiteren Kollegen) eines Förderplans (c) Detailplanung für einen überschaubaren Zeitrahmen ↓ ↑ *Durchführung der Förderung und Beobachtung der Lernentwicklung* ↓ ↑ *Kontrolle und Rückmeldung der Zielerreichung* und ggf. Aufstellen weiterführender Förderpläne

9.6 Literatur

Barth, K.: Lernschwächen früh erkennen im Vorschul- und Grundschulalter, München/Basel 1997.

Bates, E. u.a..: From first words to grammar, Cambridge, New York, Prot Chester; Melbourne, Sydney 1991.

Brand, I.u.a.: Integrationsstörungen. Diagnose und Therapie im Erstunterricht, Würzburg 1988.

Braun, O. u.a.: Leitlinien zur spezifisch pädagogischen Förderung von Menschen mit Sprachbehinderungen. Papier der Ständigen Dozentenkonferenz für Sprachbehindertenpädagogik vom 22.9.1994 in Reutlingen.

Breitenbach, E.: Material zur Diagnose und Therapie auditiver Wahrnehmungsstörungen, Würzburg 1989.

Breitenbach, E./Jaroschek, E.: Tollpatschig und ungeschickt. Kindliche Dyspraxen, Würzburg 1995.

Breuer, H./Weuffen, M.: Lernschwierigkeiten am Schulanfang. Schuleingangsdiagnostik zur Früherkennung und Frühförderung, Weinheim/Basel 1993.

Brinkmann, E./Brügelmann, H.: Ideen-Kiste Schriftsprache. Didaktische Einführung „Offenheit mit Sicherheit". Hamburg 1993.

Brügelmann. H. (Hg.): Was leisten unsere Schulen?

Bruner, J.: Wie das Kind sprechen lernt, Bern, Stuttgart, Toronto 1987.

Dalbert, C./Schöler, H.: Metasprachliches und primärsprachliches Wissen: Wissen dysgrammatisch sprechende Kinder mehr über Sprache als sie sprechen können? In: Die Sprachheilarbeit 36 (1991)1, S. 4-13 .

Dannenbauer, F.M.: Grundlinien entwicklungsproximaler Intervention. In: Der Sprachheilpädagoge 3 (1994), 26, S. 1-23.

Dehn, M.: Zeit für die Schrift, Bochum 1990.

Döpfner, M. u.a.: Therapieprogramm für Kinder mit hyperkinetischem und oppositionellen Problemverhalten, Weinheim 1997.

Füssenich, I./Gläß, B. (Hg.): Dysgrammatismus, Heidelberg 1985.

Gallin, P./Ruf, U.: Sprache und Mathematik in der Schule. Auf eigenen Wegen zur Fachkompetenz, Seelze 1998.
Grimm, H.: Sprachentwicklung –allgemeintheoretisch und differentiell betrachtet. In: Oerter, R./Montada, L. (Hg.): Entwicklungspsychologie, Weinheim 1995a, S. 705-757.
Grimm, H.: Spezifische Störung der Sprachentwicklung. In: Oerter, R./Montada, L.(Hg.): Entwicklungspsychologie, Weinheim 1995b, S. 943-953.
Grimm, H./Wilde, S.: Im Zentrum steht das Wort. In: Keller, H. (Hg.): Lehrbuch Entwicklungspsychologie, Bern 1998, S. 445-473.
Grimm; H.: Störungen der Sprachentwicklung, Göttingen 1999.
Günther, K.-B. (Hg.): Spracherwerbstörungen, Heidelberg 1988.
Holtz, A.: Die Zusammenhänge von Umwelt, Gehirn und Sprachentwicklung. Überlegungen zur monistisch-materialistischen Fassung des Problems. In: Der Sprachheilpädagoge 3 (1997), 29, S. 28 47.
Jochum-Mann, B./Schwenke, J.: Lese-Rechtschreib-Schwierigkeiten... und was man dagegen tun kann, LISUM Berlin 2002.
Kaltenbacher, E./Kany, W.: Kognitive Verarbeitungsstrategien und Syntaxerwerb bei dysphasischen und sprachunauffälligen Kindern. In: Füssenich, I./Gläß, B. (Hg.): Dysgrammatismus, Heidelberg 1985, S. 180 – 219.
Klauer, K.J./Lauth, G.W.: Lernbehinderungen und Leistungsschwierigkeiten bei Schülern. In: Weinert, F.E. (Hg.): Psychologie des Unterrichts und der Schule, Göttingen usw. 1997.
Kretschmann, R./Arnold, K.-H.: Leitfaden für Förder- und Entwicklungspläne. In: Zeitschrift für Heilpädagogik 9 (1999), S. 410-442.
Kretschmann, R./Rose, M.-A.: Was tun bei Motivationsproblemen? Förderung und Diagnose bei Störungen der Lernmotivation, Horneburg 2000.
Kretschmann, R. u.a.: Prozessdiagnose der Schriftsprachkompetenz in den Schuljahren 1 und 2, Horneburg 1999.
Lauth, G. W./Holtz, K.-L.: Lernstörungen. In: Steinhausen, H.-Ch./Aster, M. (Hg.): Handbuch Verhaltenstherapie und Verhaltensmedizin bei Kindern und Jugendlichen
Lauth, G./Schlottke, P.F.: Training mit aufmerksamkeitsgestörten Kindern, Weinheim 1997.
Lehrerband: Analyse/Diagnose von Lernschwierigkeiten. Schwerpunkte-Aufgaben-Analysebögen für die Klassenstufen 1bis 6, Volk und Wissen Verlag, Berlin 1998..
Mann, Ch.: LRS – Legasthenie: Prävention und Therapie, Weinheim 2001
Mason, J.M./McCormick, C.: Testing the development of reading and linguistic awareness. Center for the Study of Reading, Technical reports Nr. 224, Urbana 1979.
Meichenbaum, D. Kognitive Verhaltensmodifikation, 1979.
Menzel, W.: Richtig schreiben lernen, Seelze 1998.
Ramge, H.: Spracherwerb. Grundzüge der Sprachentwicklung des Kindes, Tübingen 1993.
Reinmann, B.: www.mutterspracherwerb.de (2002)
Romonath, R.: Phonologische Prozesse an sprachauffälligen Kinder. Eine vergleichende Untersuchung an sprachauffälligen und nichtsprachauffälligen Vorschulkindern, Berlin 1991.

Sattler, B.: der umgeschulte Linkshänder oder Der Knoten im Gehirn, Donauwörth 1995.
Sattler, J.B.: Die Psyche des linkshändigen Kindes. Von der Seele, die mit Tieren spricht, Donauwörth 1998.
Sattler, J.B.: Das linkshändige Kind – seine Begabungen und seine Schwierigkeiten, Donauwörth 2002. http::/www.linkshaenderseite.de/
Schöler, H.: Gib mal dem weißem Ratzefummel. In: Kornadt, H.-J. u.a.. (Hg.): Sprache und Kognition, Heidelberg 1994, S.275-290.
Springer, L./Schrey-Dern, D. (Hg.): Sprachstörungen im Kindesalter, Stuttgart, New York 1995 .
Szagun, G.: Sprachentwicklung beim Kind, Weinheim 1996.
Valtin, R. u.a.: Nicht nachahmenswert – Vier Ärgernisse in Rechtschreibmaterialien. In: Rechtschreiben lernen in den Klassen 1-6. Grundlagen und didaktische Hilfen, Frankfurt a.M. 2000, S. 154-157.
Von Wedel-Wolf, A.: Üben im Leseunterricht der Grundschule, Braunschweig 1997.
Von Wedel-Wolf,A.: Lesediagnose als Voraussetzung für eine sinnvolle Förderung. In: Crämer,C.u.a. (Hg.): Lesekompetenz erwerben und fördern, Braunschweig 1998, S. 22-36.
Walter, J.: Förderung bei Lese-Rechtschreibschwäche, Göttingen usw. 2001.
Wells, C.G./Raban, B.: Children learning to read. Final report to Social Science Research Concil, Bristol 1978.
Wendlandt, W.: Sprachstörungen im Kindesalter, 2000.
Wirth, G.: Sprachstörungen, Sprechstörungen, kindliche Hörstörungen, Köln 1994.
http://www.sonderpaed-online.de
http://www.sonderpaedagogik.vernum
Zielinski, W.: Lernschwierigkeiten. In: Weinert, F.E. (Hg.): Psychologie des Lernens und der Instruktion, Göttingen 1996, S. 379-402.
Zollinger, B.: Spracherwerbsstörungen, Bern/Stuttgart 1991 .
Zollinger, B.: Entwicklungspsychologie früher Spracherwerbsstörungen: Theoretische, diagnostische und therapeutische Ansätze. In: Der Sprachheilpädagoge 3 (1993), 25, S. 18-26.
Zollinger, B.: Die Entdeckung der Sprache, Bern, Stuttgart, Wien 1995.
Zwisler, R.: Sprachentwicklung. In: www.zwisler.de/scripts/Sprachentwicklung.html (2002).

Diagnose und Förderung phonologischer Bewusstheit

Andresen, H.: Schriftspracherwerb und die Entstehung von Sprachbewusstheit, Opladen 1985.
Blachman, B.A.: What we have learned from longitudinal studies of phonological processing and reading, and some unanswered questions: A response to Torgesen, Wagner and Rashotte. In: Journal of Learning Disabilities 27, 1994, S.287-291.
Blachman, B.A.: Early intervention and phonological awareness: A cautionary tale. In: Blachman, B.A. (Hg.): Foundations of reading acquisition and dyslexia, Mahwah, NJ. 1997, S. 409-430.

Bus, A.G./van Ijzendoorn, M.H.: Phonological awareness and early reading: A meta-analysis of experimental training studies. In: Journal of Educational Psychology 91 (1999), S. 403-414.
Forster, M./Martschinke, S.: Leichter lesen und schreiben lernen mit der Hexe Susi. Übungen und Spiele zur Förderung der Phonologischen Bewusstheit, Donauwörth 2001.
Küspert, P.: Phonologische Bewusstheit und Schriftspracherwerb, Frankfurt a.M. 1998.
Küspert, P./Schneider,W.: Hören, lauschen, lernen. Sprachspiele für Kinder im Vorschulalter, Göttingen 1999.
Landerl, K./Wimmer, H..: Phonologische Bewusstheit als Prädikator für Lese- und Schreibfertigkeiten in der Grundschule. In: Zeitschrift für Pädagogische Psychologie 8 (1994), S. 153-164.
Lundberg, I.: Reading difficulties can be predicted and prevented. In: Hulme, Ch./Snowling, M. (Hg.): Reading development and dyslexia, London 1994, S. 180-199.
Martschinke, S. u.a.: Der Rundgang durch Hörhausen. Erhebungsverfahren zur phonologischen Bewusstheit, Donauwörth 2001.
Roth, E.: Prävention von Lese- und Rechtschreibschwierigkeiten. Evaluation einer vorschulischen Förderung der phonologischen Bewusstheit und der Buchstabenkenntnis, Frankfurt a.M. 1999.
Schneider, W. u.a.: Auswirkungen eines Trainings der sprachlichen Bewusstheit auf den Schriftspracherwerb in der Schule. In: Zeitschrift für Pädagogische Psychologie 8 (1994), S. 177-188.
Schneider, W. u.a.: Training phonological skills and letter knowledge in children at risk for dyslexia: A comparison of three kindergarten intervention programmes. In: Journal of Educational Psychology 92 (2000), S. 284-295.
Schumann, G.: Wie viele Wörter hat ein Satz? Überprüfungsverfahren und Trainingsmodelle zur phonologischen Bewusstheit. In: Grundschule 5 (2002), S. 14-16.
Skowronek, H./Marx, H.: Die Bielefelder Längsschnittstudie zur Früherkennung von Risiken der Lese-Rechtschreibschwäche: Theoretischer Hintergrund und erste Befunde. In: Heilpädagogische Forschung 15 (1989), S. 38-49.
Torgese, J. K. u.a.: Longitudinal studies of phonological processing and reading. In: Journal of Learning Disabilities 27 (1994), S. 276-286.
Treinies, G. u.a.: Die Entwicklung und Evaluation eines Erhebungsverfahrens zur phonologischen Bewusstheit im ersten Schuljahr. Berichte und Arbeiten aus dem Institut für Grundschulforschung, Heft 91, Nürnberg 1999.
Weiner, S.: Effects of phonemic training on low-and middle-achieving first grader's phonemic awareness and reading ability. In: Journal of Reading Behaviour 26 (1994), S. 277-300.
Wimmer, H/Hart, I.: Erprobung einer phonologisch, multisensorischen Förderung bei jungen Schülern mit Lese-Rechtschreibschwierigkeiten. In: Heilpädagogische Forschung 17 (1991), S. 74-79.

Beobachtungshilfen für den Anfangsunterricht im Lesen und Schreiben

Brügelmann, H./Brinkmann, E.: Die Schrift erfinden. Beobachtungshilfen und methodische Ideen für einen offenen Anfangsunterricht im Lesen und Schreiben, Lengwil 1998.

Hüttis-Graf, P.: Beobachten als didaktische Aufgabe. In: Dehn, M. u.a. (Hg.): Elementare Schriftkultur, Weinheim/Basel 1996, S. 31-39.

Hüttis-Graf, P./Baark, C.: Die Schulanfangsbeobachtung – Unterrichtsaufgaben für den Schrifterwerb. In: Dehn, M. u.a. (Hg.): Elementare Schriftkultur, Weinheim/Basel 1996, S. 132-155.

Kleinmann, K.: Beobachten und gezieltes Fördern von LRS-Schülern, Dortmund 2001.

Kretschmann, R. u.a.: Prozessdiagnose der Schriftsprachkompetenz in den Schuljahren 1 und 2. Horneburg/Niederelbe 1998.

Richter, S./Brügelmann, H.: Der Schulanfang ist keine Stunde Null. In: Dies. (Hg.): Wie wir recht schreiben lernen, Lengwil 1994, S. 62-77.

Richter, S.: Schwierigkeiten frühzeitig erkennen. Informelle Diagnostik im Rechtschreibunterricht der ersten und zweiten Klasse. In: Grundschule 7-8 (2000), S. 36-39.

Scheerer-Neumann, G.: Kinder mit Rechtschreibschwächen: Hilfen zum Erkennen und Fördern. In: Valtin, R. (Hg.): Rechtschreiben lernen in den Klassen 1-6. Grundlagen und didaktische Hilfen, Frankfurt a.M. 2000, S. 135-142.

Lernstrategiebezogene Tipps für den Anfangsunterricht

Brinkmann, E./Kuhle, Ch.: Über Rechtschreibung nachdenken und selbständig üben. In: Die Grundschulzeitschrift 137 (2000), S. 16-19.

Faber, G.: Algorithmische selbstinstruktive Lernhilfen in der Rechtschreibförderung. In: Zeitschrift für Heilpädagogik 5 (2002), S. 194-198.

Hasselhorn, M./Mähler, C.: Lernkompetenzförderung bei lernbehinderten Kindern: Grundlagen und Beispiele metakognitiver Ansätze. In: Heilpädagogische Forschung 1 (1990), S. 2-13.

Klauer, K.J. (Hg.): Kognitives Training, Göttingen usw. 1993.

Mannhaupt, G.: Strategisches Lernen. Eine empirische Studie zur Ausbildung von Monitoring im frühen Schriftspracherwerb, Heidelberg 1992.

Mannhaupt, G. u.a.: Die motivationale Erweiterung einer lernstrategisch orientierten Intervention im frühen Schriftspracherwerb. In: Zeitschrift für Pädagogische Psychologie 13 (1999), S. 50-59.

Neber, H.: Psychologische Prozesse und Möglichkeiten zur Steuerung remedialen Lernens. In: Weinert, F.E. (Hg.): Psychologie des Lernens und der Instruktion, Göttingen 1996, S. 403-443.

Vester, F. u.a.: Aufmerksamkeitstraining im Unterricht, Wiebelsheim 2002.

Wagner, I.: Aufmerksamkeitstraining mit impulsiven Kindern, 1994.

www.dagmarwilde.de/literatur/dulitarbeitstechnudu.html